陈少峰　赵　磊　王建平　主编

中国互联网文化产业报告

ZHONGGUO HULIANWANG WENHUA CHANYE BAOGAO

—— 2015 ——

華文出版社
SINO-CULTURE PRESS

图书在版编目（CIP）数据

中国互联网文化产业报告2015／陈少峰，赵磊，王建平主编．
—北京：华文出版社，2015.7
ISBN 978－7－5075－4377－3

Ⅰ.①中… Ⅱ.①陈… ②赵… ③王… Ⅲ.①互联网络—文化产业—研究报告—中国—2015 Ⅳ.①G124－39

中国版本图书馆CIP数据核字（2015）第144096号

中国互联网文化产业报告2015

主　　编：陈少锋　赵　磊　王建平
责任编辑：韦玉莲
出版发行：华文出版社
地　　址：北京市西城区广外大街305号8区2号楼
邮政编码：100055
网　　址：http：//www.hwcbs.com.cn
投稿邮箱：hwcbs@126.com
电　　话：总编室010－58336210　责任编辑010－58336222
发行部010－58336270　010－58336267
经　　销：新华书店
印　　刷：三河市宏盛印务有限公司
开　　本：710mm×1000mm　1/16
印　　张：14.75
字　　数：250千
版　　次：2015年7月第1版
印　　次：2015年7月第1次印刷
标准书号：ISBN 978－7－5075－4377－3
定　　价：48.00元

主　办

北京大学文化产业研究院

中国文化企业研究中心

中国书画五十人论坛

中国互联网文化产业论坛

深圳市花珠创新产业园管理公司

天舟文化股份公司

编写委员会

主　　编	陈少峰	赵　磊	王建平		
执行主编	余　霖	侯杰耀	黄向军		
副 主 编	范婷婷	徐文明	朱建相		
编 委 会	余　霖	蓝燕玲	孔繁盛	陈晓燕	聂晓梅
	赖祯黎	郭肖华	张永年	刘园香	朱　嘉
	郭万超	侯杰耀	刘新良	孙秋静	苏亚兰
	田　蕾	许　飘	张　力	张立波	张小溪
	赵玉宏	黄向军	范婷婷	朱建相	徐文明
	王　鸿	王建平	罗争玉	赵　磊	陈少峰

序 言

中国文化产业的发展如火如荼，许多文化企业逐渐成为大型的舰队式的企业集团（联合体）。在经济新常态的环境下，一方面，中国文化产业发展出现了跨国并购、跨界融合、企业主导以及互联网文化产业高速发展等的新格局、新态势；另一方面，中国传统的文化产业也受到新兴业态的文化产业的巨大冲击，需要与时俱进，探寻新机遇，把握新（商业）模式。整体上看，当前的中国文化产业出现了大震荡与大发展双重格局并存的奇特景象。

文化产业作为塑造国家文化软实力的核心力量之一，越来越受到各界的高度重视。北京大学文化产业研究院致力于研究中国文化产业的大趋势、大格局，研究国家文化产业发展战略和文化企业的商业模式。在当今文化产业发展的关键时期，我们联合了国内一些有志于学术探索的文化企业、文化企业家和百多位学者，联合主持并共同编写了《中国文化企业报告2015》、《中国文化企业品牌案例》、《中国互联网文化产业报告2015》、《中国互联网文化企业报告2015》、《中国书画产业报告2015》、《中国文化旅游产业报告2015》、《中国电影产业报告2015》等学术研究的专题报告。不过，遗憾的是，除了《中国文化企业报告2015》（作为系列化编写以来已是第四个年度研究报告）之外，其余6个报告均为第一次组织学者编写，其中存在不少疏漏、草率与不足之处，敬请谅解。我们将在今后努力改进不足，争取持续提供更严谨的研究成果。

本次各项报告的主持和写作分工是：主编负责专题大纲的策划与协调，执行主编与副主编负责具体写作的统筹与统稿，每一位作者负责撰写某个具体章节的内容。本着文责自负的原则，所有作者所撰写的内容章节均署实名与所在工作单位。此外，需要补充说明的是，以上所列的《中国文化企业报告2015》、《中国文化企业品牌案例》等两部报告由三位主编共同策划和协调，张立波同时也参与负责统筹和统稿；其余报告中的执行主编和副主编均负责该报告的统筹和统稿。

目　录

CONTENTS

第一章 最新进展：商业创新与重构

在今天中国和世界的经济格局中，互联网文化产业作为一种新兴的产业模式正在蓬勃发展，互联网不再是一个单纯的技术概念，它也是一种生产经营方式，甚至是一种文化概念。当文化与互联网相拥抱，文化的自身内涵与传播广度都被重新阐释或被赋予新的可能性，互联网的技术外表也被附加了多样的人文魅力，二者的交汇点迸发出无限的经济效益与市场价值。今天，我们关注并探究中国互联网文化产业的发展，就是为了抓住新的市场机遇，拓展中国经济更大的产业空间。

一、产业的基本格局

互联网文化产业的本质就是通过文化与科技的融合创造出新的经济效益与市场空间，互联网文化产业作为一种新兴的产业模式，仍然处于市场形成的初步阶段，并没有形成成熟而完整的市场规模。但是，互联网文化产业以其惊人的发展速度已经形成了基本的产业格局——文化与互联网在市场与政策的推动下不断融合，这一基本的产业格局是中国互联网文化产业当下与未来发展的大背景。

（一）市场背景

根据中国互联网络信息中心发布的《第35次中国互联网络发展状况统计报告》，截至2014年12月，我国网民规模达6.49亿，全年共计新增网民3117万人。截至2014年12月，我国手机网民规模达5.57亿，较2013年增加5672万人。网民中使用手机上网的人群占比由2013年的81.0%提升至85.8%。2014年上半年手机网民增速为5.4%，下半年为5.6%，增速未出现明显增长，手机网民即将进入平稳增长阶段，手机作为第一大上网终端设备的地位更加巩固。① 手机上网成为人们日常生活不可或缺的一部分，手机网络使用率的增长使得网民在手机电子商务类、休闲娱乐类、信息获取类、交流沟通类等应用的使用率都在快速增长，可以说，互联网的发展进入了移动互联网的新时代。移动互联网带动整体互联网各类应用发展，为互联网文化产业的发展提供了新的契机。

互联网文化产业要实现快速发展，首先就需要广阔的市场空间，而互联网，特别是移动互联网的技术应用为互联网文化产业的发展创造了无限的消费潜力。中国网民的生活已经接近于全面“网络化”，互联网深入到人们生活的方方面面，网络应用改变了大众生活的面貌。2014 年上半年，中国网民的人均周上网时长达 25.9 小时，相比 2013 年下半年增加了 0.9 小时。除了传统的消费、娱乐以外，移动金融、移动医疗等新兴领域移动应用多方向满足用户上网需求，推动网民生活的进一步“网络化”，可以说，人们日常生活的任何一部分都难以彻底排除互联网的渗入。因此，互联网文化产业的市场着眼点就是已经被“网络化”的消费者的日常生活。通过互联网的技术手段开发、传播、销售人们所需要的文化产品，并且在生产传统的文化产品的同时，进一步拓展文化产品的范畴，把互联网本身打造成一种文化产品，以更符合大众的文化审美的形式推广互联网应用，从而实现互联网与文化的双向互动，达到二者相得益彰的市场效果。

依据这样的基本理念，当下互联网文化产业可以分为四个不同类型：内容制作领域、平台建设领域、延伸服务领域、资本运作领域等，这四部分是当下互联网文化产业涉足的基本经营范围。此外，就互联网文化产品而言，互联网文化产业已经在经营信息获取、商务交易、社交沟通、娱乐教育、金融产品等产品，可以说，互联网文化产业已经形成了基本的市场规模，已经在人们的日常消费中确立了基础性的市场地位。根据麦肯锡全球研究院的计算，考虑到互联网的发展速度和各行业的运用程度，预计 2013 年至 2025 年，互联网将有可能在中国 GDP 增长总量中贡献 7% 到 22%。到 2025 年，这相当于每年 4 万亿元到 14 万亿元人民币的年 GDP 总量。② 因此，互联网是中国经济发展的未来希望，而传统的文化产

① 中国互联网络信息中心．第 35 次中国互联网络发展状况统计报告［EB/OL］. http://www.cnnic.net.cn/hlwfzyj/hlwxzbg/hlwtjbg/，2015-02-03.

② 麦肯锡全球研究院．中国的数字化转型：互联网对生产力与增长的影响［EB/OL］. http://www.chinairm.com/print/3811145.html，2014-07-25.

业必须拥抱互联网才有持续增长的可能性，互联网文化产业的发展基本面是良好的，它将形成拉动中国经济增长的新动力。

（二）政策因素

互联网文化产业的发展不仅需要有利的市场背景，而且需要国家政策的有力支持，事实上，互联网文化产业一直拥有良好的政策环境，国家在诸多方面扶持、推动互联网文化产业的发展。

2014 年 3 月 14 日，国务院发布《关于推进文化创意和设计服务与相关产业融合发展的若干意见》，《意见》格外关注数字内容产业的发展，通过发展以互联网为主体的数字内容产业创造新的发展优势，而互联网文化产业正是一种以创意为核心的产业模式，它引领了文化创意的发展潮流，成为文化创意产业的典型代表。

互联网文化产业的本质是科技与文化的融合，而国家政策也从各个方面推动科技与文化的融合，进而为互联网文化产业的发展创造了巨大的政策红利。2014 年 8 月 18 日，中央全面深化改革领导小组第四次会议审议通过了《关于推动传统媒体和新兴媒体融合发展的指导意见》，明确指出，要强化互联网思维，推动传统媒体和新兴媒体融合发展，打造一批形式多样、手段先进、具有竞争力的新型主流媒体，建成几家拥有强大实力和传播力、公信力、影响力的新型媒体集团。可以发现，近年来，网络信息技术迅猛发展，推动了文化创意产业、传媒产业、广告产业和信息消费的换代升级和融合发展，而文化和科技融合的主要领域和主攻方向就是互联网。

2014 年 8 月 19 日，文化部、财政部、工信部三部委联合发布《关于大力支持小微文化企业发展的实施意见》。《意见》明确了小微文化企业的含义，要求加强对小微文化企业创新发展能力的培育，为小微文化企业提供市场审批便利，加大财税支持，开展人才培养，提供金融服务，明确支持小微文化企业参与公共文化服务。涉足互联网文化产业的企业很多都是小微文化企业，它们多处于创业阶段，这一《意见》的实施利于吸引更多的青年才俊进入互联网文化产业领域创业，维护并促进互联网文化产业的创新发展。

互联网文化产业归根到底着眼于人们的互联网消费。2014 年 10 月 29 日，国务院常务会议研究消费扩大和升级工作，确定了 6 大领域消费，其中扩大移动互联网、物联网等信息消费被列为第一项，会议指出要提升宽带速度，支持网购发展和农村电商配送。国家对互联网消费的支持有利于互联网文化产业拓展自身的消费空间，通过消费人群、消费内容、消费地域等多方面的拓展，打造互联网文化产业的消费源泉。

（三）国际发展动态

中国互联网文化产业的发展也离不开国际市场这个大背景。欧美一些发达国家的互联网文化产业已经形成了比较成熟的产业结构，并且积累了宝贵的发展经验，这些都成为中国互联网文化产业发展可以利用的资源。中国互联网文化产业需要在国家发展的动态中开辟自己的成功之道。

美国的互联网文化产业具有世界领先水平，谷歌、亚马逊等老牌互联网公司是美国互联网文化产业的代表，亚马逊的电商模式具有互联网文化产业的重要成功经验，其市场范围已经覆盖到世界诸多国家，并且与当地消费者的需求与习惯实现了完美的契合，这种覆盖面仍然是中国互联网电商企业所无法达到的。美国互联网的内容生产和消费方式都已经形成了较为成熟的模式，例如维基百科、Facebook、Twitter、YouTube 等都是文字、社交、视频等领域的成功模式。[①] 据腾讯科技报道，全球最大的社交网站 Facebook 于 2015 年 1 月 29 日发布了该公司 2014 年第四季度及全年财报。财报显示，2014 年第四季度，Facebook 营收为 38. 51 亿美元，比上年同期的 25. 85 亿美元增长了 49%；净利润为 7. 01 亿美元，比上年同期的 5. 23 亿美元增长了 34%。近几年来，美国的互联网金融成为一种新兴的产业形态，事实上，早在 20 世纪 90 年代末，一个较为完整的互联网金融产业链就已经在美国形成，通过利用互联网的沟通途径、信息资源来进行金融投资。最近，以众筹为代表的新型互联网融资方式在美国的文化领域已经取得了较为成功的实践，2014 年美国圣丹斯电影节上，超过 1/3 的展出影片是通过众筹模式融资的。比如美国的电影众筹平台 Kickstarter 的商业模式，它有个“限时”规则，众筹项目必须在一个月内达到筹款项目金额，否则项目失败，电影人拿不到一分钱，当项目成功融资后，Kickstarter 会从中抽取 5% 的融资佣金。众筹方式显然可以让电影人对内容有更大的控制权，而不是听投资人指手画脚；另外，从观众的角度去众筹，似乎更容易让那些有趣的电影项目脱颖而出，而不仅仅是听命于时而保守的电影公司。目前，众筹方式也已经在中国的互联网金融领域方兴

① 刘怡．观众登场：美国互联网内容生产与消费融合研究［D］．华东师范大学，2012.

未艾，拥有巨大的发展潜力。

二、内容领域的新趋势

内容是互联网文化产业的立身之本，只有先制作出好的内容，才能够进一步探讨如何传播、如何销售。文化产品是互联网文化产业的主要内容，但与传统的文化产品不同，互联网文化产业通过互联网这一平台能够创造出具有互联网标志的新文化，从而吸引人们消费互联网文化产品。

（一）视频网站的内容创造

视频网站是制造互联网文化内容的主力之一，近几年来，以优酷、爱奇艺、搜狐视频为代表的视频网站已经不再是简单的视频播放平台，它们也制作自己的网络视频。各大视频网站都加大了内容自制的力度。网络自制剧的增多有诸多方面的原因：强势的电视台开始培育自己的网络传播渠道，减少出售自制节目版权，这逼迫视频网站要制作自己的视频内容；国家版权保护力度的增强以及对海外剧的限制也为视频网站拓宽自己的产品空间提供了条件。在这一形势下，各视频网站都把自制节目作为发展的重点，明星、金牌制作团队都加入到自制剧的制作中。根据《中国电视剧（2014）产业调查报告》，2014 年的网络自制剧数量超过了之前数年累计数量总和，而 2015 年卫视综合频道黄金时段电视剧容载量将较 2014 年下降约 25%。搜狐的《屌丝男士》系列、优酷的《万万没想到》系列、爱奇艺的《废柴兄弟》系列都取得良好的市场反应，积累了大量的粉丝，成为出色的网络自制剧集。

除了网络自制剧，网络院线是视频网站另一种内容创造的方式。由于中国电影银幕数年年增长，但仍然有大量影片无法进入院线上映。在这种情况下，爱奇艺提出“网络大电影”的概念，这些电影大多是投资较少、时长超过 60 分钟、制作技术简单、制作周期相对短、以故事为核心的低成本电影。据爱奇艺提供的数据，爱奇艺票房分账机制一年就吸引进来 300 多部网络大电影，总量超过 400 部，全年票房已达 5000 万元，仅通过网络发行分账收回成本的作品占总量 25% 以上，其中包括：《三生》、《锤子镰刀都休息》这类文艺片，《成人记 2》、《校花驾到》等商业片，《二龙湖浩哥之风云再起》由草根团队制作的影片，等等。

各类视频网站通过自制剧集、网络电影等方面的内容制作，在与传统的电视传媒的竞争中拥有了自己的优势，推动了人们对互联网文化产品的认可与需求。

（二）手机游戏与网络文学的交融发展

视频网站的自制视频是对电视节目、电影等传统文化产品的竞争回应，但手机游戏与网络文学与此不同，它们都是互联网文化产业所独有的内容，并不存在与传统文化产业相竞争的问题，因此，对于手机游戏、网络文学等互联网独有的文化产品而言，关键是要充分挖掘自身特色，符合消费者需求，使自身成为人们生活必不可少的文化产品。

截至2014年12月，手机网络游戏用户规模为2.48亿，使用率从2013年底的43.1%提升至44.6%，增长规模达3288万，手机端游戏用户成为最核心增长动力的同时也意味着电脑端网络游戏用户向手机端的进一步转化。[①] 手机网络游戏是伴随着移动互联网的普及而获得快速发展的，大量的移动游戏产品上市，加速了整个市场的多元化竞争格局，众多客户端游戏企业纷纷拓展其业务到移动游戏领域，像阿里巴巴、百度、腾讯这些互联网巨头也加入到手机游戏的市场竞争之中。手机游戏一方面来自游戏企业的原创，另一方面来自已有的电影、文学作品，例如360手机助手与迪士尼合作打造的手机游戏《冰雪奇缘》。由此可见，手机游戏与影视、文学等产业的结合越来越紧密，逐步形成影视、文学与游戏的双向互动，促进整个互联网文化产业内部的内容良性互动。

在网络文学领域，腾讯已经收购了盛大文学，百度也开辟了“百度文学”的业务，网络文学成为了互联网的热门业务。网络文学之所以得到了互联网企业的如此钟爱，这是因为网络文学是一种原创的文化内容，原创的内容就意味着核心竞争力，这些原创内容可以延伸到游戏、视频等各种各样的领域。在网络文学这一产业链条上，网络文学作为上游，通过授权的方式，可以根据文学内容推出游戏、动漫、影视等一系列衍生产品。截至2014年12月，我国网络文学用户规模为2.94亿，较2013年底增长1944万人，年增长率为7.1%。网络文学使用率为45.3%，较2013年底增长了0.9个百分点。[②] 巨大的网络文学市场也意味着巨大的消费潜力，以网络文学为核心的全产业链条带来了巨大的价值，可以拉动游戏、视频等其他互联网文化产业的发展。

---

① 中国互联网络信息中心．第35次中国互联网络发展状况统计报告［EB/OL］．http://www.cnnic.net.cn/hlwfzyj/hlwxzbg/hlwtjbg/，2015-02-03.

② 中国互联网络信息中心．第35次中国互联网络发展状况统计报告［EB/OL］．http://www.cnnic.net.cn/hlwfzyj/hlwxzbg/hlwtjbg/，2015-02-03.

无论是手机游戏还是网络文学，它们通过内容的相互整合尽可能发掘更大的商业价值。在文化产业整合的大趋势下，文学、游戏、影视、动漫等文化产业将不再是独立的个体，各种内容之间相互关联，形成统一的产业链条，最终呈现为交融共存的发展状态。

（三）“内容为王”与知识产权

对于视频网站、手机游戏、网络文学等内容制作领域的互联网文化产业而言，版权或知识产权都是核心竞争力。2014 年 10 月，国家知识产权局发布了《关于知识产权支持小微企业发展的若干意见》，《意见》支持加大小微企业专利申请的资助力度，鼓励小微企业以质押融资、许可转让、出资入股等方式拓展知识产权价值实现渠道，这些都再一次强化了知识产权对于内容制作企业的重要性。对于互联网文化产业而言，“内容为王”的真正含义就是拥有知识产权，当然仅仅拥有知识产权是不够的，还要有效地开发自己的知识产权，有效开发知识产权的方式就是形成以知识产权为核心的全产业链。

互联网文化产业的各种内容都不是孤立的，而是可以互相沟通的。网络文学的内容可以制作成视频，也可以成为手机游戏的故事背景，而手机游戏的线索也可以被拓展为文学故事，或者拍成网络剧集。事实上，网络文学作为 IP（Intellctualp Property 的缩写，直译为知识产权）源头之一，在资本市场中越来越受到关注，近来，游戏与影视剧公司争抢网络小说 IP，版权价飙升。优质 IP 非常紧缺，在市场上供不应求。如果互联网文化产业要实现“内容为王”就必须把单一的“内容”发展为一系列的“内容链”。当然实现这一点的前提是我们对知识产权的重视与保护，幸运的是，保护企业的知识产权已经得到了政府部门的高度重视，相关法律政策正不断得到完善，这为互联网文化产业的内容领域提供了绝佳的发展机遇。

三、平台领域的新趋势

互联网文化产业的一个重要特征就是互联网，平台是互联网的主要功能，因此，创建并维护互联网平台也是互联网文化产业的一个核心领域。随着互联网技术的提高、互联网应用的推广，互联网平台领域也表现出新的发展趋势。

（一）新媒体与平台创新

新媒体主要就是指以 BAT（百度、阿里巴巴、腾讯）为代表的互联网企业，新媒体是互联网文化产业的核心要素，正是新媒体的产生、应用推动了互联网文化产业的兴盛。百度、腾讯、阿里巴巴分别在搜索、社交和电商领域确立了自己的优势，原本它们都主要是互联网公司，并且以平台为主要优势，但现在它们将平台与文化产业相结合，促成了互联网文化产业的平台创新。

例如，在电影的营销环节，按照一部电影的常规营销模式，海报宣传、落地活动、户外广告是很重要的几块营销投入，但是随着互联网的发展，网络营销已经开始取代传统媒体，成为了娱乐产品营销的主要战场。例如《失恋 33 天》以 900 万元成本换来 3 亿元票房，完全归功于成功的互联网营销，也成为很多小成本国产电影的效仿对象。新媒体纷纷进入电影等文化娱乐领域，新媒体所具有的互联网平台优势可以提供新的营销途径、广阔的受众群体、准确的客户信息，从而创新文化娱乐产品的营销方式。运营粉丝（fans）、建立口碑（WOM）、形成社群（group）、创造话题（topic）、输出内容（content）、与受众互动（interactive）已经成为电影互联网营销的主要内容。与此同时，电影公司更乐于开发那些拥有版权（IP）的网络小说作为电影剧本的源头，原因是它们已经拥有庞大的粉丝群。这些变化都源于新媒体的平台效应，以及它所带来的商业模式创新。

互联网文化产业的创新动力来自互联网，而互联网所能提供的新媒体平台是独有的。这种新媒体平台改变了传统文化产业的营销模式，孕育了互联网文化产业的辉煌。

（二）线上平台与线下消费

互联网文化产业的典型特征就是对线上与线下两个平台的整合。在线上进行营销、宣传、推广，然后将客流引到线下去消费体验，实现最终的交易，在交易完成之后，线下的用户再通过线上平台反馈消费体验，并且在线上交流，从而实现了由线上到线下再返回到线上的整个营销过程，这即被称为 O2O 模式。

电影票的网络售票方式就是互联网文化产业中典型的对线上与线下两个平台的整合。如今，在电影院的售票柜台外，人们总是能够看到大大小小各种颜色的网络售票机。2014 年以来，在线购票市场迎来更大幅度的增长，比如微信电影票在线选座业务月销售额达 10 亿元，淘宝旗下猫眼电影截至 2014 年 8 月底，销售额达到 50 亿元，独立购票网站格瓦拉电影 2014 年的销售额也已超过 15 亿元。O2O 模式的普及得益于移动互联网的成熟，移动互联网从技术上使线上与线下之间的互动转换成为可能，人们利用手机等移动终端可以随时随地查收线上信息，然后进行实时消费。2014年来自百度、阿里、腾讯、盛大对O2O领域的投入数据显示，投入资金将近100亿美元。在资金的追捧下，可以预测2015年，餐饮、打车、生活服务等方面，将会有更多的新的企业加入O2O。同时从整体看O2O行业，大多数O2O企业还处于资本阶段和试水阶段，一方面由于市场对产品的认可度还有待提高，另一方面很多O2O企业的融资能力还有待考验。

传统的文化产业缺少线上平台。在互联网文化产业中，必须懂得移动环境下的线上模式，任何文化公司只有进入了线上平台才算是进入了互联网文化产业。所有业务都可以在线上与线下展开营销，这也带动了产业链嫁接模式的变革。比如手机游戏，很多手机游戏的主题来自线下的动画片或主题公园，另外一些手机游戏也可以成为线下的主题公园，比如《愤怒的小鸟》，这款游戏正在做主题公园，接下来做动画电影，它就可以变成大的产业链。利用线上平台还可以实现多种经营的同步，在销售主要产品的同时我们可以在其中植入广告，形成系列化的营销行动。线上营销一般都采用会员制的模式。通过移动互联网把全国落在各地边缘角落的人整合成会员，会员可以是线上的或线下的，线下的会员可以随时通过线上平台被召集在一起进行一些活动，例如健康旅游，而线上会员除了进行线上消费以外也可以被带入线下的消费活动之中。

移动互联网实现了非标准化服务的电商化。人们能够随时随地通过线上平台反馈自己的消费需求，线上平台在处理需求信息的基础上在线下为消费者提供服务。人们的文化需求大多都是非标准化的需求，这些需求容易变化，本地化与多样化的特征明显，消费者需要在线下特定场景进行选择消费，很难实现标准化。在PC互联网时代，这种非标准化的需求是很难满足的，但是移动互联网的移动线上平台让文化这类非标准化的需求可以通过O2O模式得到满足，从而让互联网文化产业真正具有了发展的可能性。互联网文化产业正是为了满足人们的非标准化的文化需求而存在的。

（三）垂直平台的经营优势

在互联网文化产业中，BAT三家公司处于主导地位，但随着移动互联网的发展，一些企业利用垂直平台也取得了自己的经营优势。垂直平台成为互联网文化产业的一种独特的平台运作方式。

所谓的垂直平台区别于BAT这些以覆盖面广、种类多而取胜的平台模式，是占据某一个细分的垂直领域，为特定的有针对性的客户提供服务，重在挖掘特定客户群体的需求，借助于移动互联网深入到特定用户群体的生活的方方面面，如蘑菇街、美团网、大众点评网、陌陌都利用了垂直平台的经营优势。本地生活服务市场的赶集网和大众点评网在PC客户端的发展并不突出，但在移动互联网时代，分别在服务类信息的细分领域中进行深入延伸，取得了良好的成绩。

垂直平台聚焦于细分市场，对行业和产品的理解更为深刻，因而也更容易做出特色，满足某一类用户群体的个性化需求。而人们的文化需要一般是千差万别的，而且会有很强的地域性、群体性特征，因此，垂直平台事实上十分符合文化消费领域的需要，可以根据不同的文化群体或不同的地域文化开发有针对性的垂直平台，就某一细分的特定客户提供各种延伸性的文化产品，所以说，垂直平台可能会成为互联网文化产业发展的又一个亮点。未来导购类、垂直类的平台要体现本身的差异化，积累用户对平台的信任和使用习惯。当人们形成在平台上分享自己的消费心得的习惯，这种平台就会变成一种购物的决策平台，这个时候盈利模式就会更加的多样化。

四、延伸服务的新趋势

内容与平台是互联网文化产业的两个核心领域，但互联网文化产业之所以具有巨大的市场价值就是因为它具有很强的延展性。互联网文化产业可以通过延伸自己的服务内容，拓展到各种各样的市场领域，甚至可以说，互联网文化产业的产业范围是无边界的，只要有好的内容和平台，互联网文化产业就能在各个领域延伸、繁荣。

（一）移动增值服务的发展

TalkingData发布的《2014移动互联网数据报告》显示，2014年，我国移动产业发展迅猛，移动智能终端设备数已达10.6亿，较2013年增长231.7%。从用户性别层面来看，女性用户持续增长，占比42.2%，渐成主流；从用户年龄层面来看，80后用户占比38.3%，成为主导力量。全国各地的移动互联网使用者有着不同的生活习性，但他们的手机里平均安装着34款App。[①]移动互联网时代的到来让互联网的移动增值服务的形态与范围发生了变化，移动互联网扩大到工

① 工业和信息化部电信研究院．移动互联网白皮书（2014）［EB/OL］．http：//www.catr.cn/kxyj/qwfb/bps/，2014－05－12.

作、生活、学习等各个领域。移动互联网不再局限于铃声、新闻、资讯和 WAP 上的图片等应用，搜索、博客、社区等早已延伸到移动互联网业务。同时大众也将随时随地体验到移动互联网提供的游戏、电影、电视、音乐、定位、商务等服务。这些都是互联网文化产业的内容。

在社交领域，微信等新型移动即时通信产品的问世不仅丰富了短信、电话的内容与表现形式，更融入了新闻咨讯等各类生活信息，从而打通线上线下，深刻影响生产生活，推动互联网文化产业的发展。在移动支付领域，移动支付逐步推动移动电子商务、移动办公等商务的发展，支付宝、财付通等移动支付应用让人们意识到移动互联网不再只是休闲娱乐的平台，而且也是一个支付平台，在安全、便捷的前提下，移动支付很有可能取代银行卡，成为居民日常生活的主要支付手段。在娱乐领域，手机网游、手机电台、手机音频、手机电视、手机动漫、手机杂志等应用已经进入良性发展期。以手机游戏为例，目前中国市场上已经在成功运营的手机网游超过 20 款：《大话三国》、《三界传说》、《无限乾坤》、《屠魔》、《武林擂》、《神役》等，这些手机网游都拥有极大的市场，另外一些小而精的休闲游戏应用也得到了越来越多的用户的喜爱，越来越多的游戏开发商参与到手机游戏行业，一些大型互联网企业也开展了手机游戏业务。

当前移动互联网已经改变了诸如交通、餐饮、服装、旅游、支付等领域。互联网巨头积极参战移动互联网，同时移动互联网创业者和创业公司也不断涌现出来，这加剧了移动互联网领域的竞争，但也给互联网文化产业带来发展机遇。

（二）广告传媒的互联网化

广告传媒是互联网文化产业的重要组成部分。对于广告宣传，我们以前说是“无处不植入”，在传统传媒中，我们也只能在电影、电视节目里面植入广告，但在移动互联网时代，情况可以是在广告里面植入一点电影。大概这个格局马上要出现了，现在微电影和微视频可能都是为了植入广告而存在的，所以广告可以成为核心，故事情节可能是它的植入要素。

在美国，虽然互联网广告市场份额还没有超越电视，但差距在逐渐缩小，尤其是互联网的媒介消费时长已经显著超越了电视的媒介消费时长，这将促进美国互联网广告市场的进一步繁荣，而美国市场的纸媒和广播无论是媒介消费时长还是广告市场份额，都在严重萎缩。易观智库 2015 年 1 月发布的研究数据显示：继 2010 年、2011 年互联网广告市场取得爆发式增长后，2014 年中国互联网广告市场再次迎来发展高峰，市场规模1565.3亿元，较2013年增长56.5%。数据显示，关于不同互联网广告类型，2014年关键字广告依然是最受广告主青睐的广告投放形式，视频广告继续保持快速增长。一方面，程序化广告加速发展，越来越多的广告主尝试程序化广告投放；另一方面，DSP（Demand - Side Platform 的缩写，意为需求方平台）提供商也加速提高自身技术水平以实现媒体资源对接和人群定向能力的升级，努力积累丰富的程序化广告投放经验。

手机移动广告是互联网广告的另一个重要组成部分，与传统的媒体相比，手机广告具有受众基础广、针对性强、互动性好等特点。微信成为广告投放大热门，最近一年，66.13%的广告主选择了微信进行广告投放，高居首位。搜索引擎仍是广告主的重要战场。微博和视频网站成为常规投放选择。微博、微信等社交应用是手机广告的重要载体，这些社交应用在已经积累了大量用户群的情况下，开始投放广告，以此取得广告收入。除了社交应用，视频、游戏都是手机广告所利用的传播媒介，手机广告与一些线上平台相结合更容易引导客户即时消费，上文所说的O2O模式、垂直平台等往往就是与手机广告结合在一起的。经过几年的移动广告市场培养，也得益于手机网民的增加、手机上网时间的延长、使用范围和频率的增加，越来越多的广告主看好手机移动广告，并加大在手机移动广告的投入。可以说，手机广告的发展前景是令人期待的。

（三）线上教育与人才服务

在线教育是互联网文化产业的重要延伸项目，作为老牌的文化产业教育利用互联网这一新媒体可以获得新的发展机会与新的市场空间。中国经济网数据显示，2014年上半年国内在线教育投资总额高达25亿元，国外在线教育投资总额24亿元。其中，语言培训类投融资案例为5例，投资总额超过16.17亿元；K12教育类投融资案例为6例，投资总额超过2.428亿元；母婴教育类投融资案例为2例，投资总额为2.25亿元；技能培训类投融资案例2个，投资总额超过1.8亿元；职业教育类投融资案例为3例，投资总额超过1.3亿元；IT教育类投融资案例为2例，投资总额超过1.2亿元；出国留学类投融资案例为2例，投资总额超过3400万元；在线教育自媒体投融资1例，投资总额为数百万元。① 计世资讯（CCW Research）调研数据显示，2014在线教育市场规模达到824.9亿元，市场

① 中国经济网教育频道．2014年上半年国内在线教育投融资总额超25亿元［EB/OL］．http：//edu. ce. cn/zg/201407/01/t20140701_ 1733347. shtml？ tn = gongxinjun. com，2014 - 07 - 01.

仍然以较快的速度成长。2015年，市场增长的拐点即将到来，未来三年2015年、2016年和2017年将继续快速增长，增长率均在20%左右。学历教育、职业在线教育是市场规模高速增长的主要动力。但值得我们注意的是，中小学在线教育市场将比整个在线教育市场的成长速度更快，2014年中小学在线教育市场规模增长率为34%，未来三年2015年、2016年和2017年增长率估计分别为35%、39%和39%，呈现高速增长的态势。

因此，在线教育的发展潜力是巨大的，可以说，目前的教育领域的变革主要是来自移动互联网和大数据。原来的互联网教育绝大多数依赖于PC端，互联网时代已经进入了移动互联网时代，在平板电脑和智能手机得到广泛使用之后，在线教育的形态也发生了变化。原先在PC客户端，学员是一种相对集中的学习状态，而在移动客户端，学员们可以进行碎片化学习，即随时随地地学习，这就需要在线教育产品形态的转变，而大数据的发展也使得在线教育更加智能和科学。比如我们可以通过大数据建立错误题库去优化老师讲课的重点，或者通过大数据去辅助学生答题，科学评估学习成绩，优化学习重点，这些新的在线教育方法已经在很多在线教育机构得到应用。

（四）互联网金融

从广义上讲，互联网金融也是互联网文化产业的延伸部分。互联网金融理财是通过运用信息技术，把互联网业务思维与传统金融理财业务进行有机结合，形成以用户体验为先、互动式、个性化的创新型理财服务模式。互联网金融理财与传统金融理财相比，具有平台优势、数据优势、效率优势。互联网金融理财业务由互联网企业提供平台，传统金融企业负责金融产品策划、投资管理以及资金账户托管，通过社交网络、开放平台聚拢庞大的客户群和流量，利用大数据、云计算等技术手段，降低成本，提高效率。①

目前我国互联网金融理财正处于快速发展时期。在阿里巴巴推出余额宝大获成功的带动下，百度百赚、腾讯理财通、网易现金宝、苏宁零钱宝、京东小金库等基金类的互联网理财产品层出不穷。截至2014年6月，余额宝推出一年以来，交易规模已达5741.6亿元，用户规模超过1亿，成为国内货币基金行业第一；理财通推出2个季度以来，交易规模接近1000亿元，日均流入资金量平均超

① 宋恺．互联网金融理财类产品的创新发展［EB/OL］．http：//www.miit.gov.cn/n11293472/n11293832/n15214847/n15218234/16116937.html，2014-08-28.

7亿元，用户规模超过800万。据估计，目前我国互联网金融理财市场规模接近8000亿元，在其带动下，我国货币基金整体规模已逼近2万亿元，与上年同期相比，增幅超过150%。①互联网金融产品的出现为人们投资提供了一种新的选项。区别于传统的金融理财产品，互联网金融产品往往门槛较低，操作更加灵活，收益率较为合理，特别适合投资金额少的普通人，能够为用户带来实实在在的利益，因此，互联网金融产品的市场规模在短时间内实现了快速增长。

值得注意的是，互联网金融产品往往与前文所说的移动支付服务结合在一起，互联网金融产品的购买者一般也就是移动支付应用的习惯客户群。因此，互联网金融产品的提供者恰恰就是一般的互联网企业，互联网企业将互联网思维与金融理财服务相融合，与金融企业合作，打造出了具有鲜明互联网思维的金融理财产品。阿里巴巴的余额宝将第三方支付与货币基金理财产品深度结合，支付宝兼具流通购物和投资增值功能。“余额宝”设计之初是为了解决支付宝沉淀资金带来的监管成本，它以淘宝电商平台作为用户流量入口，以支付宝为服务平台，为支付宝客户的余额提供便捷的理财服务，同时兼顾网络金融与电商融合的用户体验；资金主要由天弘基金完成货币基金的投资管理，投向低风险的银行存款和结算备付金，第三方资金托管由中信银行承担。腾讯理财通，以社交应用为基础，将投资理财嵌入移动O2O生态体系，与滴滴打车、电影票、美食团购、微信红包等功能相结合，形成以社交和移动支付为核心的业务链。互联网金融产品与其他互联网文化产品相结合是各种互联网金融产品的共同特点。也正是因为这个，我们可以把互联网金融视为互联网文化产业的延伸部分，因为互联网金融产品的销售、盈利都是与互联网文化产品密切相关的，如果没有一般意义上的互联网文化产业的内容与平台，互联网金融产品也就无从谈起。

五、资本运作的新趋势

互联网金融是新兴的互联网金融活动，它除了是一种上文所说的金融产品之外，也包括互联网公司的资本运作行为，包括企业的收购、上市活动等。2013年以来，由互联网产业资本主导的投资并购活动频现热潮，产业资本成为行业主

---

① 宋恺．互联网金融理财类产品的创新发展［EB/OL］．http：//www.miit.gov.cn/n11293472/n11293832/n15214847/n15218234/16116937.html，2014-08-28.

要的资金来源。国内互联网企业为加强战略布局，纷纷设立投资收购部，重点投资已有稳定商业模式的企业。进入 2014 年，互联网文化产业领域的资本运作更是表现抢眼，成为我们必须关注的一种新趋势。

（一）众筹与投融资

众筹模式即大众筹资，用团购加预购的形式向网友募集项目资金，即人人都可以成为投资者。网络众筹等充满互联网“大众协作”精神的金融业务在 2014 年掀起了一阵浪潮。2014 年 3 月，阿里巴巴推出了“娱乐宝”平台，承诺网民出资 100 元即可投资热门影视剧作品，预期年化收益率 7%，并且有机会享受剧组探班、明星见面会等娱乐权益。首期项目包括《小时代 3》、《狼图腾》等电影作品。随后，百度也推出了“百发有戏”的众筹业务平台，首批作品是《黄金时代》等影片。2014 年 11 月，中国平安在入股华谊的同时也推出了名为“平安好戏”的众筹平台，其首个项目是与《匆匆那年》相联合的三款理财产品。

众筹作为一种新兴的互联网融资方式具有很大的优越性，在互联网平台上，信息透明度更高、资金配置效率更高、金融中介的作用淡化、投资人对资金去向有较大决定权，而资金需求方的融资方式、回报率自主性也得到增强。特别是网络借贷往往不需要任何抵押，因此这种借贷模式受到更多被传统银行借贷拒之门外的人的欢迎。众筹模式一方面为刚刚起步的文化创意项目提供了资金支持，另一方面也给参与互联网文化产业的消费者带来收益，并且扩大了互联网文化的影响力。因此，网络众筹成为了文化创意类项目的新兴融资营销渠道。但是由于网络众筹相关的规章制度并不完善，因此网络众筹仍存在一定的投资风险，这需要在未来进一步完善相关的制度、法规建设，让互联网众筹平台真正的安全、高效。

（二）企业的并购

据 Wind 数据统计，2014 年以来，国内公司共发生 169 起文化传媒行业并购事件，包括影视、游戏、广告、出版、有线和卫星电视等子行业，涉及资本约 1605 亿元。这意味着，几乎每隔一天就发生一起文化传媒公司并购事件。按月度来看，8 月份、12 月份并购尤为活跃，月度并购案分别达到 22 起、19 起。这些并购多发生在与互联网文化产业相关的领域，并购对象也大多数是互联网公司，并购方也多是互联网公司，可以说，互联网产业资本主导的投资并购活动愈演愈烈。进入 2014 年，BAT 三家的投资举动更加频繁，上半年，BAT 三家宣布的投资收购事件超过20起，其中半数金额在1亿美元以上。预计在移动互联网格局尚未稳定的情况下，这一态势还将持续。由此可见互联网文化产业的活力。

2014年，影视传媒领域是并购活动发生的主要领域。目前来看，大部分互联网文化企业都属于中型或小微型企业，它们属于被并购方，对于这些中型和小微型企业而言，并购活动可以帮助它们筹集资金。对整个互联网文化产业而言，并购活动大幅度提高行业集中度，提升行业整体实力，进而孕育出可以在全球范围内进行布局的大型传媒集团。当然也有像百事通、东方明珠这样的大型传媒企业，通过并购合并形成了具有国际竞争力的大型传媒集团。百视通吸收合并东方明珠的方式实现了两家上市公司的合并，合并后，公司总市值有望达千亿元。大型互联网企业投资并购行为能够对互联网文化产业的发展带来积极影响，有利于更加有效地吸引资金，给极具创新精神但暂时又缺乏盈利能力的新产品和新服务的开发提供不竭动力。同时，企业的并购行为不仅仅是一种投资行为，也是对未来产业发展的规划布局行为。所以说，大型企业的并购能够推动整个互联网文化产业的发展。

（三）企业的上市

2014年是互联网文化产业方面的企业上市活动十分活跃的一年，阿里巴巴赴纽交所IPO（首次公开募股）更是成为了人们的关注焦点。京东、微博、陌陌、聚美优品、蓝港互动等互联网企业纷纷上市，累计募集了超过300亿美元资金，上市公司市值超过3000亿美元。除了这些大型企业值得关注外，一些文化企业选择了新三板，中小文化企业通过新三板提升了自身的市场价值，扩大了自己的市场影响力。

另一点值得注意的是许多互联网企业选择了海外上市。海外上市可以为企业提供更加广阔的资金来源，尤其是企业在美国资本市场上市，可以有效地解决企业的资金问题，同时也大幅提升了企业的知名度和影响力，有利于企业的创新发展和业务拓展。2014年9月阿里巴巴的上市就是典型的代表。从这个角度看，海外上市是有利于中国的互联网文化产业发展的，但是另一方面，海外上市也会对中国互联网文化产业的发展产生消极影响。海量的用户数据、经济社会运行数据是互联网企业的最重要的竞争实力，而境内互联网企业海外上市可能会因受上市地法律法规约束，从而造成自身所掌握的数据难以得到有效的保护，形成数据控制权的流失、数据外泄等安全风险。此外，海外上市也使得国内的股民难以投资这些优秀的企业，从长远看，阻断了互联网文化产业在国内的持续发展，导致广大民众无法分享我国互联网行业的发展红利，从而打击了本国民众对本国互联网文化产业发展的支持与信心。

六、新挑战与新希望

互联网文化产业已经在内容、平台、延伸服务、资本运作等领域形成了初步的发展格局，并且取得了惊人的发展成果，所以说，互联网文化产业是一个朝阳产业。但这并不意味着互联网文化产业的当下发展是没有任何问题的，也不意味着互联网文化产业的当下状态是完成时的，互联网文化产业作为一个新兴产业仍处于进行时，它面临着诸多的问题与挑战，同时也充满了进一步完善的希望。

（一）传统文化产业的互联网挑战

传统文化产业是互联网文化产业的发展根基。互联网文化产业虽然是一种新兴产业，但它也必须利用已有的文化资源；从另一个角度看，传统文化产业在互联网的冲击下必须考虑如何实现自身的转型，因此，无论从哪个角度看，传统文化产业都需要拥抱互联网，只有互联网文化产业才具有发展希望。但是，传统文化与互联网文化相结合是有困难的。在形式上，传统文化内容难以在互联网等现代媒体上进行传播，互联网等现代媒体强调及时性、互动性、刺激性等传播特征，而传统文化则一般看重积累性、继承性、柔和性，因此要以互联网的形式传播传统文化的内容就需要调和二者的矛盾。

解决问题的关键就是按照互联网的运作思维重新构造传统文化产业的商业模式。互联网要求各个行业的企业变革旧的运营和业务模式，同时还要更灵敏。首先，必须胸怀远大目标和明确战略进行数字化转型。互联网市场瞬息万变，随意性试验或是毫无规划的数字化举措并不可行。客户群是互联网的关键，因此要特别专注于客户端的开发与客户群的积累。此外，企业还需要着力于将互联网技术融入原有的产品之中，从而适应互联网的生产、传播需要。公司必须借助互联网技术实现自己的转型目标，并且制定涵盖领导、人才、观念、文化、流程和组织结构的全盘互联网战略。大数据是互联网的鲜明标志，因此，整合大数据是任何一个要进入互联网文化产业的公司必须思考的问题。虽然整合大数据对于刚刚开始的企业比较困难，但是它能帮助企业优化决策、改善资源分配以及更好地倾听客户的意见。大数据能否得到有效利用取决于是否秉承持续试验的心态以及源源不断的人才，来设计试验、分析日益多元化的大量数据和创建有说服力的直观图形和故事，帮助决策者更有效利用分析结果。在电子商务高速发展的背景下，企业必须制定灵活的多渠道运营模式。互联网开创的透明化定价压缩了利润空间，精益化变得极为关键。打造线上线下的整合平台不仅对客户很重要，对公司的整个运营效率也极为关键。总之，传统文化产业所面临的互联网冲击是不可避免的，其自身必须以开放的精神迎接互联网，互联网文化产业也应该尽可能地吸收传统文化产业的加入，从而扩大互联网文化产业的竞争力。

（二）BAT 的竞争格局

当下，BAT 这三家互联网公司占据了互联网文化产业的主导地位，这三家公司作为强势的互联网公司利用自己的资金优势和互联网平台进入文化产业领域，占有了互联网文化产业的主要市场份额，BAT 三家公司总市值达到 3.5 万亿元到 3.8 万亿元。这三家公司，百度是做广告的，广告占 85%；腾讯游戏收入占 54%，广告收入占 8% 左右；阿里巴巴提供虚拟空间，阿里巴巴近来收购了很多文化公司，成为了中国目前门类最齐全的文化企业，从数字电视到网络视频、电影、体育、艺术品拍卖等，阿里巴巴的平台无处不在。因此，互联网文化产业的竞争格局是 BAT 三家公司独大，除了这三家公司，其他企业都属于中小型企业，占有某一个领域的市场份额，根本无法与 BAT 进行同类竞争。

互联网文化产业的这种竞争格局有利于整个产业的资源整合。BAT 三家公司因为有巨大的资金财力，可以收购中小型的互联网文化公司，它们的收购行为有利于把互联网文化产业内最优资源整合在一起，并且淘汰缺乏发展前景的业务，从而提升整个产业的竞争力。但是，这种竞争格局在一定程度上压缩了中小企业的发展空间，中小企业难以与这三家公司相抗衡，特别是在同类型的业务范围内几乎没有生存空间，从而可能会压抑互联网文化产业内部的竞争氛围，降低人们的创新动力。

但是，这样的竞争格局并不意味着中小型互联网文化产业就没有成长的可能性，中小型企业应该利用“垂直平台”等其他的商业模式，瞄准特定的客户群体和消费习惯，开发有特色的互联网文化业务。互联网文化产业是没有边界的，只要有好的创意都可以纳入互联网文化产业的范围内，因此，拓宽互联网文化产业的范围，开辟新的领地是互联网文化产业在现有竞争格局下实现进一步发展所必须采取的措施。

（三）互联网的市场拓展

如果说互联网文化产业是没有边界的，那么哪些领域是互联网文化产业比较有希望的新市场呢？移动互联网萌芽期主要是基础通讯和社交，最开始是像 QQ、微信这样的应用先火起来，其次就是像视频、游戏和电商类有强烈应用的软件火起来了。但是从 2014 年开始，包括旅游、医疗、教育、餐饮和出行等在内的很多跟生活息息相关的应用，真正发展和火起来了。就当下互联网文化产业的发展趋势而言，健康市场与艺术品市场是互联文化产业正在拓展的新兴领域。越来越多的用户在使用互联网寻找与健康相关的解决方案，由此带动了移动互联网健康市场的迅速发展。最近 3 年时间内，无论是苹果、谷歌、微软等全球的高科技公司，还是 BAT 等国内互联网巨头都在觊觎移动健康市场。例如阿里巴巴投资医药电商中信 21 世纪科技有限公司，后者 2014 年 10 月正式更名为“阿里健康”，从移动挂号到日常健康管理服务，从健康监测到慢性病预防和慢性病管理，互联网健康浪潮正在掀起。根据中国科技发展战略研究院估计，至 2020 年，整个健康产业的潜力将达 10 万亿元。业界认为，医疗健康产业已步入最好的投资周期。

艺术品市场与互联网对接可以降低交易成本和增加透明度，增加了市场的竞争性和流动性。互联网在一定程度上会使艺术品市场脱媒，有助于艺术品市场的全球化和大众化。而线上平台产生的浏览、论坛和交易等大数据，可以为机构研究客户的行为和艺术品市场的运行规律提供重要的分析依据，由此捕捉到新的市场机会。[①]但是艺术品在互联网上的交易还不成熟，艺术品物流和保险系统的不完善是互联网艺术品市场面临的主要困难，鉴定真伪是整个艺术市场面临的主要难题，这在互联网上这个范围内也同样存在。此外，艺术品电商的在线支付系统建设和担保能力也是个大问题。所以说，如何实现艺术品与互联网的最佳结合是互联网文化产业需要进一步解决的问题。

总的来说，以健康、艺术品这两个市场为代表的新兴互联网文化市场还没有形成较好的产业模式，但蕴含着无限的商机，成为互联网文化产业进一步壮大的希望领域。

中国经济正进入转型发展的关键时期，改变经济发展方式成为当下以及未来

① 黄隽．互联网玩转艺术品金融［EB/OL］．http：//finance. sina. com. cn/money/lczx/20141105/021720732068. shtml，2014-11-05.

中国产业的关键问题。而互联网文化产业的兴起、壮大恰恰应运了中国经济转型的时代要求。因此，我们有理由相信，在移动互联网的良好市场环境中，依靠政府的扶持政策，中国互联网文化产业拥有无限美好的未来，更多优秀的互联网文化企业会诞生，也孕育着中国发展的创新力量。

陈少峰　侯杰耀（北京大学文化产业研究院）

第二章　内容的经营与消费：监管与付费的新格局

2014年，互联网内容产业在快速发展与严格监管中探索着共促产业繁荣的新边界：政府监管力度加强，系列法规与管理措施重拳出击，网络新闻、视频、音乐、游戏、文学等各内容产品领域遭遇内容供给危机，互联网内容产业进入原创时代；内容产业商业模式日渐完善，网络服务商逐渐建立起内容付费机制，网民为内容付费的意识开始形成，互联网内容经营与消费逐渐进入IP时代。2014年，互联网内容产业突破式增长，移动端成为互联网内容与消费的重要阵地，互联网内容经营的跨界融合趋势也日益明显，网络文学与动漫、视听、游戏等的结合日益紧密。

一、互联网内容产品的界定

互联网内容产品，广义上来说，是指互联网上传播的信息内容产品及服务，范围主要包括网络娱乐、网络传媒、网络教育和网络出版等。从狭义上来说，互联网内容产品就是以版权为核心的信息内容，是受众通过互联网接收的信息内容，按照信息内容的类型划分，包括网络资讯、网络视频、网络音乐、网络文学、网络游戏、网络社区、网络教育等，内容信息的传播载体包括搜索引擎、门户网站、垂直网站、视频网站、音乐网站、文学网站、游戏网站、社会化媒体及相应的智能终端应用程序等。

（一）互联网内容产品相关概念

与互联网内容产品相关的概念有：内容产业、信息产品和数字内容产品。

欧盟《Info2000计划》（1996）中对内容产业的界定是："那些制造、开发、包装和销售信息产品及其服务的产业"，内容产业的范围包括各种媒介上所传播的印刷品（书报杂志等）、音像电子出版物的内容（联机数据库、音像制品服务、光盘服务和游戏软件等）、音像传播内容（电视、录像、广播和影院等）和用以消费的各种软件等。可以看到，内容产品主要包括媒体特别是传统媒体的产出物。

信息产品是指在信息化社会中产生的以传播信息为目的的服务性产品。①新闻产品、媒体产品、广告、软件产品等是信息产品的主要内容。互联网内容产品属于信息产品的一部分。

数字产品就是信息内容基于数字格式的交换物。数字内容产业与网络内容产业的定义最为接近，在《2003 台湾数位内容产业白皮书》中，数字内容产业被定义为“将图像、文字、影像、语音等内容，运用信息技术进行数字化并加以整合运用的产品或服务”，② 主要包括游戏、电脑动画、数字学习、数字影音、数字出版和典藏（或称为数字图书馆）。数字内容产品是面向个人的文化娱乐类多媒体产品，具有数字化特征，但并不一定通过互联网进行传播。

（二）互联网内容生产消费过程

互联网内容的生产与消费是信息内容在内容创作者、传播者与受众之间流动的过程，内容的生产、交换与消费都与互联网紧密相关，具体过程如图 2－1：

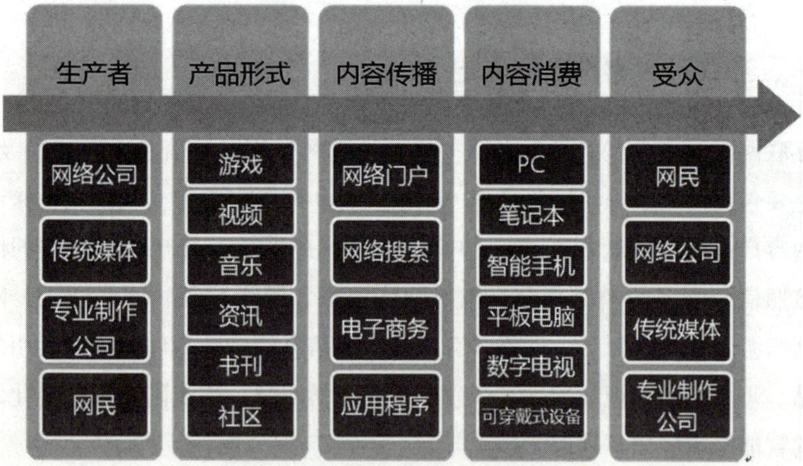

图 2－1：互联网内容生产过程

① 刘志勇，李敏强，寇纪淞．信息产品销售渠道模式选择研究［J］．系统工程学报，2013（2）：109－117.

② 王斌，蔡宏波．数字内容产业的内涵、界定及其国际比较［J］．财贸经济，2010（2）：110－116.

在互联网时代，娱乐、资讯和社交构成了互联网信息内容三大板块，信息内容产品通过互联网上传到网络门户、网络搜索、电子商务平台和应用程序，受众通过电脑、笔记本、智能手机、平板电脑、数字电视、可穿戴式设备等各种智能终端设备接收信息并参与互动，完成内容产品的消费。

在全民狂欢的网络时代，网络内容产品的传播者与受传者之间的界限日益模糊。一方面，网络公司、传统媒体和专业化的制作公司为网络制作、上传大量的信息内容产品，网民也已成为互联网内容产品重要的生产者，从论坛、博客、微博、微信、评论到原创音乐、微电影、视频、小说，草根网民已成为互联网内容重要的创作力量；另一方面，网民固然是网络内容主要的受众，网络公司、传统媒体和各种专业制作公司也通过网络内容了解资讯、寻找素材，传播者和受传者时刻进行着角色间的交叉与互换，传受合一也成为互联网内容生产消费过程中突出而重要的特点。

（三）互联网内容经营的盈利模式

互联网内容产业的商业模式，是围绕着互联网内容产品的经营与销售建构的盈利模式。随着互联网产品的不断创新，各种新兴的互联网内容产业商业模式也在不断涌现。

1. 广告模式

广告是互联网内容产业最早目前也仍是最主要的商业模式。先流量后变现，通过优质内容吸引用户，再根据用户数量或内容的点击量向广告商收取广告费，用以弥补内容制作或购买的费用并获得利润。传统媒体的“二次销售”形成了受众通过收看或收听广告而获得免费内容的习惯，这一习惯也随之迁移到互联网上从而使广告成为互联网内容经营最主要的盈利模式。根据艾瑞咨询集团发布网络广告市场数据，2014 年中国网络广告市场规模达到 1540 亿元，同比增长达到 40.0%（见图 2－2）。

2014 年，百度广告营收超过 490 亿元，同比增长为 53.5%，位居第一。淘宝广告营收超过 375 亿元，位居第二。百度与淘宝广告营收占整个网络广告市场营收比重达 56.2%，是中国网络广告市场的中坚力量（见图 2－3）。

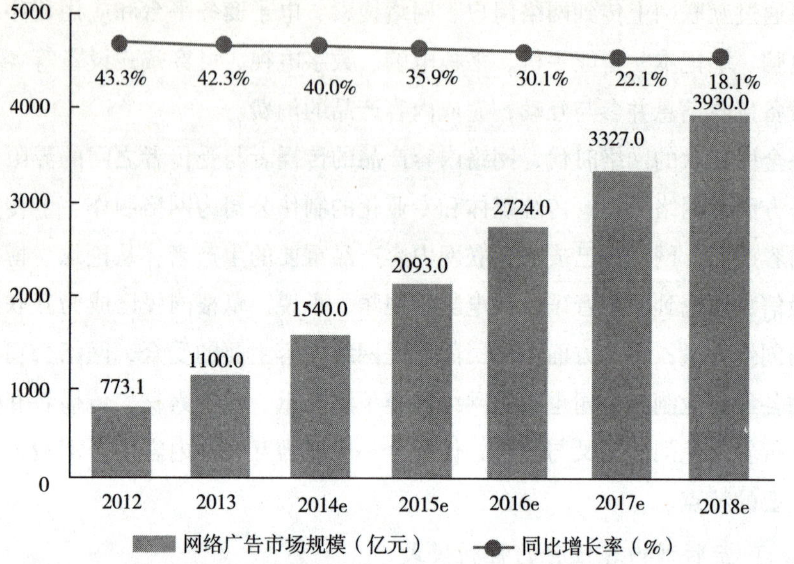

注释：1.互联网广告市场规模按照媒体收入作为统计依据，不包括渠道代理商收入；2.此次统计数据包含搜索联盟的联盟广告收入，也包含搜索联盟向其他媒体网站的广告分成。

来源：根据企业公开财报、行业访谈及艾瑞统计预测模型估算。

图 2－2：2012－2018 年中国网络广告市场规模及预测

（数据来源：艾瑞咨询：《2015 年中国网络广告行业年度监测报告》）

2. 固定服务费模式

通过收取固定的服务费，为用户提供一定时限内的内容或服务。这是内容产品的打包销售方式。中国联通与腾讯公司联合推出的音乐 VIP 服务“绿钻畅听版”，用户每月缴纳 15 元，享有 QQ 音乐手机客户端在线听歌、下载、播放 MV 包流量和腾讯价值 10 元/月的绿钻特权。收费邮箱和微信订阅账号收费也是采取按月或按年收费的方式获得盈利。

3. 零售模式

在线按件收取数字内容产品的下载授权，这也是目前互联网内容产品最直接的销售模式。网络文学网站的在线收费阅读模式是读者以章节为单位向网站缴纳阅读费用，作者通过与网站分成获得稿酬，形成健康的可持续增长模式。数字化单曲网络发行也成为流行音乐发行的重要渠道，“免费试听＋付费下载”成为单曲网络发行的商业模式。除了音乐网站和搜索引擎，社交媒体也因其聚集的粉丝力量开始涉足音乐发行领域，开创新的收入来源。2014 年 8 月 29 日，歌手张杰新单曲《很奇怪我爱你》通过新浪微博的微音乐平台发售，单曲 2 元起售，上不封顶，粉丝可按照歌手设定的底价付费，也可自由加价购买，短短 4 天内单曲正版下载人数超过 5 万，更有粉丝单笔最高付费 2 万元。除了张杰、华晨宇和张阳阳等“快乐男生”外，已经有王力宏、孙子涵、阿鲲、杨灵翰等歌手使用了该功能。

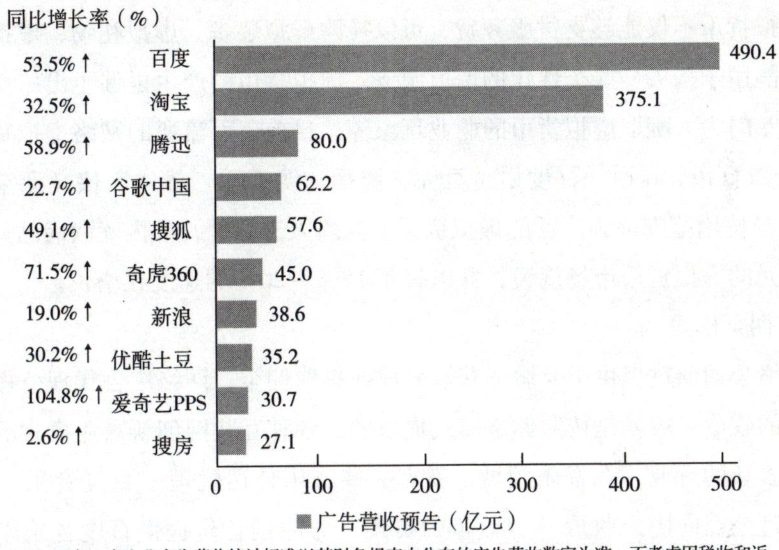

注释：1.各上市企业广告营收统计标准以其财务报表中公布的广告营收数字为准，不考虑因税收和返点引起的统计口径差异；2.搜狐广告营收包括门户和搜狗的广告营收；搜房广告营收包括营销服务收入与分类信息服务收入；3.淘宝广告营收由财报及其他公开信息结合艾瑞咨询集团推算模型估算，淘宝广告营收为中国商业零售业务中的核心收入来源，其广告营收不包含佣金收入及其他店铺费用。

来源：根据企业公开财报、行业访谈、iAdTracker临测数据及艾瑞统计预测模型估算，仅供参考。

图 2－3：2014 年中国网络广告市场媒体营收规模预估 TOP10

（数据来源：艾瑞咨询：《2015 年中国网络广告行业年度监测报告》）

4. 订阅收费模式

订阅收费模式最早起于 RSS 订阅，用户按月或年付费获取订制内容的推送。与固定服务费模式不同的是，RSS 订阅是用户定制的个性化内容。RSS 订阅一般分免费版和收费版，二者获取资讯的数量和质量有明显不同。比较著名的 RSS 订阅服务有 Google Play Newsstand、Feedly、Reader、Flipboard 等，国内则有鲜果阅读、九点阅读、有道阅读以及网易云阅读等。还有一些专业的资讯公司为用户提供专门的资讯内容，从十元到几百元甚至上千元不等收取月费，提供诸如投资指南、理财资讯等专业性资讯。

5. 虚拟货币

虚拟货币模式被广泛地应用于网络游戏、即时通讯及SNS型站点中，用户可以通过充值方式购买虚拟货币，也可以完成一定任务（上传文档、在线时长或是完成游戏任务）获得虚拟货币，虚拟货币在特定网络范围内可以直接当作货币使用。虚拟货币不仅能够支付服务费，可以换购虚拟装备、虚拟礼物、虚拟生活用品，还能用于购买一些个性化的增值服务。虚拟货币的产生也催生出一些新兴职业，如专门为人赚取虚拟货币的职业玩家等。目前市面流通的网络虚拟货币不下10种，如Q币、U币、百度币、豆元、酷币、魔兽币、银纹、侠义元宝等，其中Q币是使用范围最为广泛的虚拟货币。业内人士估计，国内互联网已具备每年几十亿元的虚拟货币市场规模，并以每年15%－20%的速度在增长。

6. 佣金模式

网络公司通过提供中介服务获取分成或提取佣金，网络广告代理公司的媒介代理费的收取一般就是按照佣金模式提取的。各种互联网创新商业模式的兴起催生了许多新的行业，在音乐领域，就有一些音乐公司代理“百度音乐入库”业务，代理公司向用户收取一定数量的费用，为原创音乐提供百度音乐库入库服务，收费从单曲50元至EP、专辑几百元不等。

7. 众筹

众筹是指用团购＋预购的形式，向网友募集项目资金的模式。众筹利用互联网和SNS传播的特性，让小企业、艺术家或个人对公众展示他们的创意，争取大家的关注和支持，进而获得所需要的资金援助。众筹模式一般是由项目发起人与众筹平台合作，发布产品或项目信息，网民通过众筹平台进行预购或投资，资金达到预定目标即众筹成功，项目得以实施。众筹平台对成功项目收取比例不等的佣金。发起者获得项目实施资金，支持者获得产品或其他回报。众筹模式相应地分为购买模式和投资模式。

出于政策原因，目前国内只有购买模式。除了众筹咖啡馆等项目外，近年来，众筹创意产品、众筹出书、众筹电影都已普遍运用。2014年9月22日，“三个爸爸”智能空气净化器京东众筹上线，半小时就筹集50万元，两个小时

100万元，10月22日筹集1122.6万元。这个项目也成了京东众筹上线以来首个千万元资金级别的项目。截至2014年10月31日，国内已有113家众筹平台。①

二、主要的互联网内容产品发展现状

（一）新闻资讯

新闻资讯是互联网最传统的信息产品内容。2000年11月7日，国务院新闻办公室、信息产业部发布了《互联网站从事登载新闻业务管理暂行规定》并开始接受登载新闻资格申请。2000年12月27日，新浪网正式获得国务院新闻办公室批准的登载新闻业务资格，成为中国民营商业网站中首批获得上述许可的网站。同时，这也是中国政府首次将新闻登载权授予民营商业网站。自此开始，新闻资讯类网站开始了从综合门户网站到垂直门户网站、从中央级新闻媒体举办全国性新闻门户到地方新闻媒体（主要是地方党委机关报）举办地方新闻门户的历程。2000年9月20日中华人民共和国国务院第31次常务会议通过《互联网信息服务管理办法》，互联网内容服务管理进入法制化阶段。2012年6月7日，中国国家互联网信息办公室、工业和信息化部公布《互联网信息服务管理办法（修订草案）》面向社会公开征集意见，修订草案的变化反映了互联网内容服务行业发展与管理的新特点。根据艾瑞集团旗下iWebChoice对入库行业网站的统计数据（iWebChoice是对Alexa数据进行统计分析后，对主要的互联网细分行业网站进行排名。Alexa排名主要的依据是网站访问率，因此，该数据能够说明排名网站的到访情况），新闻资讯类网站分为门户、新闻、财经、IT等21个大类别，591个网站，132个频道，由于iWebChoice数据库的限制，该统计不能穷尽所有网站，但能反映该行业的大致分布。

---

① Clover Shop. 盘点2014年中国众筹行业十大事件：众筹平台从异军突起到巨头入局［EB/OL］. http：//www.tmtpost.com/178206.html，2015－02－11.

表 2-1：新闻资讯类网站分类及网站/频道数量表

新闻资讯（共21个子类别）

门户（18/0）	新闻（4/12）	财经（48/15）	IT（43/4）	女性（32/2）	体育（11/13）	汽车（69/11）
娱乐（10/16）	母婴（36/0）	地方站（85/2）	健康（28/4）	科技（21/4）	报刊（21/6）	时尚（29/15）
房产（46/9）	教育（30/8）	美食（19/0）	股票（10/1）	军事（10/9）	男性（9/0）	彩票（12/1）

注：根据 iWebChoice 统计网站数据制表，括号内数字为该类别纳入统计的网站（前）与频道（后）数量

根据艾瑞咨询推出的网民连续用户行为研究系统 iUserTracker 数据显示，2015年1月，新闻门户网站日均覆盖人数达5269.5万人。其中，人民网日均覆盖人数达869万人，网民到达率达3.4%，位居第一；光明网日均覆盖人数达819万人，网民到达率达3.2%，位居第二；新华网日均覆盖人数达710万人，网民到达率达2.8%，位居第三。①

表 2-2：iUserTracker-2015年1月新闻门户网站日均覆盖人数排名

排名	网站	日均覆盖人数	日均网民到达率	排名变化
		万人	%	
1	人民网	869	3.4	→
2	光明网	819	3.2	↑
3	新华网	710	2.8	↑
4	中青网	710	2.8	↓
5	中国网	650	2.5	↑
6	ChinaDaily	645	2.5	↓
7	环球网	419	1.6	→
8	中国新闻网	319	1.2	→
9	中国广播网	232	0.9	↑
10	参考消息	228	0.9	→

注：日均网民到达率=该网站日均覆盖人数/所有网站总日均覆盖人数

艾瑞 iUserTracker 数据显示，2015年1月，新闻门户有效浏览时间达1亿小时。其中，人民网有效浏览时间达1339万小时，占总有效浏览时间的13.1%，位居第一；新华网有效浏览时间达909万小时，占总有效浏览时间的8.9%，位居第二；

① 艾瑞咨询．艾瑞 iUserTracker：2015年1月新闻门户网站行业数据［EB/OL］．http://report.iresearch.cn/html/20150303/247082.shtml，2015-03-04.

光明网有效浏览时间达875万小时，占总有效浏览时间的8.6%，位居第三。①

表2-3：iUserTracker-2015年1月新闻门户网站有效浏览时间排名

排名	网站	月度有效浏览时间 万小时	月度有效浏览时间比例 %	排名变化
1	人民网	1339	13.1	→
2	新华网	909	8.9	↑
3	光明网	875	8.6	↑
4	中青网	687	6.7	↓
5	ChinaDaily	608	6.0	→
6	环球网	532	5.2	↑
7	中国网	518	5.1	↑
8	联合早报网	465	4.6	↓
9	参考消息	339	3.3	↑
10	中国新闻网	333	3.3	→

注：月度有效浏览时间比例=该网站月度有效浏览时间/该类别所有网站总月度有效浏览时间

作为互联网上最早最成熟的内容服务，新闻资讯内容服务的发展有如下特点：

1. 面临社交媒体与搜索引擎的双重竞争

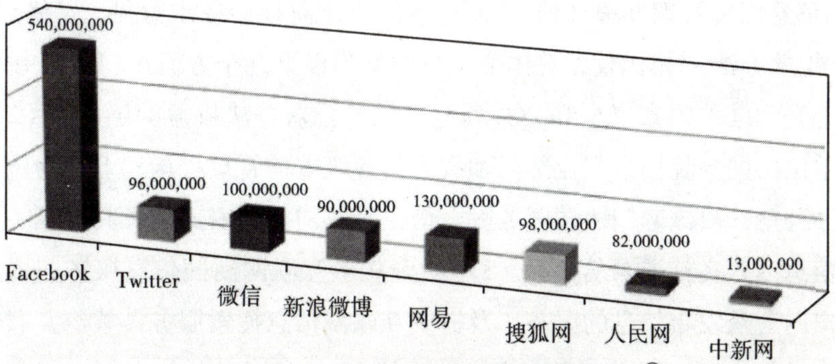

图2-4：社交媒体与新闻媒体日流量对比②

搜索引擎作为重要的互联网入口，因其强大的指向性和关联性对新闻资讯类网站形成了强烈的冲击，近几年来社交网站的崛起更使传统的网络新闻媒体面临

① 艾瑞咨询．艾瑞iUserTracker：2015年1月新闻门户网站行业数据［EB/OL］．http：//report. iresearch. cn/html/20150303/247082. shtml，2015-03-04.

② 中国电子商务协会．2014中国新媒体门户大会［EB/OL］．http：//www. szfw. org/41454-994/84626. html，2014-06-20.

巨大竞争。从图2－4可以看出，社交媒体的日流量远远超过了新闻媒体。在2014年3月8日，马来西亚航空MH370号航班失踪，截至3月24日11时，新浪微博中关于“马航失联”的微博条数达1245万条，其中马来西亚航空公司官方微博@马来西亚航空发布的首条微博转发逾2.5万次。[①] 有众多网友第一时间关注并持续跟踪了解这一事件的媒体是新浪微博。新闻媒体转而通过社交媒体获取流量。2012年，芝加哥的研究团队对芝加哥301家新闻网站在2个星期内彼此相互链接进行研究，获取了100家网站流量来源信息，[②] 同样可以反映这种现状。

表2－4：芝加哥2012年新闻网站相互链接

新闻网站规模	来自Facebook的平均流量比例	来自Twitter的平均流量比例	总计
大型网站	14.5%	4.2%	18.7%
中型网站	25.6%	5.4%	31.0%
小型网站	48.1%	3.6%	51.7%

2. 政府对新闻资讯内容的管理日渐规范

《互联网信息服务管理办法》是中国互联网管理的基础性法规，现行《办法》于2000年发布实施。虽然冠以信息服务的名称，但实质是对互联网内容的监管。2012年6月7日，中国国家互联网信息办公室、工业和信息化部公布《互联网信息服务管理办法（修订草案）》，公开向社会征求意见。《修订草案》与2000年《办法》相比较，总体变化可归结为以下几个方面：（1）从单纯的行业管理上升到维护国家安全和公共利益、保护公众合法权益的层面。（2）互联网主管单位由国务院信息产业部门和省区市各级电信管理机构，上升为国家互联网信息办公室，由该部门协调国务院电信主管部门、公安部门及其他相关部门对互联网信息内容实施监督管理。（3）明确从事互联网新闻信息服务，提供由互联网用户向公众发布信息的服务，及提供互联网信息搜索服务，须经互联网信息内容主管部门许可，新增互联网视听节目许可。（4）推行实名制，规定互联网信息服务提供者应要求用户用真实身份信息注册。（5）加大互联网信息服务提供者和互联网接入服务提供者的责任，明确违反规定的处罚细则，处罚条款由

① 杨淑娟．马航失联事件微博微信媒体属性比较［EB/OL］．http：//www.nfmedia.com/cmzj/cmyj/jdzt/201405/t20140512_ 363704.htm，2014－07－25.

② 刘扬．芝加哥：小新闻网站更依赖社交媒体获取流量［EB/OL］．http：//yjy.people.com.cn/BIG5/n/2012/0928/c245079－19141066.html，2012－09－28.

2000 年《办法》的 7 条，增至 2012 年的《修订草案》的 12 条。虽然目前《修订草案》仍在征求意见阶段，但从中可以看出政府对互联网信息服务所持的管理思路和具体管理措施。

而在移动互联网领域，首都互联网协会于 2014 年 11 月 27 日推出《北京市移动互联网应用程序公众信息服务自律公约》，同时推出《维护 App 信息服务秩序承诺书》，提出对 App 的运营者进行真实身份信息注册制度，利用 App 从事新闻信息服务活动必须取得从业资格。

3. 新闻资讯内容服务呈现差异化发展

新闻资讯类内容服务不管是在 PC 端还是移动应用服务方面，都呈现差异化发展的特征。综合类门户网站中，腾讯在社交媒体与视频服务方面不断发力，搜狐在视频方面加大投入，新浪微博带动了新浪整体收入上升。各家门户网站正在呈现差异化的发展。在移动应用方面，主流新闻客户端市场差异逐步显现，门户类产品知晓率明显高于聚合类产品。其中，网易以 76.5% 的用户知晓率领跑整体市场，今日头条则以 48.1% 的知晓率，在聚合类新闻客户端中排首位。[①]在新闻资讯内容同质化严重的环境中，各客户端走品牌差异化策略。“有态度”的网易深入人心，用户在有个性、有态度、可信赖等方面，给予了极高的认知反馈。今日头条强调的“你关心的才是头条”，在通俗性上获得了明显认知，符合其面世时即强调的技术流产品定位。腾讯则强调“事实派”。

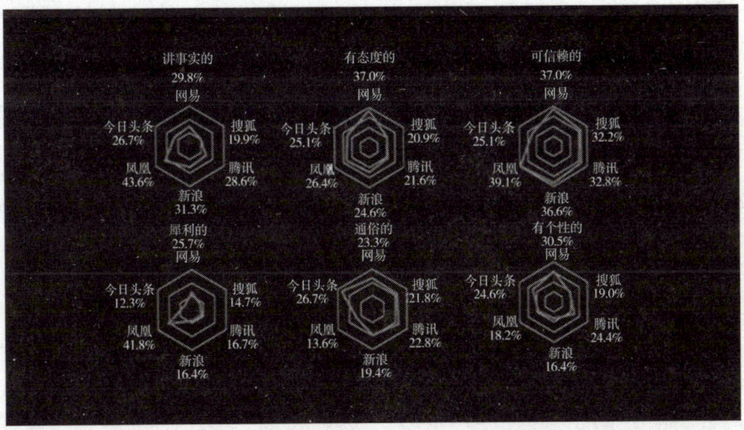

图 2－5：2014 年主流新闻客户端用户品牌认知状况分布

① DCCI 互联网数据中心 . DCCI 发布年度新闻 App 数据报告［EB/OL］. http：//help. 3g. 163. com/15/0120/12/AGDEV75400963VRO. html，2015－01－20.

（二）网络视听

《中国网络视听产业报告》最新的数据显示，2014 年中国网络视听产业总产值达 378.4 亿元，收入继续保持近 50% 年增幅。CNNIC（中国互联网络信息中心）《第 35 次中国互联网络发展状况统计报告》中，截至 2014 年 12 月，中国网络视频用户规模达 4.33 亿，较 2013 年底增加 478 万人，网络视频用户使用率为 66.7%，比上年底略降。其中，手机视频用户规模为 3.13 亿，与 2013 年底相比增长 6611 万人，增长率为 26.8%。手机网民使用率为 56.2%，相比 2013 年增长 6.9%。单纯的网络音乐虽然还在苦苦探索盈利模式，但在在线音乐的带动下，近年来的市场规模呈现出爆炸式增长，据估计 2014 年接近 80 亿元。① 2014 年互联网电影也有了长足的发展。2014 年称为互联网巨头全面进军电影产业的“元年”，以 BAT（百度、阿里巴巴、腾讯）为代表的一批中国互联网公司，通过融资、并购和战略合作，布局电影产业的速度大大加快，直接冲击和改造着传统影业的格局。网络视听服务毫无争议地成为网民在线消费时间最长、覆盖细分群体最广的基础性网络服务。

网络视听产业 2014 年呈现三个明显的变化：

1. 移动化趋势明显

随着移动互联网用户的快速增长，无线网络环境不断升级，4G 牌照发放和 4G 网络正式商用，Wi－Fi 环境日益完善和普及，再加上智能手机软硬件的快速提升和价格下降，为手机视频的发展创造了基础条件。不管是用户规模还是使用率，手机视频有明显增长。截至 2014 年 12 月，71.9% 的视频用户选择用手机观看视频，其次是台式电脑/笔记本电脑，使用率为 71.2%，手机成为收看网络视频节目的第一终端。平板电脑、电视的使用率都在 23% 左右。②而从使用时长来看，PC 端用户的使用时长下降的同时，移动端用户的使用时长也在持续上升。

---

① 中国（上海）网络视听产业基地. 2014 中国网络视听产业报告［M］. 上海：上海科学技术文献出版社，2014.

② 中国互联网络信息中心. 第 35 次中国互联网络发展状况统计报告［EB/OL］. http://www.cnnic.net.cn/hlwfzyj/hlwxzbg/hlwtjbg/，2015－02－03.

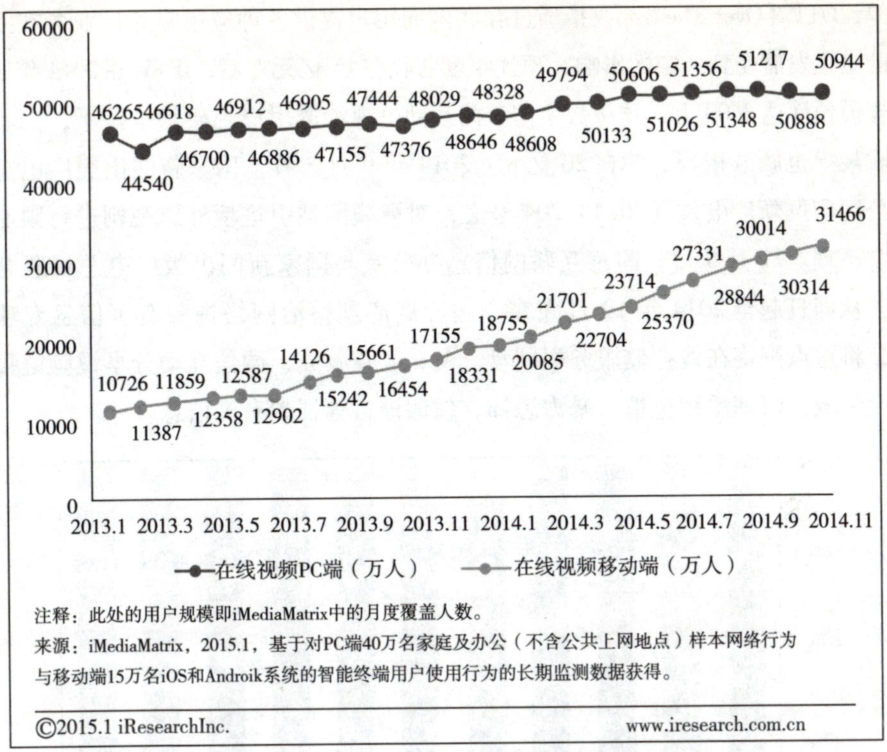

图2-6：2013年1月-2014年11月中国在线视频PC端与移动端阅读覆盖人数趋势①

2. 政策监管加强

2014年，中国网络视听产业在快速发展与严格监管中探索着共促产业繁荣的新边界。2014年4月13日，全国“扫黄打非”工作小组办公室、国家互联网信息办公室、工业和信息化部、公安部联合决定，自2014年4月中旬至11月，在全国范围内统一开展打击网上淫秽色情信息“扫黄打非·净网2014”专项行动。在该行动中，以“快播”为代表的网络视听盗版传播企业、色情网站、文学网站遭到关停，部分网络服务运营商受到冲击，其服务内容受到删除、限制或审查，部分内容涉及色情等违法信息的软件、游戏等遭到查处。2014年7月28日，国家新闻出版广电总局依据181号文（《持有互联网电视牌照机构运营管理要求》），依法对互联网电视市场进行了监管和治理，包括要求下线不合规的互联网电视盒子客户端、明确集成播控平台的责任与义务、明晰各内容提供方与集成播控平台之间的合作关

① 徐昊. 艾瑞：2014年中国在线视频市场营收规模增长强劲［EB/OL］. http：//report. iresearch. cn/html/20150201/245907. shtml，2015-02-01.

系等，OTT（Over The Top，指通过互联网向用户提供各种应用服务）业务在上半年的迅猛发展受到一定的影响，预计年度营收在15亿元左右；IPTV在2014年的用户规模预计达3400万，这一数字与双向互动电视渗透用户规模基本持平，二者的营收规模也旗鼓相当，约在20亿元。2014年9月3日，国家新闻出版广电总局办公厅印发新广电发〔2014〕204号文，对视频网站引进境外影视剧进行限制和综合治理。11月6日，国家互联网信息办公室与国家新闻出版广电总局联合宣布：从即日起至2014年12月底在全国开展清理整治网络视频有害信息专项行动，将重点围绕在线存储服务类网盘、App下载服务、微信互动分享视频链接等五大领域，清理淫秽色情、暴力恐怖、虚假谣言等视频有害信息。

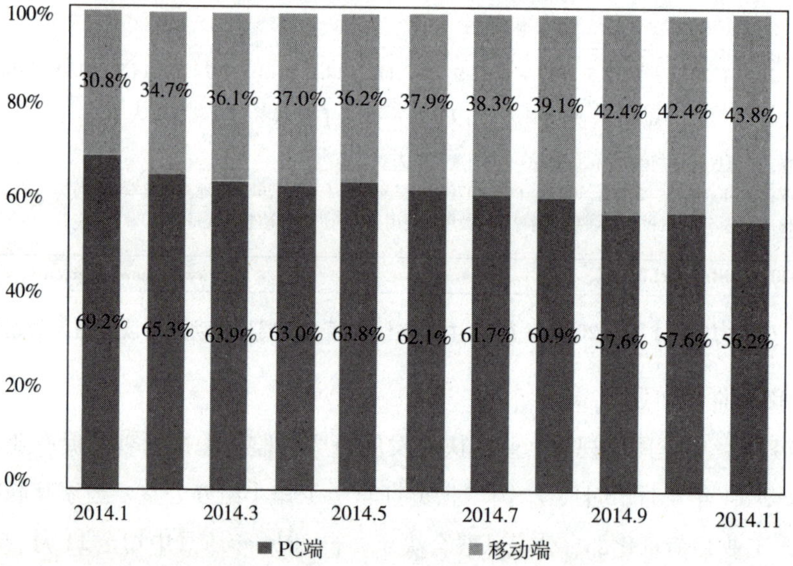

注释：1.PC端包括网页端收看时长，以及客户端的有效浏览时长；2.移动端包括iOS、Android系统手机及平板的App和网页端用户浏览时间。

来源：1.PC端数据来自iUserTracker.家庭办公版2015.1，基于对40万名家庭及办公（不含公共上网地点）样本网络行为的长期监测数据获得；2.移动端数据来自iUserTracker，2015.1，基于对15万名iOS和Android系统的智能终端用户使用行为长期监测获得。

图2-7：iUserTracker&mUserTracker-2014年1-11月

中国在线视频PC端与移动端有效使用时长份额对比①

① 徐昊．艾瑞：2014年中国在线视频市场营收规模增长强劲［EB/OL］．http：//report.iresearch.cn/html/20150201/245907.shtml，2015-02-01.

一系列的政策与治理行动，使少数极度依赖不健康内容产品的网络视听行业遇到内容危机，一些小的视频网站纷纷倒闭。但严格的监管也使深受盗版困扰的网络视听行业获得健康的发展环境，有实力的视频网站加强了自制内容的投入。

3. 原创、自制内容比例增加

严格的政策监管和强势电视台"独播战略"的实施，对优质版权内容的竞争更加激烈。面对电视台等上游的反制，加大自制内容，尤其是加大自制剧的投入力度就成为了各家的必然选择。2014 年，被国内视频网站从业者称为"大自制"元年。一方面，这一年网络自制剧突破 50 部达到 1200 集的体量，各大网站的自制节目突破 100 档大关，自制内容在数量上渐成规模；另一方面，巨额的成本投入，专业化的制作团队，明星导演、演员的纷纷加入，让网络自制内容改头换面，品质有明显提升。据统计，2014 年主流视频网站广告总收入预计达 200 亿元，其中 15% –20% 由自制内容贡献，约为 30 亿 –40 亿元，ROI（Return On Investment，投资回报率）将破 1，据预测，2015 年将至少在 50 亿元以上。①

表 2 –5：主流视频网站 2015 自制战略概览

视频网站	自制战略	自制规模	组织保障	投入与预期
优酷土豆	"大自制"时代	· 两大自制：《BIG BROTHER（老大哥）》与《中国好声音少年版》 ·《男神女神》、《小时代 2》、《寻秦记》等诸多自制综艺与自制剧 · 8 部大电影，9 部互联网电影	1. 合一影业 2. 优酷：李黎与卢梵溪团队；土豆：陈黛蓉与宋秉华团队	2014 年投入 3 亿元，2015 年投入 6 亿元
爱奇艺	超级网络自制剧	· 自制剧 30 部、500 集 · 超级网剧《盗墓笔记》、《鬼吹灯》、《心理罪》、《活着再见》、《皮囊游戏》 ·《奇葩说》、《爱上超模》、《流行之王》等网络综艺	1. 爱奇艺影业 2. 华策爱奇艺影视公司 3. 马东、高晓松、瘦马、吴晓波等工作室	2014 年自制投入 3 亿元，2015 年不封顶

① 沈浩卿．大自制战略驱动，视频网站内容营销的黄金时代［EB/OL］．http：//www.entgroup.cn/news/Markets/1723238.shtml，2015 –01 –17.

续表

视频网站	自制战略	自制规模	组织保障	投入与预期
搜狐视频	超级自制，顶级投入	·《屌丝男士》、《极品女士》等喜剧 ·《匆匆那年2》等200集自制剧 ·《煎饼侠》大电影	1. 大鹏工作室 2. 项目制与制片人负责制	划时代投入
腾讯视频	与专业机构合作，综艺重点突破	·500集精品原创网剧 ·联合出品综艺节目	1. 腾讯出品，专业公司制作 2. 联合出品 3. 直接购买	
乐视网	围绕自制剧进行产业化运作，如众筹、天猫等	·自制内容在2－3年的目标是从产量、流量、收益等各指标衡量，都要占到全部播出内容的30%以上	1. 乐视影业 2. 制片人负责制	2014年投入3亿元
芒果TV	沿袭电视台制作模式，走精品化路线	·力推《金牌红娘》、《花样江湖》、《女生日记》等30－50部自制剧 ·树立“马栏山制造”品牌 ·湖南卫视节目全网独播	·与电视台合作 ·与外部合作	10亿独播资源，数亿元自制投入

（三）网络游戏

来自艾瑞咨询的数据显示：2014年中国网络游戏市场规模达到1108.1亿元，同比增长24.3%，其中移动游戏占比24.9%，首次超过网页游戏。① 截至2014年12月，中国网络游戏用户规模达到3.66亿元，网民使用率从2013年底的54.7%升至56.4%，增长规模达2782万。手机网络游戏用户规模为2.48亿，使用率从2013年底的43.1%提升至44.6%，增长规模达3288万。手机端游戏用户成为最核心增长动力的同时也意味着电脑端网络游戏用户向手机端的进一步转化。② 2014年，网络游戏发展呈现三大特点：

1. 手游获得快速发展，成为游戏企业竞争重点

2013年被普遍认为是中国手机游戏元年，2014年则是手游行业爆发年，2014

① 艾瑞咨询．艾瑞：2014年中国网络游戏市场规模1108.1亿［EB/OL］．http：//www.iresearch.com.cn/view/246130.html，2015－02－04.

② 中国互联网络信息中心．第35次中国互联网络发展状况统计报告［EB/OL］．www.cnnic.net.cn/hlwfzyi/hlwxzbg/hlwtjbg/，2015－02－03.

年移动游戏的用户规模比2013年增长62.3%，[①]移动游戏市场的份额首次超过网页游戏，并有望逐步赶超客户端游戏成为中国网络游戏产业的龙头。2014年越来越多游戏企业加入手游研发，端游企业手游产品的推出也将进一步推动手游重度化进程。2014年底，中国移动游戏市场销售收入超过200亿元，同比2013年底增长149.4%。预计2015年移动游戏的销售收入将达到350亿元左右。腾讯自2013年起布局移动游戏，成为最早占领移动游戏的端游企业，优势不可撼动。

2. IP成为游戏竞争的核心要素，游戏与动漫、影视、文学结合紧密

IP（知识产权）已经成为游戏产品成败的关键。优秀的IP能够为游戏导入大量玩家，提升用户黏着度，对用户付费意愿的提升也起着很大的作用。成功的动漫、影视与文学作品因其知名度与号召力，吸引了大量的粉丝，一旦改编为网络游戏，就有许多粉丝直接转化为用户，在游戏创作中具有巨大优势。IP热贯穿了整个2014年，大量影视、动漫、文学IP被抢购，IP的价格也水涨船高，IP的高热度提高了游戏行业门槛。时下热播的综艺和影视剧推出同名手游，拥有知名度的动漫和文学作品也纷纷改编成手游，基于IP形成的产业链已初见雏形，游戏、影视、文学、动漫正在加速行业整合，形成文化闭环。国内著名的电影公司华谊兄弟传媒股份有限公司入股掌趣科技、银汉科技，就是利用电影IP资源进军游戏行业，打造游戏、影视、娱乐产业链。

3. 网络游戏直播市场开始升温

2013年到2014年，被业界称为中国游戏直播的初创期，网络游戏与视频的结合催生出了网络游戏行业明星主播+粉丝经济的新模式。游戏玩家通过游戏直播平台，形成网络社区，追逐游戏明星。游戏直播内容包括电子经济赛事、游戏节目和个人直播，主要的商业模式包括增值服务、游戏联运、广告、内容订阅、电子商务和体育竞猜。艾瑞咨询集团预测，到2016年，游戏直播用户将破亿。全球最大的游戏视频直播平台Twitch网站已经成为世界上最大的游戏网站和社区，每月活跃用户量高达4500万。目前国内有影响力的游戏直播平台有YY平台、腾讯平台、斗鱼平台、17173视频等。网络游戏直播作为网络游戏衍生出来的一个行业，为网络游戏行业创造衍生价值，反过来也促进着网络游戏行业的发展。

---

① 一游网.2014年国内手游市场年度数据分析报告［EB/OL］. http：//www.eeyy.com/chanye/20141126/56074.html，2014－11－26.

（四）网络文学

根据CNNIC（中国互联网络信息中心）发布的《第35次中国互联网络发展状况统计报告》，我国网络文学用户规模为2.94亿，较2013年底增长1944万人，年增长率为7.08%。网络文学使用率为45.3%，较2013年底增长了0.9个百分点。华西都市报主办的2014年“网络作家榜”中，排名前20位作家版税收入均在600万元人民币以上，排名前10位作家版税收入过千万元，排名前三位的分别是唐家三少（5000万元）、辰东（2800万元）、天蚕土豆（2550万元）。根据艾瑞咨询推出的网民连续用户行为研究系统iUserTracker最新数据显示，2014年12月，垂直文学网站日均覆盖人数1074.1万人。随着互联网行业的崛起，网络文学市场成为互联网巨头的必争之地。2014年11月，百度正式成立了百度文学，包括“纵横中文网”、“熊猫看书”、“百度书城”等子品牌在内的完整架构，整合了百度贴吧、百度游戏、百度音乐、百度视频、91无线等百度系资源支持，并现场签约游戏、影视等多家合作伙伴。2015年1月，腾讯收购盛大文学，这也意味着，此前网络文学市场盛大文学、腾讯文学和百度纵横文学三家争霸的格局将被打破，寡头时代来临。

2014年，网络文学行业呈现三大特点。

1. 移动应用将是未来发展方向

2014年6月，我国手机网民规模首次超越传统PC网民规模。手机用户的扩展和网络技术的发展将使移动应用成为未来发展方向。2014年11月，百度数据研究中心发布了《网络文学行业白皮书》。根据白皮书发布的数据显示，网络文学用户需求向移动端移动明显，移动端搜索指数占比超过80%并持续增加。随着移动互联网的兴起，越来越多的人开始在手机和平板设备上进行阅读。其优势在于，移动设备相比于PC端更具便携性，能够让人们抓住碎片时间，随时随地进行阅读，其掌上阅读的特点也使得电子图书更接近实体图书。

2. 网络文学环境改善

从2014年6月起，国家版权局、国家互联网信息办公室、工业和信息化部、公安部四部门联合启动第十次打击网络侵权盗版专项治理“剑网”行动，将保护数字版权、规范网络转载、支持依法维权和严惩侵权盗版确定为重点任务。随着国家对网络侵权行为打击力度的加强，以及网络平台自身与相关执法部门的密切配合，一些盗版侵权网站被关停，权利人的权益得到维护。自2014年4月中旬至11月，在全国范围内统一开展了打击网上淫秽色情信息的“扫黄打非·净网2014”专项行动，行动中，“烟雨红尘小说网”、“翠微居小说网”等知名网络文学网站因涉嫌传播淫秽色情信息被依法取缔或关闭。“净网”行动让一些主打淫秽书籍的网站倒闭了，让一些写“淫书”的网文作者胆战心惊。[①]另外，在2014年10月，习近平总书记在文艺工作座谈会上深刻分析了文艺工作面临的新形势、新情况，对包括网络文学在内的文艺新类型提出了新任务、新要求，这是党和政府就文艺工作面对新历史起点的一次“总动员”，也是今后一个时期开创文艺工作新局面的“总号角”。网络文学迅速发展，已成为我国数字出版产业的重要组成部分和网络文艺的重要类型。2015年1月国家新闻出版广电总局印发了《关于推动网络文学健康发展的指导意见》。《意见》对网络文学编辑持证上岗、建立健全网络文学发表作品的作者实名注册、持续打击作品侵权盗版、加大版权保护等问题作出指导。一系列行政法规意见的出台，健全了网络文学发展的管理体制，也使网络文学的发展走上一条规范的道路。

3. 泛娱乐生态正在形成

腾讯公司副总裁、腾讯文学董事长程武在2014网络文学行业峰会上表示，文学正在跟影视、游戏、动漫等越来越紧密地联系在一起，泛娱乐生态正在形成，文学在其中扮演着至关重要的作用，网络文学的发展经历了十几年的历程，已经形成了完整的产业链。就其与网络游戏的结合来说，网络文学可以为网络游戏提供很好的内容和题材，因此很多网络游戏的故事背景都来自网络文学。这一方面是因为网络文学的读者和网游玩家重合度较高，另一方面也是因为网络游戏可以借助原著的人气进行宣传，容易获得更多用户的关注。[②] 从《诛仙》开始，《飘邈之旅》、《兽血沸腾》、《鬼吹灯》、《星辰变》、《神墓》等无一不是这些年网络小说改编的经典之作。还有，与影视的合作从《步步惊心》一炮而红后，掀起了网络文学改编热潮，至今热度不减。2015年开年亮相的纯爱偶像巨制《何以笙箫默》一炮而红，电视剧大热背后，有明星偶像效应，也离不开十年前同名网络言情小说积累下庞大粉丝团的贡献。在一份网络热传的“2015年最值

---

① 繁星．盘点2014年网络文学市场［EB/OL］．http：//www.sinobook.com.cn/dealer/newsdetail.cfm？iCntno=14467，2015-01-12.

② 郭悦．网络文学移动化发展与其他文化产业深度融合［EB/OL］．http：//tech.sina.com.cn/i/2015-02-03/doc-icczmvun5733435.shtml，2015-02-03.

得期待的电视剧”榜单上，近九成作品剧本来自网络小说。“网络小说改编热”正以前所未有的汹涌之势席卷荧屏。原有的文学产业边界正在被打破，由热门网络文学作品培养大量用户、制造口碑，再经过影视剧改编、游戏改编、实体书出版等产生一系列衍生产品，实现文学、影视、游戏、动漫等产业的交叉融合，已成为网络文学成熟的产业链。

（五）网络广告

广告是网络内容最主要的商业模式，网络广告也就成为网络内容重要的组成部分：网页上的广告网幅、浏览内容植入的广告、搜索结果中的广告、应用程序上滚动着广告、视频的贴片广告，从 PC 端到移动终端，网络广告无处不在。网络广告内容包括专业广告网站的内容和广告公司为企业主投放在各种网站与应用程序上的网络内容。根据艾瑞集团旗下 iWebChoice 对 Alex 网站排名数据的分析，互联网广告网站有 27 个，广告联盟 36 个，按照覆盖数 UV 排名，前三名的公司分别为阿里妈妈、好耶集团和智迅数字营销。根据艾瑞咨询的数据，2014 年中国网络广告市场规模达到 1540 亿元，同比增长达到 40.0%，增速较上年小幅下降。随着互联网在网民生活中的渗透范围不断扩大、渗透程度逐渐加深，企业开展互联网营销的积极性显著提升，网络营销的数量和形式也不断丰富。CNNIC《第 35 次中国互联网络发展状况统计报告》显示，截至 2014 年 12 月，全国利用互联网开展营销推广活动的企业比例为 24.2%。

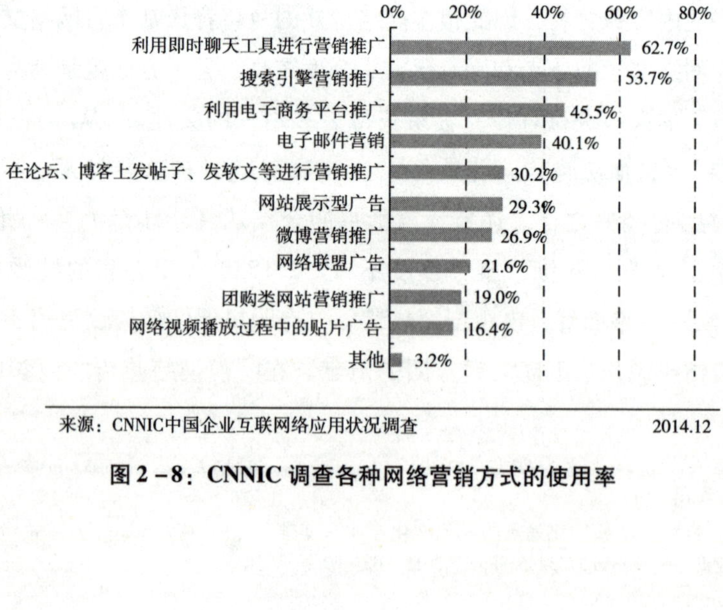

来源：CNNIC中国企业互联网络应用状况调查　　2014.12

图 2-8：CNNIC 调查各种网络营销方式的使用率

1. 在广告形式上，搜索关键字、视频贴片和其他形式广告增长明显

关键字搜索因其直接、精准、快速的特点成为广告主最青睐的网络广告形式。2014 年搜索关键字广告市场规模约 420 亿元，占网络广告市场的比例稳定上升，占到 28.5%，①相比上年增长了 2 个百分点。截至 2014 年 6 月，我国搜索引擎用户规模达 50749 万人，网民使用率为 80.3%；手机搜索引擎用户规模达 40583 万人，手机网民使用率达到 77.0%。②关键字搜索广告的快速发展，主要受到电子商务、视频搜索、微博搜索、地图搜索等垂直搜索的带动。

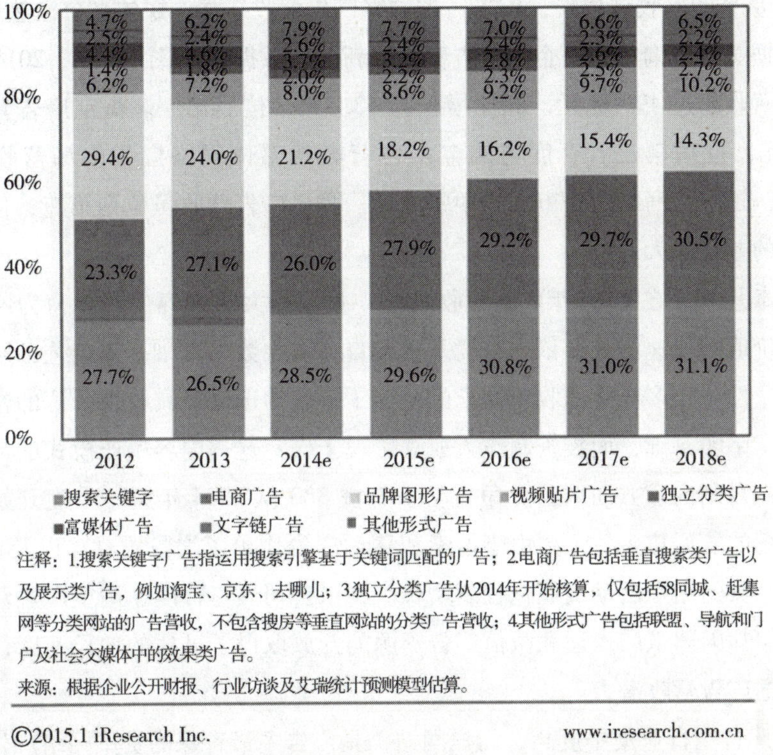

图 2-9：2012-2018 年中国不同形式网络广告市场份额及预测③

① 杨雪斌．艾瑞：2014 年网络广告营收超过 1500 亿元，同比增长 40%［EB/OL］．http://report.iresearch.cn/html/20150201/245911.shtml，2015-02-01.

② 中国互联网络信息中心．2014 年中国网民搜索行为研究报告［EB/OL］．http://www.cnnic.net.cn/hlwfzyj/hlwxzbg/201410/P020150104459023035664.pdf，2014-10-15.

③ 杨雪斌．艾瑞：2014 年网络广告营收超过 1500 亿元，同比增长 40%［EB/OL］．http://report.iresearch.cn/html/20150201/245911.shtml，2015-02-01.

相比上年，视频贴片广告增长了0.8个百分点。视频贴片广告的抢眼表现得益于2014年世界杯赛事和热门综艺节目与网络自制剧的热播。

HTML5网页的多媒体特性、三维、图形及特效，超炫的浏览体验，使得HTML5不仅在电脑浏览器上可以呈现令人惊叹的效果，在移动设备上更加表现不凡。HTML5广告在社交媒体上的应用展现了其在广告领域巨大的潜力，在统计中，属于其他形式广告。

网络广告形式的创新成为网络广告发展的驱动力，传统的电商广告、品牌图形广告和富媒体广告在网络广告的市场份额与上年相比都有所下降。

2. 从企业营收规模看，BAT占据网络广告营收三强，媒体平台已然形成

根据艾瑞咨询集团对企业广告营收最新预估数据（见图2－3），2014年，百度广告营收超过490亿元，同比增长为53.5%，位居第一。淘宝广告营收超过375亿元，位居第二。百度与淘宝广告营收占整体网络广告市场营收比重达56.2%，是中国网络广告市场的中坚力量。腾讯广告营收虽位列第三，但与百度和淘宝的差距巨大。

爱奇艺PPS在2014年广告营收翻了一番，强大的内容生产能力为网站带来了广告价值的快速增长，依托百度及平台自身的大数据基础，爱奇艺已经实现了对用户个性化、多样化的收视需求的全面了解，为选择最具收视价值的剧本和题材打下了坚实基础，而投资制作人成立影视工作室这一内容生产模式的创新也使爱奇艺在自制内容方面取得竞争优势。奇虎360从2014年第一季度开始，就呈现出强劲的发展势头，主要由于搜索和移动广告作出了增量贡献，以及奇虎360个人启动页的用户活动商业化程度增长。腾讯公司虽与百度、淘宝广告营收差距明显，但却因腾讯广点通和微信广告资源的开放取得了迅猛的增长速度，展现了其巨大的广告营收潜力。

3. 广告主行业集中度高，门户网站仍是广告主最青睐的资讯网络广告媒体

综合艾瑞咨询发布的2014年1－12月热门行业品牌网络广告投放数据，可以看到，网络广告投放的热门行业主要为交通类、房地产类、食品饮料类、网络服务类、化妆浴室用品类、金融服务类、IT产品类、通讯服务类、娱乐及休闲类、消费类电子类。在这十个行业中，交通类、房地产类、食品饮料类、网络服务类在单月排名中始终处于前四，形成网络广告投放广告主第一阵营。

表 2－6：2014 年 12 月热门行业品牌网络广告预付费用排行

排名	行业	投放预估费用	排名变化
		万元	
1	交通类	80414	→
2	房地产类	49505	→
3	食品饮料类	30956	↑
4	网络服务类	30271	↓
5	化妆浴室用品类	26380	↓
6	金融服务类	24964	→
7	IT 产品类	13626	→
8	通讯服务类	13521	→
9	娱乐及休闲类	12750	↑
10	消费类电子类	10392	↓

（数据来源：艾瑞咨询：《艾瑞 iAdTracker：2014 年 12 月热门行业品牌网络广告投放数据》）

而在热门行业品牌网络广告投放媒体中，门户网站获得的投放费用占品牌网络广告总投放费用的 1/3 以上，仍为各行业投放的主要媒体。此外，除了房产网站、汽车网站这两个行业特征明显的网站外，视频网站成为仅次于门户网站的“吸金”网络媒体。

表 2－7：2014 年 12 月热门行业品牌网络广告投放媒体类别排行

排名	行业	投放预估费用	排名变化
		万元	
1	门户网站	122838	→
2	视频网站	67563	→
3	汽车网站	35540	→
4	房产网站	32272	→
5	IT 类网站	10743	→
6	客户端	10673	→
7	新闻网站	9570	→
8	微博网站	8435	↑
9	时尚网站	6529	→
10	财经网站	5970	↓

（数据来源：艾瑞咨询：《艾瑞 iAdTracker：2014 年 12 月热门行业品牌网络广告投放数据》）

4. 数据技术的发展促进网络广告投放科学化

大数据时代的到来为网络广告的精准投放提供了技术上的可能，越来越多的广告主使用程序化广告投放，DSP 平台的出现简化了媒体购买的流程，真正实现了以用户为中心的媒体投放，让广告主在毫秒内确定目标受众、优化竞价策略并投放广告。广告购买变得透明、有效，广告效果也得到大幅提升。

三、互联网内容的经营消费特点、问题及发展趋势

互联网的核心产品是内容——不管是网络娱乐、网络传媒、网络教育还是网络出版，用户消费的产品都是“内容”，视频、音乐、游戏、网络杂志、电子书、网络课程，都是互联网传播的内容产品；不管是社会化媒体还是自媒体，吸引用户的、在用户之间建立连接关系的都是“内容”；连接人与人、人与终端、终端与终端的都是“内容”。

（一）经营与消费的特点

与传统的内容产业相比，互联网内容的经营与消费都有新的特点。

1. 内容为王

早期互联网的发展，更多的是互联网在覆盖面和传播速度上历史性的改变，特别是互联网作为“渠道”在“量”上的优势，“信息爆炸”是互联网时代早期的特征。随着互联网技术的进步和各种智能终端的普及，“信息爆炸”变成“信息泛滥”，互联网内容的“质量”开始成为竞争之本、用户黏性所在。各类网站开始从“营销战”进入“内容战”，从“争用户”到“争作者”，“内容为王”成为 2014 年互联网内容经营的关键词。不论是视频网站红火的自制节目、网络文学作家惊人的版税收入，还是手机游戏行业的各种创业传奇，都彰显着内容价值的攀升。随着市场竞争的加剧、网络监管的规范和版权制度的日益完善，优质原创内容的争夺将趋于白热化。与传统媒体时代不同的是，互联网时代为王的内容，更加重视原创、丰富、个性、互动等特点，互联网时代畅销的内容产品，是以用户为中心、与用户共同定制的个性化信息内容。

2. 产消合一

互联网内容生产经历了三个阶段：第一个阶段是“剪刀 + 胶水”时代，网络信息大量来自对传统媒体信息的转载和引用；第二个阶段是“包装”时代，网站经营者对来自传统媒体的信息进行二次加工，重新整理成符合网络特点的信

息进行发布；第三个阶段是“原创”时代，PGC（Professional Generated Content，专业生产内容）和 UGC（Users Generate Content，用户自主生产内容）组成互联网内容生产的主要方式。消费者参与生产过程或消费者本身就是生产者，是互联网内容生产与消费的重要特点。用户可以自主定制个性化内容、用户可以在各种社交媒体平台中自由地打造自媒体，用户自主生产内容更是成为许多网站的商业模式，优酷土豆作为中国最大的视频 UGC 网站，牢牢占据在线视频市场的前三甲位置。微博微信更是创造了 UGC 狂欢的时代。

3. 跨界融合

随着互联网用户向移动端迁移，智能硬件、智能家居和车联网为核心的物联网经济的兴起，互联网的横向跨界和纵向整合更广泛、更快速。产品、平台乃至整个互联网行业都在内外更多的碰撞中吸收能量完成蜕变。

巨大的内容需求和丰富的自媒体平台让各种草根达人大放异彩，“高手在民间”不只是个话题，更成为一种社会现象。译言网来自各行各业的翻译高手，网络电台上各种职业背景的 NJ（Net Jockey 的简称，意为网络直播节目主持人），百度知道、知乎上的各路达人，视频网站上来自平民草根的精彩制作，他们在虚拟与现实之间频繁转换，玩得不亦乐乎。跨界是为了融合，高晓松从音乐人到主持人再到制作人的转型，从《同桌的你》到《晓说》再到爱奇艺的高晓松工作室，互联网成为融合的桥梁和工具，更是跨界融合的大平台和大舞台。行业的跨界融合更是趋势所向，互联网跨界影视，互联网跨界旅游，影视跨界电子商务，出版业跨界电影业，当艺术与科技、创意与设计、网络与金融、旅游相融合，颠覆的是行业思维与形态，改变的是生活方式与品质。

生产者的跨界融合也造成了内容产品的跨界多样。互联网上的许多内容产品，不管是从内容内涵还是从产品形态，已经难以简单地对其进行归类。在 2014 年获得快速发展的知乎网站的宣传语是“与世界分享你的知识、经验和见解”，已有 7000 多个精选话题小组的豆瓣的宣传语是“汇集一亿人的生活趣味”，其中内容五花八门，几乎无所不包。

4. 技术创新

技术创新是互联网核心驱动力，2013 年大数据、云计算、物联网还在纸上谈兵，2014 年，这些技术开始从云端落到地面，改变着信息社会的格局，AR（Augmented Reality 的简称，意为虚拟增强现实）技术、4K 电视、可穿戴设备、

3D 打印机、移动支付等，互联网信息内容的外延被无限扩大，有声读物、视频手机报、高清图片、多媒体杂志、交互动画等，充斥互联世界。技术创新让多媒体融合，技术创新不断改变着互联网内容产品形态。

（二）经营存在的问题

互联网内容产品正在经历着前所未有的大发展。2012 年，互联网上一天的信息量可以刻满 1.68 亿张 DVD，装在硬盘中要装 80 万个，[①]发送的邮件数量达 1940 亿封，新浪微博一天发博量 1 亿条。[②] 2013 年国庆七天，QQ 空间共上传照片 23 亿张。[③] 2014 年，仅网易邮箱每天拦截的垃圾邮件就达 4 亿封。[④] Mary Meeker 预测，到 2016 年，互联网上的数据将达到 13ZB 的规模。但在信息爆炸、内容剧增的今天，中国的互联网内容经营与发展存在着无法回避的困难与障碍。

1. 版权问题

知识产权保护一直是困扰互联网内容经营的突出问题。互联网因其传播的快速，有广泛获得传统媒体无法匹敌的渠道优势，但也正是因为这一特点，使得互联网内容的版权保护面临很大困难。版权保护意识的薄弱、用户付费意愿的低迷、互联网版权监管的缺失，都使版权问题成为中国互联网内容产业发展的桎梏。网络媒体对传统媒体信息的使用，网络视频、网络音乐、网络文学的转载和免费下载，是互联网版权问题的焦点。2014 年资讯类手机 App“今日头条”涉嫌侵犯多家媒体著作权事件引发的巨大争议和辩论，正说明了互联网著作权保护的现状与困难。

2. 内容监管

2014 年被称为中国互联网“最严监管年”，视频网站和文学网站首当其冲。快播案以 2.6 亿元罚款创下最高罚单纪录，百度、腾讯游戏涉黄被查、人人影视网站因版权压力关站，射手网因版权侵权被调查并被处罚，凤凰网“播客”频道、新浪网“日娱”和“娱乐图库”栏目、17173 网“818 游戏之外”频道、酷

① 蒋均牧．互联网一天信息量等于 1.68 亿张 DVD［EB/OL］．http：//tech.hexun.com/2012－11－11/147824504.html，2012－11－11.

② 周文林．新浪微博注册用户突破 3 亿 每日发博量超过 1 亿条［EB/OL］．http：//news.xinhuanet.com/tech/2012－02/29/c_122769084.htm，2012－02－29.

③ 199IT 中文互联网数据资讯中心．2013 年国庆七天 QQ 空间网民上传照片总量超 23 亿［EB/OL］．http：//www.199it.com/archives/161501.html，2013－10－17.

④ 网易邮箱大师．邮箱大师发布《2014 年度互联网邮箱使用报告》［EB/OL］．http：//www.donews.com/net/201502/2879434.shtm，2015－02－03.

6网“主题”栏目、PPTV网“娱乐”频道、腾讯网“性感热图”栏目等众多知名网站或频道涉案的消息，恰恰反映了目前中国互联网内容违规的普遍性。网络传播的海量性、信息内容发布门槛低和网民版权意识薄弱是互联网内容监管困难的原因。在互联网内容审查监管体制与法规尚未十分完善的情况下，互联网内容的监管还需要行业自律与用户的监督。

3. 网民内容付费意愿低

广告仍是互联网内容经营的主要收入来源。网民内容付费意愿低成为制约互联网内容经营模式创新的主要因素。相比于传统媒体，网民们为网络内容付费的意愿与实际支出都远不如传统媒体。国际著名专业服务机构毕马威事务所（KPMG）的报告显示，英国用户人均在新媒体内容上花费2欧元，而他们在传统媒体上的花费则达6欧元。数字媒体内容的花费主要在电子书和网络游戏领域，但是付费应用也变得日趋流行，增长最为快速（2012年从1欧元增至2欧元）。用户在电视上花费的支出仍然最高，为每月10欧元。在中国，虽然网络视频在国内的渗透率较高，但是付费习惯还没有养成，近80%的被调查者表示没有为网络视频付费。① 目前用户为网络内容付费的驱动因素包括：付费后可以看到更多资源；找不到免费资源；付费后获取高清资源；付费后没有广告。

（三）经营发展的趋势

互联网的技术形态，已经发生了重大的变化，这必将对整个互联网内容的经营的未来发展，带来深刻的影响。

1. 移动互联

随着智能终端设备、4G技术以及Wi-Fi环境的发展普及，网络用户向移动端的迁移已不可逆转。CNNIC《第35次中国互联网络发展状况统计报告》显示，在城镇网民中，家庭Wi-Fi的接入比例已达到81.1%。许多网络应用在2014年移动端的使用率已超过PC端，移动终端更新迭代加速，移动互联网生态环境将快速演进，整个互联网的使用场景产生巨大变迁转移。移动互联网市场的竞争更加激烈，马太效应愈加明显，移动互联网的创业将更加艰难。用户实时在网、生活服务需求旺盛、付费意愿提高是移动互联的主要特征，移动互联网的内容将主要满足用户的社交、搜索和娱乐三大需求。未来，移动互联的硬件终端设备将更

① 孙实．腾讯：2015年中国网络视频消费报告 每天观看一小时以上用户超70%［EB/OL］．http：//www.199it.com/archives/326693.html，2015-02-03.

加多样化、贴身化，在应用程序上轻应用、全功能的超级应用是趋势，商业模式的变现和创新也将加速。互联网内容内涵的多媒体性、个性化，互联网内容消费的场景化、短时化，以及互联网内容经营的规范与跨界也将成为必然的趋势。

2. 媒体融合

多屏和跨屏将成为互联网内容消费的常态。互联网颠覆了媒体行业。一方面，内容为本、形态多样，未来互联网内容必须适合不同终端设备与不同应用；另一方面，互联网内容本身依靠先进的技术手段，在表现形态上融合了不同媒体的特性，呈现出多媒体性，有声读物、视频手机报、高清图片、多媒体杂志、交互动画、AR 游戏等，互联网内容形态也在不断颠覆中。

3. 内容生产和分销的社交化

社交网络平台的出现，使互联网的“连接”前所未有的紧密与频繁。不管是 PGC 还是 UGC，越来越多的互联网内容生产来自社交网络平台，正是社交网络媒体的出现催生了“自媒体”时代的到来。另一方面，互联网内容的传播也从传统的资讯类网站转向了社交平台。网民们从社交网络上阅读资讯，因为那是“大家都关注的热点新闻”，社会化内容分销通常异常迅速，50% 来自社交媒体的读者都是在前 6.5 个小时内看到推荐再阅读文章的。互联网内容将越来越短，越来越碎片化，越来越标题党，因为作者们要用最短的时间抓住一个社交节点，吸引更多读者，而读者们也希望自己转发到社交媒体的内容能得到更多朋友的关注，从而提升自己的影响力或印象指数。

4. 以用户为中心

“以用户为中心”的理念在网络内容产业的未来发展中将体现得更加明显。对于互联网内容经营来说，用户不再只是内容产品服务的消费者和使用者，更是内容产品的生产创造者。这一点在社会事件的挖掘、视频内容的创作等领域体现得尤为明显。而 Web2.0 甚至 Web3.0 的发展趋势更让用户在内容产业中的地位大大提升。因此，整个网络内容产业在今后的发展过程中将更加重视用户的作用，关注用户的需求，挖掘用户的潜在创造力。可以预见，“以用户为中心”的理念必然促进互联网内容经营日趋人性化和个性化。

余霖（厦门理工学院传播系主任，博士副教授）

第三章　平台与新媒体：合纵连横下的战略道场

互联网的平台效应催生了新媒体的生存空间。无论以 BAT 为代表的综合平台还是另辟蹊径的垂直平台，都在与以数字技术和交互体验为支撑的新新媒体的融合中创造着一个又一个的消费传奇。微博、微信、网络视频，社交、电商、品牌植入，2014 年平台与新媒体有什么特点，发生了哪些变化？又将有怎样的创新趋势？传统媒体与新媒体竞争与合作中，会呈现怎样的媒介生态？

一、平台与新媒体的再定义

平台是互联网的主要功能，近些年，互联网平台形成 BAT 的基本格局，同时，随着互联网企业对消费者与消费行为的洞察而有了纵深的拓展，垂直平台异军突起。

（一）平台：从开放到竞合

2013 年 4 月 29 日，阿里巴巴宣布 5.86 亿美元入股新浪微博。新浪获得阿里投资的同时也意味着失去平台的可能，国内仅 360 还有成为半个平台的机会，初步形成 BAT（百度、阿里巴巴和腾讯）领军平台的格局，平台的概念被 BAT 全面再定义。

随着 BAT 平台逐渐搭建完毕，BAT 内部的竞争也越发激烈。阿里巴巴此前的短板明显，缺失的内容最多，所以在这个阶段频频出手并购，以壮大平台竞争力。北京时间 2014 年 9 月 19 日晚上 9 时 30 分（纽约时间上午 9 时 30 分），阿里巴巴集团正式登陆纽交所，以 93.89 美元的收盘价计算，阿里巴巴市值为 2314.4 亿美元，市值超 Facebook、IBM、甲骨文、亚马逊等美国公司，仅次于苹果、谷歌和微软，成为全球第四大高科技公司和全球第二大互联网公司。这时候，国内互联网市场的洗牌也正加速进行着。山头化的另一面则是搜狐、网易和盛大等老牌巨头的边缘化，而优酷土豆、人人、YY 和大众点评等有意图成为平台的公司则不得不归附，以在下一个竞争乱局中确立自己或所属集团的平台地位。

2015 年 3 月 22 日，“2015 中国 IT 领袖峰会”马化腾、李彦宏、杨元庆等人关于互联网风口、产业融合、BAT 的竞争边界和合作等热门话题的高端对话，揭示出在大到金融、医疗、教育、影视行业，小到外卖、家政、购票细分市场，BAT 之间业务交织并非纯粹的战略竞争关系。一方面，在战术上征伐不断，比如淘宝屏蔽百度搜索、屏蔽微信，微信封杀快的红包。另一方面，在战略上马化腾和李彦宏认为，共融共生多过彼此抵制。马化腾表示，BAT 现在竞合关系比较多，比如腾讯与百度、万达的合作，跟阿里共同投资众安保险、华谊兄弟，包括滴滴打车和快的的合并。周边很多摩擦竞争，随着竞争的深入，最终会达到动态平衡。李彦宏认为：中国现在大概有六七亿网民，百度、腾讯网民渗透率可能比 90% 还要更高，阿里可能低一点，到这样的渗透率的时候，真正推动业务往前走的是整个生态，BAT 之间竞争、合作，以及与其他创业型公司，对整个中国互联网生态来说都是健康的。

近些年，互联网平台的定义也因着互联网企业对消费者与消费行为的洞察而有了纵深的拓展。这就是垂直平台的异军突起。相对于 BAT 这些以覆盖面广、种类多而取胜的平台模式，垂直平台锁定局部市场，占据某一个细分的垂直领域，为特定的有针对性的客户提供专属定向服务，重在挖掘特定客户群体的专项需求，借助于移动互联网深入到特定用户群体生活的方方面面，并以此为区隔，形成独立的消费体系，如蘑菇街、美团网、大众点评网、陌陌、楼盘网等都是利用了垂直平台的经营优势而在特定领域取得骄人战绩。

以美团网为例，其定位为用户精选餐厅、酒吧、KTV、SPA、美食、旅游、电影、温泉、摄影、运动、美发店、瑜伽馆、服装鞋帽、家居、建材、数码、美容、汽车、房产等精选特色商品。只要凑够最低团购人数就能用无敌折扣价，享受高品质的生活服务。2014 年美团全年交易额突破 460 亿元，较 2013 年增长 180% 以上，市场份额占比超过 60%。2015 年 1 月 18 日，美团网 CEO 王兴表示，美团已经完成 7 亿美元融资，美团估值达到 70 亿美元。

（二）新媒体：从时间到空间的跨越

传统意义上的媒体是通过电视、广播、报刊、杂志，单一形式地完成对于信息的传播，而新媒体是在传统媒体的基础上运用数字媒体技术开发创意、完成信息的传播加工以及新的诠释的一种新的媒体概念，也常被称作为“第五媒体”。

由此看来，新媒体在大众视野里，通常和时间序列有关联，所谓的“新”是有别于传统大众媒体的“旧”而言的。但事实上，新是个相对的概念，新媒体的形式、介质也随着生活科技的瞬息万变以及人们对于信息需求的多元而以不同的形态呈现，比如时下非常风靡的移动电视流媒体、数字电影、数字电视、多点触摸媒体技术、重力感应技术、数字杂志、AR 增强现实等诸多形式。

新媒体技术的应用体现了受众对于信息的抓取更加深入和主动，他们希望和信息源、传播者产生更大程度的互动，实现对信息的重新自我诠释，受众可以根据自己的喜好经历参与其中并获取自己最想得到的信息。新媒体技术的诞生是人们将平面媒体信息获取的枯燥性、延迟性、非互动性等不足的方面加以改进，运用数字技术、无线技术和互联网三方面改善信息数量冗杂和信息质量残损的劣势，使得信息在保证“量”的基础上使多个受众群体得到更加及时的沟通交流反馈，达到市场、受众、市场互动反馈的良好循环模式。这种良性的信息共通模式，有效地清除了信息的冗余，增强了信息双向沟通的成效。因此新媒体准确地说应该定义为：互动式数字化复合媒体。从单一的时间序列上的新，到媒体传播形式的改变、与消费者沟通的双向交互，新媒体有了空间上的拓展。

有人形容，如今的网络与新媒体，真正进入了自媒体时代。自媒体时代是指以个人传播为主，以现代化、电子化手段，向不特定的大多数或者特定的单个人传递规范性及非规范性信息的媒介时代，人人都有麦克风，人人都是记者，人人都是新闻传播者。这种媒介基础凭借其交互性、自主性的特征，使得新闻自由度显著提高，传媒生态发生了前所未有的转变。

在互联网上，每一个账号，都是一个小小的媒体。发帖子、转微博、评新闻等，信息、观点、态度便汇入了互联网的比特之海。自媒体——自我的小媒体，在 6 亿网民、3 亿多微博的努力之下，焕发出巨大能量。

值得注意的是，中央对新媒体态度的清晰转变。习近平总书记在 2014 年 8 月 18 日上午主持召开中央全面深化改革领导小组第四次会议并发表重要讲话。而这次会议最引人注目的是，审议通过了《关于推动传统媒体和新兴媒体融合发展的指导意见》。习近平强调，推动传统媒体和新兴媒体融合发展，要遵循新闻传播规律和新兴媒体发展规律，强化互联网思维，坚持传统媒体和新兴媒体优势互补、一体发展，坚持先进技术为支撑、内容建设为根本，推动传统媒体和新兴媒体在内容、渠道、平台、经营、管理等方面的深度融合，着力打造一批形态多样、手段先进、具有竞争力的新型主流媒体，建成几家拥有强大实力和传播力、公信力、影响力的新型媒体集团，形成立体多样、融合发展的现代传播体系。要一手抓融合，一手抓管理，确保融合发展沿着正确方向推进。这无疑是新时期中国媒体发展的重要指南。

二、平台与新媒体发展的特点与动因

2014 年平台与新媒体的发展迎来新的裂变。随着互联网、移动互联网对各个领域的渗透越来越深，从政府到企业，从群体到个人，数据的积累与日俱增。4G 牌照的发放，又让移动数据通道由“乡村公路”升级为“高速公路”。大数据席卷各行各业和人们生活的速度越来越快，基于互联网平台的 BAT，通过资本运作、并购、海外上市等强有力的商业手段，巩固与强化着自己的平台地位，可谓一骑绝尘。BAT 构成了中国互联网的第一集团，也直接成了海外称呼中国互联网的代名词。另一方面，专注于某一特定领域、深度服务于客群的垂直平台也波澜起伏，特立江湖。传统媒体在互联网大潮中不断消解其影响力，积极地在和新媒体融合发展中重塑再生；新媒体则仍以锐势在政务、经济、媒体、社交领域掀起变革浪潮，各平台在政策导向、格局打造、舆论生态上都发生了巨大的变化，呈现出百花齐放的特点。

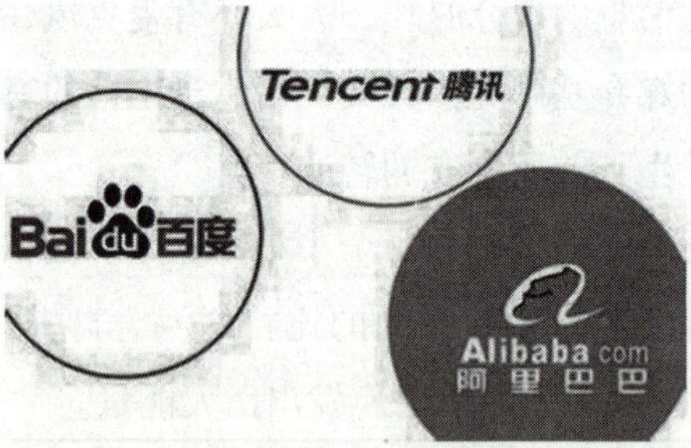

图 3－1：Baidu & Alibaba & Tencent

（一）BAT 在移动端趋同布局、竞争加剧，聚焦影视、比肩而行

“得移动者得天下”已成互联网行业共识，BAT 移动端之争在过去的 2014 年硝烟四起，从 O2O 到移动支付，从移动搜索到移动电商，大战一场接一场。而

凭借提前布局，百度在BAT三巨头中率先转型成为一家移动互联网公司。百度2014年Q4（第四季度）及全年财报显示，这家搜索巨头2014全年移动营收占比达37%，Q4移动营收占比达42%，其中12月移动搜索收入首超PC，而早在此前一个季度，百度移动流量就已经超越PC，这一趋势还在延续。

回顾2014年BAT移动端之争，一个极具戏剧性的现象是：BAT在移动端布局上竞相模仿，比肩而行，明争暗斗。百度年初将糯米收入麾下，补齐了电商O2O布局的最后一环，阿里随后将高德和UC收入囊中，腾讯则和大众点评、58同城、四维图新联姻。于是，一个以“搜索+地图+O2O”为主干框架的移动端布局在三巨头上相继完成。紧接着阿里与嫡系UC联合推出神马搜索，腾讯则已入股搜狗，移动搜索大战开始升级。在移动支付上，支付宝的老大地位难撼，但腾讯的微信支付已经通过红包打下一片天地，百度则顺势推出了百度钱包，试图以“地图+糯米+钱包”的商业闭环强势进攻O2O生活服务这块大市场。不过从目前的状况看，百度钱包入局太晚，又欠缺应用场景，暂时突围无望。而高德和百度在地图市场的扭打更是从年初打到岁尾。虽然腾讯在地图和O2O方面一直保持低调，但自从和大众点评联姻，腾讯微生活的“遗愿”还在继续。而作为四维图新、饿了么、迈外迪等多家移动互联网公司的股东，腾讯的战略布局已经非常清晰。

另外，在互联网文化产业选择上，BAT都把焦点集聚在影视业上。2014年6月上海国际电影节上，博纳影业老板于冬曾预言：“互联网公司正跑步进入影视界，未来，电影公司、电视剧公司都会为BAT等互联网公司打工。”阿里巴巴收购文化中国成立阿里影业，腾讯、百度也都加大电影业务投入，“互联网改变电影业”越来越成为现实。BAT三家中，阿里巴巴动作频频：阿里影业公布首个电影项目《摆渡人》，理财项目“娱乐宝”进行影视众筹，投资《小时代3》、《狼图腾》等影视作品。腾讯推出“请全宇宙看电影”推广活动，用户可以花188元价格购买一套电影票，里面包含12张电影兑换券，然后像发红包一般将这个套餐分享到朋友圈或微信群里。无独有偶，百度也推出了“立减20元”在线购票优惠。用户通过手机百度搜索“电影票”之后，就会直接跳转到购票页面并在下单后立减10元，如果用百度钱包支付，可以再减10元。据百度公布数据显示，手机百度曾在2014年十一档期出票100万张，贡献票房5000万元，占据

25%在线选座市场份额。①

（二）新媒体和传统媒体加剧融合，全媒体平台效应凸显

2014年必将被以“新媒体融合元年”定位写入我国新闻发展史。优秀App的迭代周期约为22天、微信公号的爆炸性增长、H5等互动微作品的快速扩散等，都标志着2014年传统媒体和新技术、新传播形态的“联姻”速度更快、范围更广。

媒体融合发展，已从行业共识，上升到国家战略。传统媒体与新媒体融合发展，是传统媒体的必由之路。传统媒体与新媒体的融合在政策导向和用户需求的催生下加快了速度。政策层面的“微信十条”与《关于推动传统媒体和新兴媒体融合发展的指导意见》等一系列的政策举措凸显出新媒体已是社会运行的舆论基石，传统媒体、企业、政府等多元主体也在此政策背景下积极参与新媒体建设。

人民日报祭奠南京大屠杀死难同胞，网络鲜花抚慰人心；新华社打造《真相》节目，以视频形式展现原创深度报道，和优酷合作实现主流媒体和市场化媒体的外部融合；央视新闻在两微一端的新媒体用户合计超过1亿；新华网、财新网、网易等突破数据新闻穹顶，以可视化的产品形态改造业务流程。传统媒体在与新媒体的碰撞和交融中，超级编辑部初露端倪，以新媒体为本位，形成两微一端、视频、户外屏等多元化发展模式，以旧拓新、以新融旧，媒体生态和影响力日趋健康、日见其长。呼应媒体融合的大潮，关于媒体融合发展大数据评估体系构建也被提到议事日程上来，众多学术机构、第三方研究机构积极搭建新媒体数据挖掘平台，对媒体融合发展用大数据和互联网思维进行透明、专业、非商业化的评价和预估。

（三）政务新媒体服务体系覆盖全面、功能渐趋完备

单一的信息发布功能，已经不能适应新媒体时代的需要，国家的宣传工作需要通过顶层设计，从国家层面、以政府主导方式，大力推动政务新媒体建设。“移动互联网时代，舆论场在每个用户手中生成，呈现出小微化、个性化趋向。‘两微一端’，已经成为中国网民新的信息源和舆论发动机”。②

① 施晨露．BAT发力春节影市 聚焦电影票业务［EB/OL］．http：//www.ce.cn/culture/gd/201502/04/t20150204_ 4509115.shtml，2015－02－04.

② 李增辉．网民在哪，政务新媒体就在哪［EB/OL］．http：//js.people.com.cn/n/2015/0213/c360299－23893957.html，2015－02－13.

目前，我国手机网民已达6.18亿，移动终端正成为中国新的舆论场和沟通对话新通道，微博、微信、微视、客户端等新媒体正日益改变着舆论格局。与新形势、新需求相适应，政务新媒体空前发展。来自国家互联网信息办公室最新信息显示，目前，我国政务微博账号达24万，政务微信账号逾10万，政务客户端发展迅猛，“两微一端”成为政务新媒体发展新模式，其沟通、便民、施政价值日益显现。

2013年10月，国务院办公厅印发《关于进一步加强政府信息公开回应社会关切提升政府公信力的意见》，鼓励各地区、各部门积极探索利用新媒体，及时发布各类权威政务信息。2014年9月，国家网信办下发《积极利用即时通信工具开展政务服务的通知》，提出近期目标：2014年底即时通信工具政务公众号达到6万个，2015年底形成覆盖全面、功能完备的政务新媒体服务体系。

政务机构不断“试水”各类新媒体平台。同时政务新媒体数量也显著增长，功能不断提升。从中央到地方再到基层，影响力强、活跃度高的政务公众账号不断涌现，“百花齐放”的局面已然形成。政务微博在时效性、服务性和互动性上都有较大提升；政务微信公众号整体发展规模较小，但交通出行、警察、气象类政务App已渐成新宠，App集成的高效政务办公模式也成为各级政府的关注点。各地政府在探索政务创新、网络群众路线的工作中主动贴近新兴媒体发展方向，重塑政府在网络舆论场的形象与主导权。如由中央组织部党员教育中心主办的党员教育新媒体平台“共产党员”政务公众号，于2014年6月27日正式启动，截至目前，订阅用户已接近600万，日均增加粉丝量近3万，其中海外订阅用户占比达10%。美国《外交政策》杂志网站评价说，“中国共产党宣传进入社交网络时代”。而一些地方公众号更以鲜明的区域特色和接地气的贴身服务广受青睐。“平安北京”坚持以民意主导警务，做人民群众的“网上贴心人”，成为北京市公安系统公共关系的网络新名片。“上海发布”秉持“媒体基因”，第一时间发布权威消息、解读时事政策，影响力在全国位居前茅。

技术和需求双轮驱动政务新媒体在服务性、互动性、创新性上不断升级，新媒体的政务信息发布和与公众服务交流功能日益凸显。

（四）垂直媒体平台开疆辟土、自成气候

2014年是垂直媒体在新媒体平台的发展元年，微商微店的模式吸引了大量创业者，传统行业与新媒体的结合初体验激发了各行业从业者的兴趣，移动互联

网和各个行业的结合将是未来数年最大的技术层面的底层改造运动。自媒体黄金时代，服务化与商业化并重，垂直媒体利用新技术改变商业模式，通过商业化创新生成全行业解决方案，为打造智慧生活提供无限可能性。至 2014 年 12 月，10% 的垂直媒体已经贡献了微博 70% 的流量，跨平台的虚拟垂直媒体对门户网站的频道解构已成趋势。新农人用微博众筹、私人定制、大数据等新方式营销农产品也再一次显示了互联网对传统产业的改良和再造功能。与此同时，我们看到移动互联网正在实现医疗咨询服务、挂号功能，从医疗电子商务、线上询诊到 O2O 医疗解决方案实施的一站式功能，移动互联网医疗的新前景不断被拓展、被想象和期待。科技、房产、汽车、财经及时尚类产业已成为垂直媒体的主流，特别是文化产业中的生活美学创意、私人定制服务、分时消费等，更成为垂直媒体的试水区。从深耕行业信息、洞察消费需求差异到完善交易服务流程将成为垂直媒体发展的趋势。一些不引人注目的细分领域也在聚合碎片，分时区隔、分众定制、智能推送，实现最短支付路径，从信息流、支付流、互动流改造着社会生态面貌。

（五）平台与新媒体变化的三大动因：政策、媒体、受众

当今社会，互联网正在渗透甚至重构现代社会的生产和生活方式，任何一个行业几乎都不可避免地遭遇了互联网带来的改变和挑战。所谓互联网思维，就是主动拥抱互联技术，以“开放、平等、互动、合作”精神审视、改造、提升传统行业的一种全新的思维模式和思考方式。[①]中国互联网用户达到 6.18 亿，手机用户超过 5 亿。

基于互联网产业的平台与新媒体发展的整体动因包括三个方面：

一是政策导向因素，即源于中央的顶层设计。与新媒体技术、内容相关政策法规的出台，高层领导人的关注焦点，网络管理部门的开放和高效运行，都是平台与新媒体发展过程中非常重大的影响因子。我们能深切地感受到，政府正在以一种积极主动的姿态引导新媒体呈现主流价值导向并希望互联网能带动传统产业的转型升级，推进文化产业的跨越式发展。正如重庆大学新闻学院研究员、博士生导师曾润喜所说，“中央已经很清楚地意识到互联网在整个国民经济中间的重要性，不仅是互联网作为信息化的核心与工业化交融，2015 年一号文件也讲了

① 吴忠．互联网思维对文化与科技融合发展的启示［N］．深圳特区报，2014－12－02（C1 版）．

要大力发展互联网农业，由此看来，互联网+是一个很综合的概念，是未来中国经济发展的最重要引擎。”

二是媒体发展因素。数字传播技术的日新月异，传统媒体、新媒体技术方、自媒体等多主体在新媒体变革中嬗变，传统媒体的新技术开发与应用能力提升成为影响新媒体发展速度的主要因素，新媒体商业模式的探索此起彼伏、惊喜不断，自媒体则在自我、自有和自律的条律规约下不断磨砺成长，凡此种种，都有力地推进媒体自身的变革、推动新旧媒体融合的进程。

三是受众需求因素。手机正在成为我们最大的信息容器，从 PC 端到移动端再到可穿戴设备，引发的是网民对信息获知渠道、内容产品特点、传播形态的全盘革新。把握用户的需求兴奋点，是平台与新媒体业态发展的关键。文化企业要适应快速变化的时代特征。相比互联网和工业时代，我们现在所处的移动互联网时代有很大的改变，其中最重要的体现就是速度发生了变化。具有互联网思维的公司，其产品开发要做到小步快跑、快速迭代，节奏是按天或周计算，如小米产品开发采用互联网模式，每周迭代两次，腾讯微信一年内迭代 44 次。科技的进步加快了与文化融合的发展速度，这种融合迫使文化企业做出决策要快、产品推出要快、产品迭代要快、创新速度要快和具有快速的市场反应能力。文化产品的生产需要一定的周期，好的文化产品会很快被人所接受，同样也面临着没有进入市场就被淘汰的风险。同时，移动互联网时代生产者和用户体验之间的界限被打通了，现在有一种新的说法叫“先进用户引导型创新”，文化产品的生产必须及时把握用户体验，按照市场客观规律做出快速的反应。快能使企业迅速抓住机遇，捷足先登，掌握竞争的主动权，将其他企业甩在身后。①

三、起承转合：从微博、微信等自媒体到网络视频的繁盛

社交媒体的富饶土壤滋养了一批自媒体。自媒体正在迅猛生长，各行各业的专业人员正以独特的公众账号发声，向所有对他们感兴趣的受众传播那些在大众传媒里无法看到的信息。

2012 年 8 月中旬，微信推出了微信公众平台；同年 11 月下旬，平台开放了自定义回复接口，围绕这个自定义接口出现了很多公众账号。除微信自媒体之

---

① 吴忠．互联网思维对文化与科技融合发展的启示［N］．深圳特区报，2014－12－02（C1 版）．

外，微博自媒体也在不断地发展。2014 年 6 月 12 日，微博自媒体计划正式启动，该计划面向具备一定影响力的微博自媒体用户，单月阅读时在 300 万以上的微博自媒体均可进行申请。同时，该计划还将额外召集大量优秀自媒体人，为此提供覆盖 23 个垂直领域的品牌广告等业务机会，除了已经入驻的 1300 多位优秀作者外，还计划在年底实现 3000 位优秀作者的入驻目标。新浪微博自媒体计划让不少大 V 获取了原创红利。微信自媒体也有爆炸性茁壮成长，幽默类微信账号在各类型微信账号中保持传播优势，阅读量位居第一。经新媒体指数（微信：Index-Media）大数据平台测算，排名前 500 名的微信公众号每条信息的平均阅读量达 1 万以上，微信平台的服务和传播价值不断放大。微信连接一切之后的愿景之后必然实现服务爆发。此外，2014 年微视频社交风起云涌，美拍等 App 领跑短视频社交的新格局，分享、互动、交友构成视频应用的三大综合社交模式，微视频也将逐渐成为社交媒体发展的一种主流形式。随着 4G 网络、各种可穿戴设备和视频社交发展，将推动社交平台专业化、智能化、服务化、全媒体化、垂直化和地方化，自媒体也将逐步自商业，社交媒体的传播价值、商业价值、服务价值、营销价值将进一步提升。①

（一）微博：合纵连横华丽转身

新浪微博是一款为大众提供娱乐休闲生活服务的信息分享和交流平台，截至 2014 年 3 月，微博月活跃用户 1.438 亿，日活跃用户 6660 万，其中大量政府机构、官员、企业、个人认证账号，开放的传播机制使新浪微博成为中国的“公共议事厅”。2014 年 3 月 27 日，新浪微博正式更名为“微博”，拿掉“新浪”两个字之后的“微博”在架构上成为独立公司，与新浪网一起构成新浪公司的重要两级，微博（纳斯达克股票代码：WB）于 2014 年 4 月 17 日在美国纳斯达克正式挂牌上市。2014 年 11 月 25 日阿里系与腾讯系封杀大战升级。继微信封杀快的打车红包之后，新浪微博禁止用户利用微博推广微信公众账号，否则将封号。2014 年 3 月，新浪微博 WP 客户端，添加了新功能，在微博中读新闻、看美图、听音乐、播视频一应俱全。

微博的华丽转身，阿里巴巴这位盟友功不可没。在 2013 年 4 月阿里入股新浪微博时，曾约定“在未来三年内给新浪微博带来大约 3.8 亿美元的营销和社会

① 沈阳. 2014 的新媒体生态［EB/OL］. http://news.sohu.com/20141226/n407299794.shtml，2014 - 12 - 26.

化电子商务的收入”。在规定的三年时间内，阿里如约为微博送上广告收入。招股书显示，微博在2013年度广告和营销的1.48亿美元收入中，来自阿里巴巴的达4913.5万美元，占比1/3。当然，微博也“投桃报李”，利用颇有优势的用户量和移动业务，对阿里给予支持。联合反击微信即是一例。2013年8月阿里与新浪微博推出“微博淘宝版”，几乎同时，屏蔽了微信营销应用数据接口。天猫在“双十一”给消费者发放的现金红包，依托新浪微博好友关系发放。2014年1月，微博与支付宝账号全面打通，并互通二维码支付，与微信支付展开竞争。

2014年4月18日，新浪微博17日晚间正式登陆纳斯达克，挂牌交易首日收报20.24美元，较发行价上涨3.24美元，涨幅为19.06%。全天股价最低下探16.26美元，最高达到24.48美元。按收盘价计算，新浪微博市值约41亿美元，超过了新浪的市值37.7亿美元。

1. 关键数据：月活跃用户1.29亿

用户数量：新浪微博自2009年8月开始推出以来，用户数量一直在大规模增长。到2013年12月，微博的月活跃用户（MAU）数量和日活跃用户（DAU）数量分别达到1.291亿和6140万，分别超过了2012年12月时的9670万和4510万，同时也分别大大超过了2011年12月时的7290万和2520万。2013年12月，约70%多的用户通过移动设备使用微博，这些用户当月使用次数至少一次以上。

月活跃用户数量增长趋势：2012年3月，新浪微博月活跃用户数量为7150万，当年6月增加到7980万，当年9月增加到9160万，当年12月增加到9670万；2013年3月，新浪微博月活跃用户增加到1.073亿，当年6月增加到1.204亿，当年9月增加到1.231亿，当年12月增加到1.291亿。

日活跃用户数量增长趋势：2012年3月，新浪微博日活用用户数量为2950万，当年6月增加到3570万，当年9月增加到4110万，当年12月增加到4510万；2013年3月，新浪微博日活跃用户增加到4860万，当年6月增加到5280万，当年9月增加到5890万，当年12月增加到6140万。2014年3月，其最新月活跃用户数为1.43亿。与此前招股书中所写的2013年12月的1.29亿相比，在3个月的时间里，这一数字增长了10.9%。与此同时，日活跃用户数，也从6140万，增长至6700万，增幅约9.1%。

2. 与阿里结盟，华丽上市

2014 年 3 月 27 日晚间，新浪微博左上角的 LOGO 悄然更换，原有的“新浪”二字消失不见，取而代之的是更大字号的“微博”字样。截至 2014 年，“新浪微博”称谓已经使用 4 年多时间。2014 年 3 月 15 日，新浪微博正式向美国证券交易委员会提交了上市申请文件，计划融资 5 亿美元，迈出了上市的重要一步。招股书显示，新浪微博的机构股东中，新浪集团持 1.4 亿股，占比 77.6%；阿里巴巴持 3489 万股，占比 19.3%。招股书中，新浪微博名称为“Weibo Corporation”，LOGO 上的文字也仅有“weibo”字样。很显然新浪微博更名为微博，主要就是要淡化“新浪”色彩，而凸显其作为一家社交平台公司的独立性。

上市后微博成为股票市场的宠儿。该公司当前股价按 2014 财年每股收益预期计算，市盈率为 40 倍。相比之下，新浪和腾讯的数值约 25 倍左右。而搜狐，这个和新浪同时代发展起来的门户网站，其市盈率也就是个位数。当然这一切，与其适时结交盟友不无关系。2014 年 3 月 15 日，新浪与阿里巴巴展开了帐号、产品和广告等 8 个方面的合作。通过合作，淘宝获得了无线社交平台，而新浪获得了盈利的机会。有分析师估算，新浪微博的估值已经占新浪市值的 2/3。据国外《巴伦周刊》网站报道，新浪的合作伙伴阿里巴巴占中国 C2C 市场 90% 的份额，占中国 B2C 市场 70% 的份额。从微博 2014 年度业绩财务报表即可见端倪：

表 3-1：微博 2014 年财务报表

季 度	详 情
第一季度	● 净营收 6750 万美元，较上年同期增长 161% ● 广告和营销营收 5190 万美元，较上年同期增长 176% ● 微博增值服务（微博 VAS）营收 1570 万美元，较上年同期增长 120% ● 微博净亏损 4740 万美元，较上年同期增长 146%，合每普通股摊薄净亏损 31 美分 ● 非美国通用会计准则微博净亏损为 480 万美元，较上年同期减少 74%，合每普通股摊薄净亏损 3 美分 ● 截至 2014 年 3 月 31 日的月活跃用户数（MAU）为 1.438 亿，较上年同期增长 34% ● 2014 年 3 月的日活跃用户数（DAU）为 6660 万，较上年同期增长 37%

续表

季　度	详　情
第二季度	● 净营收7730万美元，较上年同期增长105% ● 广告和营销营收5960万美元，较上年同期增长99% ● 微博增值服务（微博VAS）营收1770万美元，较上年同期增长131% ● 微博净亏损1540万美元，较上年同期收窄56%，合每普通股摊薄净亏损8美分 ● 非美国通用会计准则微博净亏损为490万美元，较上年同期收窄56%，合每普通股摊薄净亏损3美分 ● 截至2014年6月30日的月活跃用户数（MAU）为1.565亿，较上年同期增长30% ● 2014年6月的日活跃用户数（DAU）为6970万，较上年同期增长32%
第三季度	● 净营收8410万美元，较上年同期增长58%，超过公司7900万美元至8200万美元的预期范围 ● 广告和营销营收6540万美元，较上年同期增长50% ● 微博增值服务（微博VAS）营收1880万美元，较上年同期增长93% ● 归属于微博普通股股东的净亏损为520万美元，较上年同期下降2%，合每普通股摊薄净亏损3美分 ● 非美国通用会计准则归属于微博普通股股东的净亏损为140万美元，较上年同期减少73%，合每普通股摊薄净亏损1美分 ● 截至2014年9月30日的月活跃用户数（MAU）为1.67亿，较上年同期增长36% ● 2014年9月的日均活跃用户数（DAU）为7660万，较上年同期增长30%
第四季度	● 总营收达到1.05亿美元，并实现了460万美元的净利润，环比实现扭亏 ● 广告营收1.819亿美元，较上年同期增长14%，非广告营收2920万美元 ● 非美国通用会计准则净营收2.085亿美元，较上年同期增长8%，合每股摊薄净收益24美分

3. 与3G合作，加速平台化进程

早在2011年5月16日，新浪微博就宣布与3G门户进行深度合作，涉及新闻资讯、微博产品、客户端、移动搜索等领域的整合。与此同时，新浪微博与3G门户SNS产品进行全面整合，双方正式联合运营“3G门户新浪微博”，主要内容包括以下几个方面：（1）双方平台化整合：3G门户的用户能更便捷使用新浪微博；（2）双方资源共享：不仅3G门户的用户能够及时了解更多的新浪名人微博的内容，3G门户的独家资源也能够方便快捷地分享到新浪微博，使其双方资讯展示页更加丰富；（3）移动搜索引擎合作：用户在3GYY搜索中搜索明星和相关热门话题时，将显示该名人或话题的新浪无线方面资源，搜索结果多元化，这是搜索产品和由用户产生内容（UGC）类产品的一种有效结合。“3G门户新浪微博”全面使用新浪微博的框架体系，双方在用户资源、信息流、SNS领域及搜索平台上全方位渗透共享。2014年1月，新浪微博G3版客户端升级更名为新浪微博 4G 版。

4. 制定规约，诚信管理

新浪微博 2013 年 5 月 8 日发布，5 月 28 日起正式施行包括《微博社区公约（试行）》、《微博社区管理规定（试行）》和《微博社会委员会制度（试行）》等在内的一批新规，对微博用户权利、行为规范及社区管理机制进行了明确规定，试图建立公开透明的违规处理机制。

根据《新浪微博社区管理规定（试行）》，举报者须为：个人认证用户、机构认证用户、微博达人、绑定手机或其他完成身份验证的用户。发布不实信息、泄露他人隐私、人身攻击、内容抄袭、冒充他人、骚扰他人等违规行为将被扣除相应的信用积分，规定中对各类违规行为都有具体界定。

根据《新浪微博信用规则》，用户初始信用积分 80 分，如果账号存在违规行为，将被扣除一定的信用积分。按照分数高低，微博用户信用分为 3 个等级：80 分为正常信用，60 分至 80 分之间为中信用，60 分以下为低信用。当信用积分低于 60 分，用户的相关页面将显示“低信用”图标，信用积分降至 0 时可能将被注销账号。

新浪同时还推出了由用户组成的社区委员会，社区委员会分为两类：判定用户纠纷的普通委员会，判定不实的专家委员会。其中，专家委员会招募对象，是具有公开身份和一定权威性的个人认证用户和机构认证用户。

2015 年，新浪微博 315 曝光台启动，旨在第一时间曝光无良企业。这一举措，更是表明了微博建立诚信机制，维护消费权益的决心。

5. 与 Cooliris、Apple 的合作渐次展开

2013 年 12 月 3 日，图片应用 Cooliris 宣布和新浪微博达成合作，新浪微博用户可以使用微博帐号登录 Cooliris 浏览图片和新闻内容。

2015 年 3 月 10 日，苹果发布了新一代智能手表 Apple Watch。中国成为 Apple Watch 的首发地区，而微博也成为首批支持 Apple Watch 的应用平台，微博同步上线“微博运动”，帮助用户实时记录与分享运动数据。用户完成微博账号与 Apple Watch 的捆绑后，即可在 iPhone 端和 Watch 端同步记录运动数据。在 Watch 端，用户分别可以看到自己的基础信息，在所关注人当中的步数排名和卡路里消耗排名，以及正在参与的活动/任务，微博还会充分利用 Apple Watch 在推送通知方面的优势，展示多样化的内容，丰富用户体验。在 iPhone 端，“微博运

动”直接嵌入在客户端个人主页的功能选项里，用户点击即可进入主界面。

作为用户规模最大的移动应用之一，微博一直在强化与苹果的合作，利用本次客户端的捆绑契机，通过用户授权，微博将可以获得自有平台上活跃着的上亿苹果用户授权的运动数据，成为拥有用户运动数据最多的应用。

6. 版本升级 红包福利

2014 年 10 月 13 日下午 5 点，v6 版微博正式开放自主升级，27 日则进行了强制改版升级。新版微博对信息流展示、导航栏、消息中心和个人首页等多处进行了调整，整体风格更为简洁。最为突出的是信息流的呈现方式，PC 端的微博信息流会和移动端一样以卡片的形式出现，每一条微博之间都进行了明显的区隔。此外，微博还针对不同垂直领域的认证用户推出了专属功能应用。

2015 年 2 月 2 日，新浪微博和支付宝联合发起的“2015#让红包飞#”启动，2015 年新浪微博首次推出现金红包，网友不但可以在微博红包里直接抽到现金，还可以给自己的偶像充值红包，并获得和偶像发联名红包的机会。该活动上线不到半天即送出 500 多万个红包，整个活动期间共计送出价值超过 10 亿元的红包。#让红包飞#为网友提供了更丰富的春节红包玩法，用户在微博红包中抽到现金，中奖后通过关联的支付宝账号即可提现。

新浪微博作为一种自媒体，正是依赖这一社交媒体在中国市场以及世界华人社区中不断增长的人气和高频率的用户参与，积极创造着显著的营运实效，特别是从 2013 年开始从促销营销协议中创收以来。新浪微博一方面不断促进用户积极参与平台上的内容，另一方面又最大限度地确保新浪微博为用户供应大量的用户自创内容，借此保障有更多的用户来消化平台销售的广告内容。

（二）微信：纯化功能 锐化工具

2014 年的圣诞节，微信给它所有的重度用户送来了一份及时而实用的圣诞礼物，那就是微信新版 6.0 的上市，再一次彰显了其实现“连接一切”、打造一个真正的生活方式愿景的决心。2014 年，微信在巩固其社交功能的基础上，逐渐弱化媒体属性，强调与 B 端的商业链接，增进服务功能，提升整体服务品质与水平。

1. 双号合并，实现去媒体化和去中心化

2014 年 11 月，微信开放第三方平台登录授权，并确认此后订阅号可以升级为服务号，这一更新，让人们看到了微信商业化进程的推进。一方面是去媒体化，以达到弱化媒体属性；另一方面，订阅号的功能甚少，基本是传播信息为渠道，粉丝居多的是服务号，广告主和流量主也都是被服务号占据。通过订阅号和服务号的合并，直接完成预订、深度会员服务、微信支付等功能，跳过集中流量的中间商，达到直接服务 B 端商业化的目的。开放群发次数和开通微信支付后，触发“微信公众号 + 微信支付”的模式，带动用户的消费习惯向体验化、个性化、移动化、一体化转移。

2. 透明公众号评论，提升运营能力

微信之前公开阅读数和点赞数的功能，曾让使用者交口称赞，而如今实现微信用户对公众号评论可见，使得微信更透明化。用户对于公众号评论可见，一方面可以鼓励更多有价值的文章内容投入到微信平台之中；另一方面是可以加大公众号对自身运营能力需求，成立评论机制，以此建立广泛的联系。如果今后微信的评论显示还能显示公众号运营者的回复，就更能彰显其运营能力了。而关系链好友可以看到评论，则是透露了微信加强对公众号内容、价值方向、诚信度的监督的讯号。这就像淘宝上的商品评论，一个差评的确会影响其他用户的判断。虽然这里的评论只是局限关系链好友可见，但是一个科技圈、商业圈、自媒体等圈子基本交集，评论可见在此时显得尤为重要。培育和建立一种开放的评论机制，是加大微信公众号自身运营能力的客观要求。

3. 浅化入口，钱包、卡包功能全面优化

2014 年 6 月，微信新增转账功能，9 月，微信又在钱包中加入了刷卡功能。刷卡就能消费，这让微信的 O2O“闭环”上又多了一个活扣。微信钱包功能会把入口浅化，主要着眼于这两点：一是钱包中的刷卡功能，微信优化了入口界面，直接扫描二维码，再输入密码，而不是先密码再刷卡；二是转账，直接选择用户，扫描二维码，再选择是转账还是收钱。摒弃了是否先选择转账和收钱的烦恼，让用户使用更快捷、更方便。同时，钱包功能入口浅化，促使更多用户支持商品线上至线下的购买，推动微信支付线上与线下（O2O）的结合，从而加速微信在支付闭环上路程。卡包功能主要是聚合每个用户传统实物钱包里存在的银行卡、优惠券、电影票、会员卡等信息。用户可以到公众订阅号里领取下载优惠券，卡券、优惠券更为便捷地在好友之间转赠，同时，新卡包功能将更重视消息提醒功能，包括：快到期提醒、过期提醒、转赠提示、使用通知等，强化商家与消费者间的连接，同时提升优惠券的使用率。2015 年春节期间如火如荼的抢红包大潮，微信用户以抢红包的形式发到朋友圈或微信群里，将朋友圈的朋友变成商家的粉丝，我们看到了微信这个超级社交平台让商家消费者产生几何裂变的真实发生。另外，微信推出不限制48小时交互的新功能，突破了微信公众平台上的"消息管理"法则——如果公众号运营者未在48小时之内与用户的留言交流，将不可以再和该用户进行联系的限制，有利于保留客户的有效信息，从容地实现收集消息、联系客户、挖掘潜在商机的目的。

4. 渠道扩容、社交扩展

2014年，微信通过渠道的多样化开拓，带来可观的流量，也进一步显示了去中心化的决心。微信6.0增加了可以分享到QQ这一新功能，这打破了微信一直封闭的状态。微信与QQ的流量得以交流共享。微信借力使力，有效增值。微信在2014年9月推出微信微视频后，又加重基础功能的升级，微信6.0实现视频通话分屏，用户可以心有旁骛、一心几用了，微信的社交属性又得到进一步强化。

（三）网络视频：基于平台与新媒体的生产与销售

和微博、微信的基于个人与社群信息发布与交互的平台新媒体特点不同，近些年，依凭视觉表现艺术与网络传播平台交融的网络视频在平台与新媒体的发展中异军突起。根据艾瑞iUserTracker最新数据显示，2014年7月，中国网络视频总浏览时达59.3亿小时，创最高用户和时长纪录的同时，行业集中度继续提升。爱奇艺PPS占据日用户、月用户和月时长三大标准第一，优酷土豆、腾讯视频和PPLive主要数据各有高低，优酷土豆保持总量和综合资产的领先。[①]事实上，自2008年以来，网络视频行业的用户规模一直呈增长趋势，截至2014年12月，网络视频用户规模达4.33亿，比上年年底增加了478万，用户使用率为66.7%，比2013年底下降了2.6个百分点。2014年的新增网民对网络视频的使用率在50%左右，网络视频对新增网民的拉动作用减弱，从而导致网络视频的用户规模持续增长，而使用率略有下降。[②]

① 艾端iUser Tracker.2014年7月网络视频用户5.1亿集中度明显提升［EB/OL］.http://tech.91.com/content/140828/21731855.htm，2014-08-28.

② 中国互联网络信息中心.中国互联网络发展状况统计报告［EB/OL］.http：www.cnnic.net.cn/hlwxzbg/201502/P020150203551180205467 6.pdf，2015-02-03.

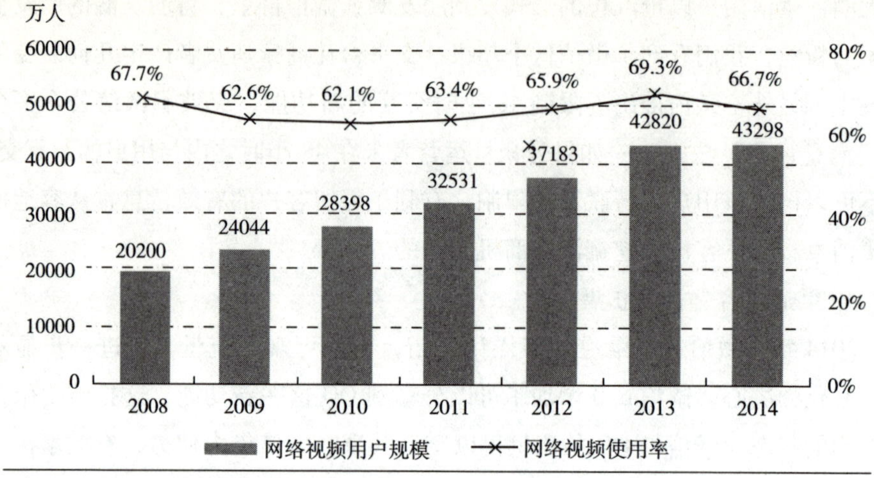

来源：CNNICK 中国互联网络发展状况统计调查 2014.12

图 3－2：2008－2014 年中国网络视频用户规模及使用率

2014 年，基于移动互联网平台的新媒体影视发展迅速，内容形态更为丰富，传播和营销价值都有显著提升，网络剧、网络大电影以及自制节目呈现爆发式增长，种种现象都充分预示着新媒体时代的到来，带动了网络影视作品创作的繁荣。

1. 题材更多元　风格更多样

从数据中可以看到，相比 2013 年网络影视作品，在 2014 年喜剧仍然是网络影视作品的主要题材，除此以外，网络剧题材增加了青春类题材，而且各类题材的分布比例也更加均衡，反映了受众需求的多元化和个性化。

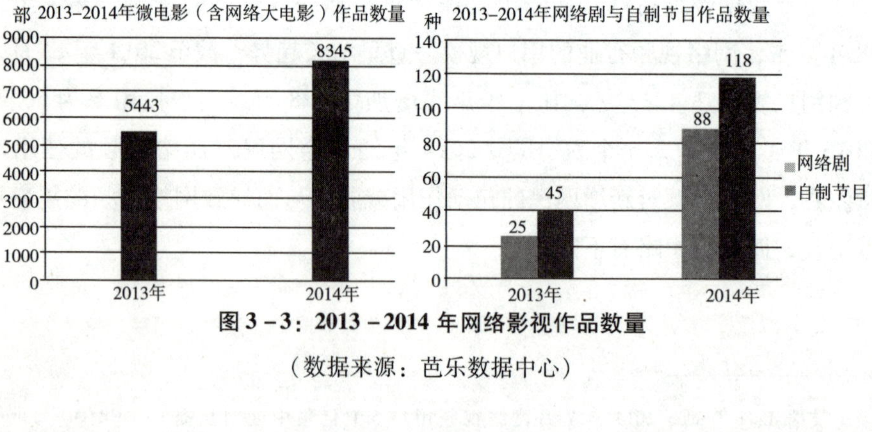

图 3－3：2013－2014 年网络影视作品数量

（数据来源：芭乐数据中心）

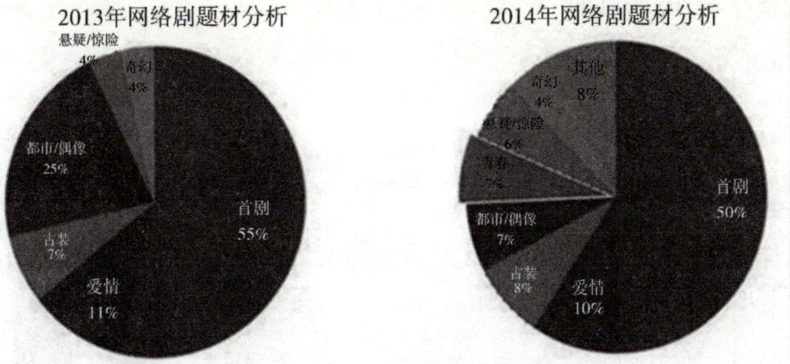

图 3－4：2013－2014 年网络影视作品题材分布

（数据来源：芭乐数据中心）

2. IP 营运渐成趋势

近几年，随着数字技术的不断普及，影视制作的门槛逐渐降低。特别是基于网络播放平台的微电影、网络剧等更是出现井喷的现象。网络影视行业吸引了大量热钱涌入，虽然生产数量快速增长，然而优秀内容资源却开始显得乏力。据报告显示，IP 运营将成为新媒体领域极其重要的商业布局。IP 运营带来的巨大利益将吸引各方面的开发商，IP 授权的价格必然上涨。其中，尤其是超级 IP 将遭到疯抢。同时，在版权售卖之外，学习培育 IP、对 IP 进行系统化运营，或将成为疯抢版权之外的一种新思考。

2014 年的新媒体影视市场作品数量规模再次爆发，同时作品的类型也愈加丰富，微电影、新媒体电影、网络剧和自制节目百花齐放。纵观 2014 年全网播放量最高的前十名微电影，青春爱情类题材受到网民极大欢迎。全网播放量前十的微电影当中，青春爱情类题材占据八席。以《青春荷尔蒙 2 躁动时代》为例，该片题材聚焦，风格独特，深受网络年轻人的追捧。该片全网点击量达 3.9 亿次，百度搜索量为 3，860，000 条，百度指数最高数值 21，998，百度百科词条浏览量 41，172 次，数据表现十分亮眼。

优质的精品内容、创新的互动营销为新媒体影视带来了广阔的发展前景，此外，报告中还指出，新媒体影视收入来源除了广告植入、版权分销、衍生品开发等，2014 年在版权方面，以 IP 培育运营为核心的创新盈利模式正在发展成熟，衍生品的开发与电商的结合将从商务层面拓展收入，用户付费无疑是 2014 年增长最为突出的盈利模式。

3. 规模扩容 市场可期

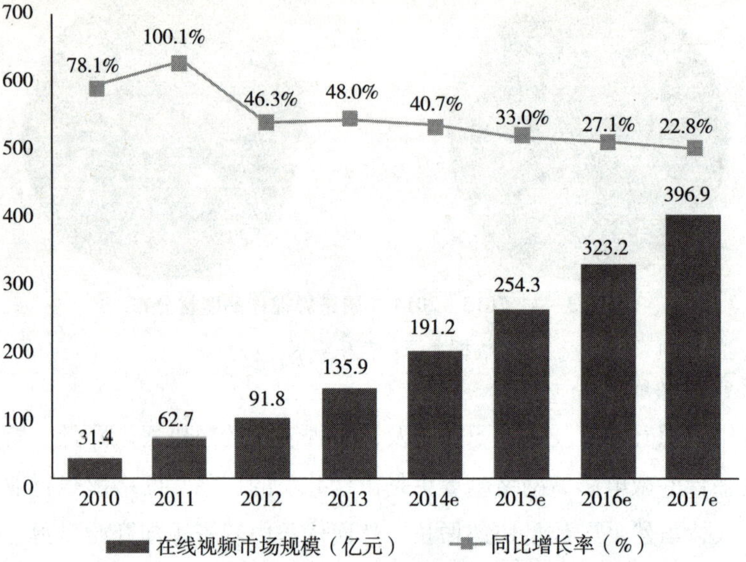

图 3-5：2010-2017 年中国在线视频行业市场规模

（数据来源：艾瑞咨询）

对于网络视频行业来说，未来的核心价值在于用户付费，即“网络院线”。经过这几年的市场培育和消费引导，用户付费的习惯正在逐步形成。截至 2014 年 12 月，网络视频行业市场规模预计达 191.2 亿元，相比上一年度的 135.9 亿元，同比增长 40.7%。2014 年随着用户付费意愿上升，微电影的收入格局将被打破，基数巨大的网络视频用户付费将成为收入增长的另一极。付费市场预计在 2015 年将会爆发。

四、平台与新媒体的发展趋势

互联网文化产业的一个重要特征就是互联网平台效应，因此，创建并维护互联网平台也是互联网文化产业的一个核心领域。随着互联网技术的提高、互联网应用的推广，互联网平台领域也表现出新的发展趋势。展望 2015 年，自媒体将会以更为紧密、协调的联盟形式“抱团”发展，尤其垂直领域的自媒体将转化为群媒体，以获取更强大的联动、营销效益。政务媒体趋向服务导向，线下服务转向线上服务，以网络服务贴近群众，实现在新媒体平台的政府与民众互联互通。传统媒体、网络媒体转型走向移动化道路，与新技术结合更快更紧密，优质深度内容导向产品亟需找寻新传播形态的突破口。从政府的层面，国家在网络管理、网络应用方面将会更为自信，在管理规范上将做得更细致完善，在操作层面上导向会更明确。而中西方网络交流在首届互联网大会召开后将趋向更加积极。

政策、技术、需求、竞争、思维等全方位的升级驱动新媒体生态圈的进一步裂变和重构，专业化、垂直化、互动化将成为新媒体生态圈的主流。展望未来，基于数据、内容和互动的三位一体的互联网文化产业，将以创新并良性循环的商业模式带来更大的市场和社会反响。

（一）BAT之间的战略攻防：亦步亦趋和针锋相对

BAT 三家之中，百度率先完成了移动互联网公司的转型，阿里巴巴、腾讯紧紧跟上，在搜索、地图、O2O、社交等领域的战略布局和战术全面展开了各种竞争与合作的变奏曲。

1. 在移动搜索领域，UC 的神马搜索虽然还未成气候，但腾讯 + 搜狗的搜索联盟以及微信搜索的上线都试图改变用户“百度一下”的习惯。很显然，移动搜索将成为 BAT 的竞争焦点之一，也关系到百度能否在 2015 年继续拿出更漂亮的移动营收数据。腾讯和阿里定会在百度主业上正面狙击，趁机蚕食。

2. 在 O2O 领域，三家各有法宝妙招。阿里除了有淘点点和快的打车，其通过支付宝扩张 O2O 版图的手法更具攻击性。2015 年 1 月底，支付宝发布了其 O2O 行业解决方案，包括未来商超、医院、餐饮、百货、酒店、物流等 14 个行业场景，显示了阿里强大的 O2O 战略图谋。

腾讯也不甘示弱，通过结盟大众点评、58 同城、饿了么、四维图新，腾讯已经不再只有滴滴，更有横跨交通、餐饮、交友等生活层面的合作伙伴。据称微信 Android 6.1 版本的内测链接惊现“附近餐馆随便搜”的新功能，可见腾讯试图让微信来担起腾讯 O2O 的排头兵。AT 在 O2O 领域对百度会形成强大压力，尽管百度地图份额一家独大，并与糯米、百度钱包形成商业闭环，另有直达号相助，但在微信和支付宝的强势进攻下，百度也将面临巨大压力。

3. 在社交领域，百度夹缝求生、弥补短板。虽然百度率先转型为一家移动互联网公司，但在社交等领域仍存在短板。如何依托搜索、地图、直达号乃至贴吧等优势和资源，在微信、QQ 两座大山之外，找到一条新的社交解决方案，在补齐短板的同时，冲击对手主业，进而巩固移动端根基，也将是百度在 2015 年面临的一大挑战。

面向未来，互联网在成功地带动金融、教育、餐饮、交通等行业产生质变之后，哪个行业会成为下一个受益或者被颠覆的市场？2015 年 3 月 22 日在“2015 中国（深圳）IT 领袖峰会”上，马化腾认为，下一个风口是互联网走出所谓的“新经济”圈子，跟所有的行业结合。服务业从网上延伸、辐射到任何制造产业。移动互联网把原有产业中间不合理的、不够个性化、不够透明或者成本很高的因素剔除，重塑生产力和生产关系中间的组成。打车软件之外，教育、医疗等领域还可以看到有很多创新的空间。李彦宏则表示，风口论充满投机思维，大家都想找捷径，整个社会不应该鼓励大家去找这种捷径。他更愿意回答什么不做，这样才能够真正聚焦，把真正适合自己的东西做好。每一个领域都有很多竞争对手，只有擅长和坚持，才能飞起来。而马云表示，过去七年中国从互联网创业到互联网产业，很快进入互联网经济时代，而且正在从 IT 走向 DT（Digital Technology，即数字科技）时代。两者的区别是，“IT 以我为中心，DT 以别人为中心，讲究开放、透明。”而有意味的是，2015 年 3 月 4 日，光线传媒发布公告，宣布阿里 24 亿元入股光线传媒。阿里巴巴入股光线传媒后，成为其第二大股东。这是阿里既收购文化中国、成立影业公司后又一次把事业版图转向文化产业的明证。

（二）新媒体与平台创新提速

新媒体是互联网文化产业的活跃要素。正是新媒体的产生、应用推动了互联网文化产业的兴盛。百度、腾讯、阿里巴巴分别在搜索、社交和电商领域确立了自己的优势，原本它们都主要是互联网公司，并且以平台为主要优势，但现在它们将平台与文化产业相结合，促成了互联网文化产业的平台创新，也带动了基于网络传播的新媒体的提速发展。

正如基于互联网的电影的营销，就完全突破了海报宣传、新闻发布、落地活动、户外广告等常规的营销模式，而代之以“运营粉丝、建立口碑、形成社群、创造话题、输出内容、与受众互动”的电影互联网营销模式，例如以《小时代》系列为例，正是借助新媒体所具有的互联网平台优势，比如文学社群、微博、微信的庞大客群、准确的客户信息，从而创新文化娱乐产品的营销方式。因为郭敬明在小说阶段就已经拥有庞大的粉丝群落，所以新媒体的平台效应很容易把这些粉丝（或者说是既有客群）带进电影院以及 2015 年 6 月开始上演的《小时代》音乐剧剧场。随着互联网的发展，网络营销已经开始取代传统媒体，成为了娱乐产品营销的主要战场。这就是新媒体平台所带来的商业模式创新。

互联网文化产业的创新动力来自互联网，而互联网所能提供的新媒体平台是独有的，这种新媒体平台改变了传统文化产业的营销模式，孕育了互联网文化产业的辉煌。当然这种新媒体平台和传统媒体之间也不是完全取代或颠覆，更多的是弥补和创新。以视频社交媒体应用——微视为例，它带给像电视这样的传统媒体可能不是颠覆，而是一种反哺。新媒体也不可能完全取代传统媒体，两者互动正是一种互惠互利的关系。首先，新媒体会丰富传统媒体的内容。尽管目前微视用户增长可观，也有一些视频能够达到千万的播放量，但相比起传统媒体的影响力还是有点小。现阶段，微视更可能的是与电视等传统媒体一种相互依存的关系，微视里的短视频可以作为传统媒体的素材。例如杨幂大婚的娱乐事件中、两会报道中，就有很多现场网友拍摄的短视频成为了视频网站、各大电视台的素材，随着手机设备的越来越先进，手机和平板的拍摄效果越来越好，微视里的视频很有可能会越来越多地出现在电视节目中，未来更多的网友会因此成为活跃在一线的“临时记者”、“补位记者”。第二，新媒体与传统媒体能够实现联动共存。社交媒体和电视媒体不但不会冲突，还可以实现联动，增强现场感。其实，此前微博已经有过成功先例。比如 2014 年的春晚，更多的网友是一边守着电视看春晚，一边在微博上吐槽春晚。这样的互动形式同样可能出现在微视、微信上，2015 年的春晚抢红包活动，就是电视媒体和移动社交媒体融合发展的生动案例。

（三）O2O 的深耕：线上平台与线下消费

互联网文化产业中对文化消费模式特征的描摹最典型就是 O2O 模式。其实也就是对线上与线下两个传播平台的整合。在线上进行营销、宣传、推广，然后将客流引到线下去消费体验，实现最终的交易，在交易完成之后，线下的用户再通过线上平台反馈消费体验，并且在线上交流，从而实现了由线上到线下再返回到线上的整个营销过程。以深受网络年轻人的追捧的微电影《青春荷尔蒙 2 躁动时代》为例，该片题材聚焦，风格独特，其线上平台与线下消费相结合的复合营销模式，为其立体传播打下了坚实基础。此前，新媒体影视一直以来以线上营销为主，主要借助互联网展开宣传和发行。2014 年新媒体影视开始更多结合线下活动，营销方式更“接地气”。诸如影院嘉年华、流行元素专场、与偶像同场观影等主题推广活动的全面铺开，力图形成一个庞大的线下社区，同时线上借助社交媒体邀请网友参与讨论、开设各类观影服务等。这样线上线下的配合极大的增强了互动，提升了影迷参与感与观影的积极性。最终该片全网点击量达 3.9 亿次，百度搜索量为 3，860，000 条，百度指数最高数值 21，998，百度百科词条浏览量 41，172 次，数据表现十分出色。

移动互联网技术让线上与线下之间的互动转换成为可能，这也直接催生了 O2O 模式的普及。人们利用手机等移动终端可以随时随地地查收线上信息，然后进行即时消费。2014 年来自百度、阿里、腾讯、盛大对 O2O 领域的投入数据显示，投入资金将近 100 亿美元。在这种趋潮的带动下，可以预见 2015 年，餐饮、交通、时尚设计、生活创意服务等方面，将会有更多的企业加入 O2O，当然，整个市场还需要经受时间、资本、专业的多重考验。

传统的文化产业依靠传统大众媒体的海陆空宣传和实体店的产品与服务体验，缺少线上平台。在互联网文化产业中，必须懂得移动环境下的线上模式，任何文化公司只有进入了线上平台才算是进入了互联网文化产业。它的业务开展模式必须满足两个条件，线上的产品信息获取和消费者消费经验交流，二是线下的产品或服务体验。两者互为补充，互相呼应，形成线上与线下的立体营销体系。另一方面，通常人们的文化需求大多都是个性化、专属化的，很难像其他工业生产一样的标准化，这些非标准化的需求常常表现出易变、在地化和多样化的特征。消费者需要在线下特定情境进行选择消费，很难实现同一标准。在 PC 互联网时代，这种非标准化的需求是很难满足的，但是移动互联网的移动线上平台让文化这类非标准化的需求可以通过 O2O 模式得到满足，人们能够随时随地的通过线上平台反馈自己的消费需求，线上平台在处理需求信息的基础上在线下为消费者提供服务，从而让互联网文化产业真正具有了人性化发展的特质。

（四）垂直平台的经营优势明显，市场价值看好

尽管在互联网文化产业中，BAT 三家公司始终处于主导地位，但随着移动互联网的发展和大数据时代对消费者的深刻洞察，一些企业利用垂直平台也取得了自己的经营优势，凭借对特定领域的精准把握实现了用户细分，流量和黏性的倍增，垂直平台成为互联网文化产业一种独特的平台运作方式。

垂直网络平台是相对于门户网站平台而言的，其特点表现为“专而精”，它专注于某一领域或者服务于某一地区。比较典型的垂直网站如财经网站、IT 网站和地方网站。许多垂直网络平台其博客和社区伴随着 Web2.0 的新概念引起了业

界的广泛关注，老徐的博客一年点击量超过千万，51. com、大众点评网、互动新闻网站 Digg 接连获得风险投资。艾瑞咨询认为，网络社区的形成，需要两个要素，一个是平台，一个是黏合剂。博客、论坛等基本网络环境构成了平台，人与人之间的共同语言则是黏合剂。随着互联网博客、论坛等网站构件的普及，网络社区形成由原来的平台聚合发展成内容聚合。垂直平台关注特定领域，是网络社区黏合剂生成的最好环境。它的用户往往是对垂直领域怀有浓厚兴趣的深度用户，有强烈的表达和交流的需要。因此，社区极易在垂直平台形成。从垂直平台来看，通过用户之间线上交流的频次和深度的提升，也带来了网站流量和用户黏性的增长，从而提升了网站的营销价值，拓宽了网站生存和发展的空间。

垂直平台聚焦于细分市场，对行业和产品的理解更为深刻，因而也更容易做出特色，满足某一类特定用户群体的个性化需求。人们生活水平的提高，文化需求也水涨船高。但不同的人其文化需求也是千差万别、各不相同的，而且还呈现出极强的地域性、群体性特征。所以事实上垂直平台更符合文化消费领域的需要，可以根据不同的文化群体或不同的地域文化构建更有针对性的垂直平台，就某一细分的特定客户提供专属性很强的文化衍生产品，可以预见，垂直平台会成为互联网文化产业发展的亮点。未来导购类、垂直类的平台要体现本身的差异化，积累用户对平台的信任和使用习惯。当人们形成在平台上分享自己的消费心得的习惯，这种平台就会变成一种购物的决策平台，而这也会带来多样化的盈利模式。就垂直平台自身的发展，会呈现大趋势：一是垂直平台由技术类、娱乐类和游戏类转向生活服务类；二是垂直平台会更细分、更多样，特别是女性专属平台会稳中有升；三是垂直门户网络平台的内容建设将基于互动型的数据库展开；四是垂直平台和综合性门户网络平台的合作会更紧密；五是垂直平台借由在专属领域的卓越表现未来会在资本市场有更大的表现，会有更多特色鲜明、市场价值看好的垂直平台成功上市，或者并购。

郭肖华（厦门理工学院数字创意学院院长，教授）

第四章　文化电商：正在崛起的新蓝海

互联网是21世纪经济社会的制高点。有报道将互联网服务行业列为未来最有“钱景”的十大行业之首，其以摧枯拉朽之势改变着越来越多的传统行业。在文化产业的发展历程中，与互联网息息相关的电子商务的作用显得尤为重要。近年来，“文化+创意”、“文化+旅游”、“文化+金融”等新型业态内容带来了文化产业领域的蓬勃发展，2014年，“文化+电商”更是成了吸引人们眼球的又一亮点所在。

一、文化电商的界定

从整个2014年的文化产业电子商务发展状况而言，这个平台目前仍处于待开发领域。

（一）文化电商的内涵

从字面含义上来理解，文化电商是从事电商行业的企业与集团纷纷将赚钱的目光投向文化产业领域，抑或从事传统文化产业模式的企业们转型走向线上模式。对于前者而言，进入文化产业领域的理由其实很简单，因为除了购物之外，能够热门高频次地消费，或许只有文化娱乐产业了。而对于后者而言，在电子商务逐渐平台化的当下，如何用好电商是目前重点。电子商务的平台化不是简单地推出对线下企业产品具体内容的直接干预，而是整合资源，将平台做到最大化，以及从最初的简单地迎合市场到如何在大数据中脱颖而出，即考虑从“市场需求”重新回到“内容需求”的问题上。

基于此，文化企业不应再是单方面迎合电商，而是要主动出击，建立线上和线下通道，以品牌取胜，实现双赢。因此，不管是对已经占领互联网高地的电商们而言，还是对刚刚试水的传统线下文化企业而言，文化电商的本质要求在于具备互联网思维，即区别于传统产业经营的互联网本质化的特点或者模式，其本质在于包容。互联网的商业模式与传统的线下商业模式有相似之处，但是服务更周到一些，同时其竞争要远远激烈于传统的产业模式。文化电商的成果要点主要依赖于是否摸清互联网的本质，即一种延伸的、与手机和其他业务相关联和促进的，同时是资源共享的。

（二）文化电商的发展成因

2014 年以来的文化电商飞速发展的重要原因是“宅经济”生活的日益丰富。“宅经济”一词起源于日本，主要是指以电子商务、在线娱乐、游戏等为代表的网上经济以及产业链上的关联行业。[①]是一种“宅”在家里，凭借互联网等媒介手段完成购物等活动的一种新兴经济模式。狭义上的“宅经济”，是以御宅族为主体的经济活动，主要指围绕游戏与动漫的文化产业，除了消费直接的软硬件，其衍生产品市场可谓潜力无穷。以漫画、动画、游戏及周边商品为核心的 ACG（Animation、Comic、Game 的缩写，动画、漫画、游戏的总称）产业已经成为欧美日本等国家或地区的支柱产业，创造出巨大的产值与利润，对国民经济产生了重大的影响。广义上的宅经济，实质上是电信与互联网推动下的一种远程服务模式。信息、交易娱乐等均属于宅经济的范畴。

正是这种在家工作、在家社交、在家学习、在家旅游等宅经济活动近年来的逐渐流行，使得“足不出户”的消费模式渗透到人们尤其是年轻人的日常生活的各个领域，并呈现出内容与形式日益丰富多彩的趋势。而随着人们在家里的时间日趋增长，对网上娱乐的需求也越来越多样化。除网络游戏外，网络动漫、网络视听尤其是网络音乐与网络视频，已成为人们通过互联网来娱乐的主打项目。2014 年个人电子银行用户比例为 43.1%，同比增长 7.2 个百分点，这也为文化电商平台的搭建与发展提供了实实在在的数据信心。2014 年移动金融势头发展迅猛，移动支付用户比例成倍增长，尤其是远程支付，其 2013 年的用户比例为 13.3%，2014 年达到 37.8%。据专家预测，2015 年将成为移动金融的普及年，移动金融正在重构电子银行的发展格局。中国金融认证中心在“第十届中国电子银行年会”上发布的《2014 中国电子银行调查报告》预测，2015 年个人手机银行将出现爆发式增长，用户比例将达 24%。[②]以在线购物为例，大家是在网上商

① 李文明．“宅经济”的发展状况与引导策略［J］．学术交流，2014（11）．

② 中国行业研究网．2014 年个人电子银行用户比例达 43.1%［EB/OL］．http：//www.chinairn.com/print/4067708.html，2014－12－04.

店点击买服装，后来发展到个人订制，再发展到看到明星穿的衣服自己喜欢，扫描二维码下单购买，再发展到商家按照消费者要求进行个性化推荐，消费者选择后购买，电商消费正在向时尚文化的方向发展。

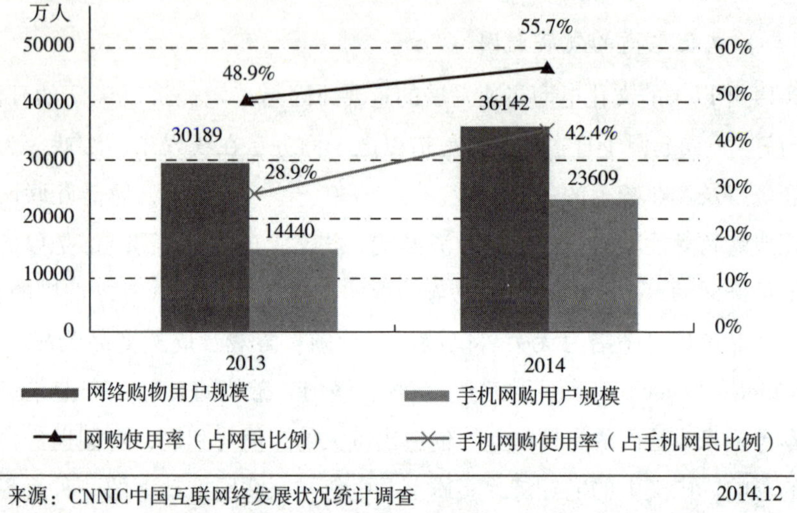

图 4－1：2013－2014 年网络购物/手机网络购物用户规模及使用率

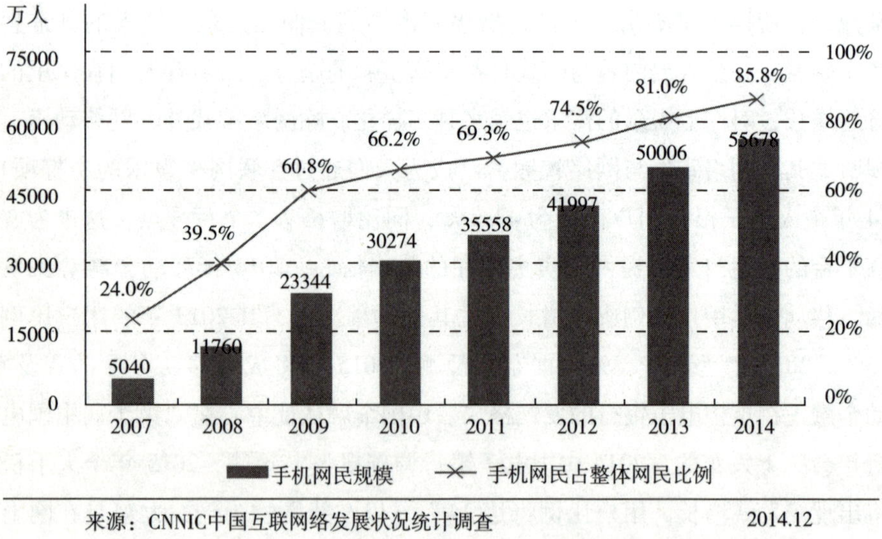

图 4－2：中国手机网民规模及其占网民比例

随着互联网的进一步发展，2014年，互联网企业与文化企业的边界将越来越模糊，近期互联网企业都在纷纷补上内容方面的短板，而文化企业也在恶补互联网基因。另一方面，BAT三家企业也在“趋同”，以前阿里没有视频，于是马云收购了优酷土豆。早在2013年，华谊兄弟便入驻淘宝网，在淘宝电影专区内展开全面合作，联系此前小马奔腾在淘宝开店的动作，电子商务成熟的O2O营销模式已成为文化消费品重点借力的对象。文化产品的销售也从最初的网上支付一步步发展到网店、手机商店的全新模式。在美国好莱坞，电影衍生品一直是片方看重的收入来源，比如《星球大战》三部曲全部票房收入为18亿美元，其衍生品入账却超过45亿美元。而在中国，电影衍生价值却始终难以充分展开。据公开数据显示，淘宝电影购票平台，已支持800多家影院的在线选座、1000多家影院的兑换券购买。电影票销量方面，2012年淘宝电影频道成交8亿元、2013年5月《钢铁侠》首映创下一天2万张出票的纪录，一系列的成交业绩展现出淘宝的平台化优势和强大的销售能力。国内庞大的电商群体已成为文化公司重要的合作伙伴。整体来看，2014年，国内的文化电商市场发展一派欣欣向荣，各种新兴业态出现的同时，既有的业态的发展也各有千秋。

二、文化电商的范畴与发展现状

文化电商大致包括艺术品电商、奢侈品电商、文化娱乐电商、文化出版电商以及电视电商等方面。

（一）艺术品电商

伴随着国内电商行业的迅速崛起，阿里巴巴正式在美国纽交所上市，加之艺术品行业资金涌入方兴未艾，随之而来的是艺术品电商触网热潮，国内大大小小的在线艺术品交易网站目不暇接地出现。但是值得注意的是，艺术品电商现在在国内仅处于起步阶段，众所周知最早的艺术品电商多数是做资讯起家的，比如雅昌网、新浪收藏频道、99艺术网、人民网的收藏版块或艺术版块等，主要都是做资讯的，不涉及艺术品交易，就算涉及艺术品线上交易，也都像起步比较早的某拍卖公司的在线拍卖一样，以交易之名做艺术品门户之实。

从2013年夏天开始，苏宁、国美、淘宝等电商巨头纷纷高调宣布进入艺术品电商领域，对一年至少2000亿元人民币的艺术市场垂涎欲滴。而一年多过去以后，如今的苏宁艺术品平台，实际上只是苏宁易购旗下的拍卖频道，其平台上的拍卖品是由另外一个公司提供代运营的，只算是合营，苏宁本身没有一个独立的平台。人们从苏宁易购的网站首页很难找到进入频道链接，拍卖频道形同虚设。“国之美”是国美旗下的艺术品电商平台，多数艺术品是明码实价交易，艺术品种类也较少，以传统国画和书法艺术为主。从本质上看，国之美更像是一个大的画廊网站，自身没有形成一个完整的艺术品在线交易生态体系。淘宝拍卖会是淘宝重金打造的在线拍卖平台，其中以司法拍卖和珍品拍卖为主。据近来参加淘宝拍卖商家见面会的商家反映，淘宝拍卖会 Q1 的交易额已经过 100 亿元了，依托淘宝庞大的流量，这个成绩自然无可厚非。不过，司法拍卖是由全国各法院和淘宝网合作处置涉诉资产的平台，占有先天优势，在这个交易额中所占的比例非常大，而艺术品交易的份额则相形见绌了。从以上分析来看，电商们进军艺术品行业似乎前景不太美妙，目前这种状况，可能由以下几方面的原因造成：

1. 艺术品不可复制的精神属性

艺术品不是一般的商品，甚至比奢侈品还要高端，因为艺术品具有不可复制性，无法批量生产，相比一般的商品是物质属性，艺术品更具有一种精神属性在其中。现在的电商大多忽略了艺术品的精神属性，企图靠电商平台的流量优势介入艺术品平台，缺少了对艺术品受众群体的熏陶和培养，而普通大众大多还没有形成消费艺术品的习惯，很难直接购买艺术品。

2. 电商原有的交易氛围难以改变

从既有的进军艺术品行业的电商来看，国美、苏宁主要盈利模式是电器销售，而淘宝网则是人们选择便宜货的好去处，这些就是这些电商平台营造出来的一种交易场景，或者可以叫交易氛围，甚至已经成了这些老牌电商与生俱来的基因属性。而这些恰恰都是和艺术品交易不相协调的。但是相比较一下线下的拍卖会，就会发现，从收到拍卖名录、研究名录、预展、现场拍卖、成交都等有了一定的规则和秩序，已经在广大收藏家中形成了一定的心理习惯，这也是拍卖会在我国发展 20 多年来已经形成的一种购买体验。包括淘宝在内的电商企业，它们进军艺术品电商却鲜有考虑到这些，而是想直接以在线拍卖形式占有线下拍卖的份额，这不太现实。没有一个艺术品在线交易秩序和场景，艺术品在线交易如何进行？

3. 对于藏家需求研究不够

从历史方面而言，我国最早的当代艺术收藏家大多是白手起家的企业家、地产商或其他领域的成功者，他们是线下拍卖的忠实群体，在很长一段时间内都很难改变自身转战线上。但以70后、80后、90后等为代表的年轻藏家也已经陆续进入了收藏领域。据艺术品保险公司Hiscox发布的2013年度报告，全球艺术品的网上销售额为8.7亿美元，不到全球艺术品交易总额560亿美元的2%，发展潜力巨大，其中72%艺术品在线零售的参与者是新藏家。[①] 但资料显示，这些艺术品电商大多专注于拓展艺术品、艺术家，或者商家的资源，对这些新藏家的支持力度却少得可怜，但事实上，新藏家潜力巨大，应该是所有艺术品电商孜孜以求的方向，是艺术品电商的未来。

4. 缺乏一个多边化的交易生态圈

从流程来看，艺术品经营包括艺术品鉴定、艺术品支付、艺术品保险、艺术品金融、艺术品仓储、艺术品物流等，由此可见，艺术品电商涉及的生态产业链相当庞大。另外，就艺术品本身而言，包括艺术原创品、艺术收藏品、艺术衍生品等大概几百个小分类，每一个分类都有数量不菲的收藏者，这些资源又该如何整合，纳入生态链？以淘宝为例，就目前淘宝拍卖会而言，他们力求全类目发展，用数据说话，挖掘增长比较厉害的类目，从平台受众喜好及时调整平台定位，这是大数据的套路。而对于整个艺术品在线交易生态圈的建立和梳理，尚未开始，也可能是心有余而力不足。但是没有一个成熟的在线交易生态圈，淘宝拍卖会恐怕在很长一段时间内都摆脱不了“淘宝”的定位，和艺术市场的高品质发展不沾边了，那么只能算是一群“投机者”的游戏了。因此，从2014年的发展现状来看，艺术品领域的线下展示、线上交易的艺术品O2O探索者，拥有整合艺术品市场打造B2C零售和电商平台，有野心整合艺术品行业资源；但由于是B2C的商业模式，鉴于艺术品市场原有壁垒，整合资源难度相当大，加之缺少了电商联合发展的模式支撑，其商业模式决定其体量、其发展不可能爆发式几何级数增长。将艺术品作为一个单独的平台进行深度化、系统化拓展，其地位级别要和天猫一样，这样才能从一个单纯的交易渠道平台，向多边化的艺术品交易生态圈子转化。如此一来基于淘宝的流量端、支付宝的信用体系以及生态化的艺术品交易平台，淘宝的艺术品电商之路才能占有绝对优势。

---

① 王楣．电商巨头们的艺术品电商之路，走的还顺利吗？［EB/OL］．http：//www. huxiu. com/article/39213/1. html，2014－08－03.

（二）奢侈品电商

2014 年对于从事奢侈品行业的电商们而言似乎不是一个好年头。在寺库网、尚品网、第五大道、唯品会等第一批以 Web 端为核心创立的奢侈品电商中，除了唯品会转型主打国内品牌尾货大获成功外（但也已经不能算奢侈品电商了），其他倒闭的倒闭、转型的转型。很少有人再打奢侈品的招牌。尚品网更是明文表示，自 2013 年已转型定位时尚轻奢，早已不是传统的奢侈品电商。而曾经以二手奢侈品寄卖的寺库网，也在大张旗鼓地转型，将自己与天猫、京东等传统零售电商区分开来，着力于定位高端消费品服务平台。在未来，其发展更倾向成为一个服务属性的公司，而非一家零售企业。尚品网转型轻奢，撕掉了奢侈品的标签，寺库网转型高端消费品服务平台，同时撕掉了奢侈品和电商的标签。仅仅从数据上看，奢侈品网购市场潜力还非常巨大。据中国国际电子商务研究中心提供的数据，2013 年奢侈品网购市场的交易规模为 208.2 亿元，同比增长 34.8%，而 2014 年全年数据虽未最终统计，但预计达到 274.3 亿元，这意味着市场的潜力还能进一步被挖掘出来。更让人欣喜的是，与整个奢侈品市场相比，网购销售额仅占总体销售额的 3%，与发达国家有着很大差距。中国早已是奢侈品的最大消费地区，奢侈品网购市场的未来依然光明。然而奢侈品电商发展进入一个困境也是一个不争的事实。

1. 行业整体融资困难

国内的电商环境又面临拼低价的恶性循环，网购群体对奢侈品购物价格高度敏感，奢侈品网站很难维持数量多而忠诚度高的客源，没有大量的资金支持很难走得下去。从 2011 年末开始，曾经获得过一次又一次投资的奢侈品电商行业陷入了集体倒闭潮。从 2011 年末到 2012 年中，先后有众多奢侈品电商倒闭。而在此之后，除了 2014 年曾获得过新一轮融资的寺库网之外，奢侈品电商行业鲜有成功再融资的案例出现。

2. 供应链断裂，电商无以为继

大部分奢侈品电商的货品来源之一是品牌在中国的代理商，但即便是代理商方面的授权，大部分奢侈品品牌也不会轻易授权给电商。奢侈品电商出现崩溃现象有着多方面因素，其中最关键的就是货源问题。因为，奢侈品是一种特殊商品，身上承载的价值远远高于普通商品。正是有其特殊性，其供应链才更加敏感。国内的奢侈品电商从 2008 年直到现在都没有真正解决货源问题，因为奢侈品为了保证自己的品位和升值空间，基本都是限量发行。而为了更好地服务消费者，让消费者体验“上帝”的感觉，都以线下实体店销售为主。货源的不确定性就导致了货品真假在消费者心中的不确定性。

3. 用户获取难，吞噬资金的无底洞

不管奢侈品已经怎样普及，但购买奢侈品的始终都是高端用户。一般的网购市场大多都是普通受众，要想在这些网购用户中筛选出高端用户，对于奢侈品电商来说是一项巨大的投入。因为用户不会自己寻找网购奢侈品的入口，奢侈品电商只能从营销手段入手，以巨额资金做铺垫，吸引用户进入。再随后，鉴于高端用户的品位，奢侈品电商还必须有着比其他品类电商更严格的运营模式，以此提高高端用户的重复购买率。这是一个长期的积累过程，在这个过程中，资金是最重要因素。数千万乃至上亿美元的资金往往只能支持很短的时间，资金的无底洞得不到满足，奢侈品电商的坍塌就近在眼前。此外，奢侈品的消费群体其实很特殊，并不能以常规视角去对待。对他们来说，价格不是影响购买的决定性因素。他们所享受的是购买过程中所享受到的服务，以及使用奢侈品的高贵感。奢侈品电商目前依然只是套用其他电商的运营模式，并不能给这些高端用户高大上的服务，很难获取顾客的忠诚度。

（三）文化娱乐电商

2014 年是电商进军电影市场势头较猛的一年，但是电影市场的前景发展并不如电商们想象中那么乐观。美国一年的电影市场收入约在 800 亿美元（其中包括一年中所创造的持续性的版权收入），加上媒体与主题公园等的收入可以达到 5000 亿美元左右。而我国目前的电影市场年收入只是美国的 1/10 不到。虽然这两年票房收入的增长可观，但规模小与恶性的票价竞争以及院线荧屏的产能过剩是几大硬伤。因此，不容乐观地说，中国电影市场已经到了发展的瓶颈期。

但是电商们仿佛不这么看。事实上，2014 年也是 BAT 等平台机构进军电影业势头较猛的一年。2014 年年初，继“打车补贴战”后，手机淘宝喊出“3 月 8 日马云请大家吃喝玩乐”的口号，除了“在八大城市，超过 200 家影院，200 万张影票，每张售 3.8 元”外，还在 70 个城市的万达院线推出 3.8 元电影票抢购活动。网易立刻“以其人之道，还治其人之身”，喊出“3.7 元看电影，就是比某公司便宜一角钱”。百度糯米则打出“女生节宠爱全国女生”的标语，3 月 7 日至 9 日到全国各大城市的合作影院消费，每张票只收取 3.7 元。这些商家推出这些活动，其目的主要还是为了引起公众的关注，拉人气，希望通过优惠活动吸引以前不到电影院的人到电影院来。这个声势很大的促销活动，实际上是互联网企业培养用户移动支付习惯、抢占市场的争夺战。更多的人进电影院带来等待观影期间带来的在影院所在的商场购物消费，使服务提供商掌握了大量数据，在此基础上分析用户消费行为，获得他们的消费习惯等，这种O2O模式（即线上线下结合的模式）实质上是多赢的模式。除了淘宝、网易等，还有时光网、格瓦拉、猫眼电影等网购渠道追逐市场。2014年以来，在线购票市场迎来更大幅度的增长，比如微信电影票在线选座业务月销售额达10亿元，淘宝旗下猫眼电影截至2014年8月底销售额达到50亿元，独立购票网站格瓦拉电影2014年的销售额也已超过15亿元。业内人士认为，虽然票房近年来快速增长，但上座率较低，这些购票软件迎合了电影市场推广的需求。电影票网购做了几年，线上线下已经结合，是比较成熟的O2O模式，这也是电商们纷纷选择这个平台的重要原因。电商们对于电影市场的“搅局”虽然导致了影院的牢骚满腹，却无法阻挡观众们网购电影票的热情。

虽然电商们觊觎电影市场来势汹汹，各方分析纷纷显示利好消息，但是电商们主要是依靠“土豪”的价格战在电影市场中分得一杯羹，但是要想在激烈的竞争中占据主动，这些手机应用还需提供有特色、能满足用户多方面需求的功能。

（四）文化出版电商

数字出版行业受到国家产业政策的大力支持。目前，数字出版已成为文化产业新的经济增长点，是新闻出版业的战略性新兴产业和主要发展方向，大力发展数字出版产业已成为我国实现向出版强国迈进的重要战略任务。在此东风下，2014年初，京东集团宣布“京东出版”系列图书正式上线，并推出第一本力作——贝克汉姆执笔的自传《大卫·贝克汉姆》。这本288页的自传，记录了“万人迷”小贝20年的职业生涯，其中还收藏了155张小贝私家照片，详细记录了小贝从球场上青葱少年变身为奶爸的传奇一生，书籍一经登陆中国，便引发粉丝狂热追捧。对于传统出版社而言，京东出版系列图书的推出，最直接的影响就是挤占传统出版商的市场空间。但是，对于大数据的魔力，不少人却持怀疑的态度。在《大卫·贝克汉姆》上市之后，虽然不少粉丝称赞该书“印刷精美、值得珍藏”，但也有不少网友表示，“就算京东的数据够准确，然而买家的心理是复杂的”，“22－40岁的读者有多少愿意花99元去购买一本纸质书？贝克汉姆虽然曾经是不少人心中的‘男神’，但已经退役的他，到底对球迷而言还有多少吸引力已经很难说。”似乎硬邦邦的大数据并不能代替用户真正的购买心理需要。传统出版商与电商出版相比，仍有其难以超越的优势。

1. 出版社的专业性

出版社的专业性，使得读者相信“这些文化产品值得传播，值得阅读。出版社是价值的确认者，是专业的生产者，是文化传播的践行者”。很多电子平台上的原创作品，没有出版机构背书，读者不了解作者，尤其对于高端用户而言，对其内容就难有信心，如一个研究者想要出版专著，他的首选一定是专业出版社，而非销售商。图书有很多维度，除了市场、内容，出版商还会考虑历史的维度。最现实的问题在于，图书到底能为读者提供什么新的文化体验、审美体验？一本图书，只有经过价值认定、市场需求、传播可能等多维度打造和思考，方才基本成型。

2. 编辑的专业性

编辑的功能除了对书稿的编辑加工能力，还有策划能力——即在选题立项之初与作者沟通，确定写一本能被读者和市场所接受的书。而正是编辑和作者的良性互动，促成了一些经典名著的出版。针对有网站高管提出，图书行业只有作者和读者是最重要的，其他的环节都不重要，单本图书的原创力主要是在于作者，但一个好的出版社，在系列图书方面对学科建设和门类布局起着导向的作用。一个好的编辑实际上天天都在研究读者需要什么样的阅读。即使都是经济类图书，哪些是方向，哪些是热点，都需要编辑的专业判断和前瞻性的判断，而不是仅仅从历史销售数据中就能看出来的。这个市场会回归到个体和每个人的内心，会更加专业。即便电商出版重金打造专业的编辑，也需要很长时间的练兵。因此，作者、出版社、读者三者互动的基本模式要被颠覆，尚需时日。

（五）电视电商

从2014年开始，不少卫视电视节目开始采用T2O这一模式，但基本上都是铩羽而归，电视节目的高收视率并未带来电商的高销售量。热门电视剧《何以笙箫默》作为“一剧两星”时代首批联播的偶像剧，该剧除创造了“单集平均点击量最高纪录”外，还因首次采用“边看边买”的T2O模式而备受关注：该剧首播时，东方卫视即与天猫达成合作，观众在收看电视剧的过程中，用手机上的

App 扫描东方卫视的角标就能直接进入电商页面，购买剧中出现过的同款服装、配件等各种商品。不过，从天猫的销售数据看，这一合作模式的结果并不尽如人意，自电视剧开播至 2015 年 2 月初，除了佐卡伊同款 sunshine 项链销量较高（月销 1185 件）外，剧中男女主角的同款服饰有不少月销量未突破个位数。造成这种“高开低走”的主要原因有两个方面。

第一，看电视和购物之间本身没有太密切的关系，因为边看边买属于一种冲动消费，事实证明，看节目的时候很少有这种冲动，所以，在电视节目中使用 T2O 模式也就变成了一般的广告植入，这对树立产品品牌有帮助，但不会激发人们立即下单购买。此外，随着手机等移动终端的兴起，看电视的人越来越少，而且电视观众也未必和电视节目中衍生品的目标消费群体相互重合。

第二，电视内容品牌性不足，质量不高。从理论上讲，电视节目每个场景中的每件物品都有潜在促成消费的作用，对于电商和视频企业来说这就是广告位，从最初电视节目求广告商赞助到后来品牌商主动植入广告，再到现在直接打通电视节目与电商之间的通道，进一步缩短营销链条，电商、节目播出平台等参与主体都是求之不得。但理论并不等于现实，T2O 模式必须依托于很强的内容品牌才行，因为只有内容吸引到了大量的观众，其中的一部分观众才有可能转化为消费者，但是问题在于有品牌的内容本身就很少，一年之中才出现几档现象级节目？也就是说适合用这种模式开发的节目本身就不多。另一方面，T2O 模式涉及跨界合作，这也是一件挺费劲的事情，可能需要比较长的时间去筹备或者整合各方面的资源，但并不是所有成功的内容品牌都有时间和资源去干这件事情。

三、文化电商发展存在的问题

2014 年无疑是文化电商领域动作较大的一年，从传统的电商到线下的地产公司，各个领域的商业巨头们纷纷涉足文化电商领域：从旅游地产到文化产业，再到如今的电商 O2O，万达帝国愈加庞大复杂；万科地产也不甘落后，与淘宝、腾讯等合作，深入学习互联网思维，将互联网营销运用得炉火纯青。

对于阿里来说，2014 年可谓是“多喜临门”：9 月 20 日，阿里在美国纽约证券交易所挂牌上市，上市后市值达到 2300 亿美元；之后在一年一度的“双十一”购物狂欢节上，阿里公司又以 571 亿元的傲人成绩完美收官。除此之外，阿里公司更多的喜事则是集中在影视文化产业中：首先在产业链上游内容制作层面，阿里不满足于做“合伙人”的配角，而是要自己担纲做“决策者”的主角。2014年3月份，阿里宣布以62.44亿港币投资获得文化中国59.32%的股份，成为其第一大股东并宣布原中国电影股份有限公司副总经理张强为公司行政总裁兼执行董事。之后更是将其更名为阿里影业，并聘请李连杰担任阿里影业的独立非执行董事，还获得了王家卫、周星驰、陈可辛等导演的新电影投资优先权。

目前来看，不管是线上线下对于文化电商行业的靠拢，还是本章前文我们综合分析的各个领域的文化电商发展现状中各自所存在的问题，但是“文化+电商”这种贸易模式还没有被广泛应用，或者说，没有成功地被广泛应用。这其中既有共性也有个性，但主要原因有以下几个方面。

（一）复杂性

电商作为一种重运营的产业，需要极大的人力和财力的投入，其流量、交易、配送、客服等各方面都环环相扣。因此，在目前的中国市场环境之下，如果没有丰富的商家与商品资源，仅仅通过进入电商做导购或者类似淘宝模式做平台是很难获取成功的。文化产品的生产者与电子商务领域信息不对称，相互认知度不高，需要增强相互了解和互通。同时，文化产品和服务与电子商务的结合，还存在一系列亟待解决的实际问题，比如知识产权保护、政策壁垒、支付结算方式等。打造文化电商的全产业链尚需时日，同时也需要政府在法规完善、政策帮扶等方面给予支持。

（二）融资难

从宏观的文化金融层面上而言，其主要领域不在于融资、保险、债券、文交所或者所谓的版权质押贷款，而是在于股权投资、创业投资、企业上市和企业并购等。文化产业的特点是高风险的领域（如文化制造业）的市值要高于传统制造业。互联网文化产业和内容文化产业受到政策的影响和竞争、商业模式不确定、难以估值等因素的影响，在融资主体方面的风险较大，因此很难在此方面取得较大进展。但是目前国内的风险投资要么缺乏风险担当，要么投资期限太短。所以，投资效果并不是太好。从长远来看创业投资才是较大的增长点。

（三）外部环境还需完善

文化电商环境还不成熟和企业自身能力不足制约了文化电商的经营活动。企业初始投入过高和电子商务信息化基础薄弱，电子合同执行和监督难，当前企业存在资金不足、融资成本高、平台交易管理安全性差、物流配送措施不健全等问题。此外，网络安全是一个突出问题，安全和保密技术难以让人放心，黑客威胁需要加强安全防范。

（四）专业人才跟不上需求

反映在电商专业人才缺口大，以及培养体系不合理。为解决企业电商人才短缺问题，企业招收的高校电子商务专业毕业生中，往往仅有书本知识，不能解决实际问题，同时存在懂电子商务的不懂文化产业，懂文化产业不懂电子商务的情况，更何况顶尖的文化电商人才需要的不仅仅是这两个方面的融会贯通，还需要对金融等领域也有着相关的了解。

（五）相关法律法规和行业规范不健全

网络电商区域跨度大，产品重叠、服务交叉、功能相近的情况十分普遍。在产品质量、企业信誉和品牌都处于成长阶段，且在电商法律法规不够完善的情况下，市场无序竞争、恶性竞争容易发生。如人们十分欢迎的电影票价格战，其实际上是不符合文化电商市场的良序发展的。而影院对电商的牢骚，主要是对低票价压缩利润空间的不满。但是电商是否可以长时间地凭借低票价赢取观众的青睐，还是一个未知数。事实上，对于电商们而言，用户习惯的培养还需要一段时间，网购电影票的总体前景是很好的，但是要想在激烈的竞争中占据主动，这些手机应用还需提供有特色、能满足用户多方面需求的功能。影院对电商的恐惧，更多的是源于对未知事物的惶恐。电商对影业的渗透，除了表现在低票价的团购上，新近还出现在了资本运作领域。以阿里巴巴的娱乐宝为例，动用的是网民的钱，从前期投资开始就力图捆绑后期消费，完全打破了传统电影的营运模式。娱乐宝虽然还不健全，也尚无成功案例，但电商对影业的野心昭然，对消费习惯的洗脑也初现端倪。未来5年的电影院会是什么样子？恐怕还是一个未知数。

四、文化电商发展展望

从根本上而言，文化产业的发展取决于文化产品的服务和质量，文化电商的发展也不外于此，判断文化电商的商业趋势和模式是否成立的主要立足点在于以下三个方面：其一，能否解决文化、电商与融资有机结合的难题；其二，能否深刻洞察以主流消费者的需求为本的消费心理；其三，能否打造出真正符合互联网时代尤其是移动互联网迅速发展的时代的营销与内容并重的消费体验。

（一）文化电商投资应瞄准主流需求

文化电商在投资之前要准确把握好以下几个方面。第一，该企业内容创新能力、内容创新数量以及对客户需求的把握程度。第二，该企业的运营是基于用户思维和社群的思维，围绕用户持续不断地开发维护，提供满意的服务，维持社区与用户的互动连接，只有这样才能持续经营。第三，要注重全媒体运营和全产业链运营。第四是拓宽护城河，吸纳垂直领域的创意及人才。第五，从投资角度讲，一些强势内容和创新内容有机会做成垂直的平台。

此外，文化产业的核心是大众娱乐消费，大众娱乐就是大家想放松想乐一乐，这个是最基本的生活需要，以娱乐为主。比如说看书，可能会选一个故事情节比较好的，电影也一样。如果看电视节目，大家更偏向于看一些选秀的，有悬念的，舞台气氛营造得很好的，大家能够投票、发表议论，这种东西叫作大众文化，或者叫通俗文化、娱乐文化。这些文化比较普及，大家能够参与。而少数人参与的是指精英文化，比如京剧，需要懂得欣赏才会去看。因此，电商在文化产业领域如果要做更大的平台，应该围绕主流人群的主流需求做方向。在这个过程中值得注意的是，在中国，没有收入的人群消费力最旺盛，特别是在文化产业方面。研究证明，现在3岁到35岁这个群体是主流的消费群。他们背后大约有六个以上的收入者——父母、爷爷奶奶、外公外婆对其消费进行支付，收入权和收入支配权是分离的。简单而言就是，有钱的人有收入权不一定自己消费，消费的人拥有消费的支配权。尤其是在互联网世界，年轻人的消费能力不容小觑。

（二）扩大众筹融资模式

近年来，虽然宣称打造文化电商行业全产业链的口号越来越响，但多数人只做产业链中一小部分，很少有人真正从全产业链来重新整合文化电商市场。他们或优于文化产业市场而不精电商金融；或电商起家而对文化产业的内在规律和金融工具缺乏了解；或立足于金融行业而无法统筹文化和电商运营。解决文化电商融资难的问题，一方面需要提高行业素质，另一方面也可以通过众筹等方式来解决资金问题。

众筹模式即大众筹资，用团购加预购的形式向网友募集项目资金，即人人都可以成为投资者。这并不是一个新发明，早在1884年，美国就通过这个模式筹建了闻名于世的自由女神像。2014年，文化电商也在这一方面尝到了一些甜头。2014年3月，阿里巴巴推出了“娱乐宝”平台，承诺网民出资100元即可投资热门影视剧作品，预期年化收益率7%，并且有机会享受剧组探班、明星见面会等娱乐权益。首期项目包括《小时代3》、《狼图腾》等电影作品。随后，百度也推出了“百发有戏”的众筹业务平台，首批作品是《黄金时代》等影片。2014年11月，中国平安在入股华谊的同时也推出了名为“平安好戏”的众筹平台，其首个项目是与《匆匆那年》相联合的三款理财产品。

众筹作为一种新兴的互联网融资方式具有很大的优越性，其具有更为开放的融资模式、融资风险小、知名度扩散快、营销手段华丽、易吸引潜在长期支持者等优势，此外，互联网是开展众筹工作的绝佳舞台，它能提供无数的第三方入口，省却了自己寻找融资渠道的烦恼。像投融界这样的第三方信息平台，将投资者与融资者直接连通，破解二者之间的信息不对称问题，实现各方面的信息聚集，为注重传播与宣传的众筹融资提供了一个免费、有效的宣传途径。

（三）增大政策扶持力度

文化电商的发展是趋势，也是新事物，对这一新生事物应该采取一定的优惠政策，并适当给予倾斜，这是扶持它成长壮大的有效举措。政府部门应当制定出台扶持政策，并细化和实化政策措施，根据职责交由相关部门进行落实。同时，在财政中安排发展文化电商专项资金且应当每年有一定增长幅度，对相关企业在税收、引进人才、融资、联合等方面予以政策支持奖励等，加快文化电商公共服务平台建设，推动企业快速做大做强，促进网络经济和实体经济融合。

（四）进一步促进品牌营销与内容合作

品牌和内容结合在一起传播的模式叫品牌内容营销，其中包括广告、联合授权、联合宣发以及相关产品的后产品。品牌营销最早起源于美国。如动画片《大力水手》主角力荐的菠菜罐头，菠菜罐头厂商为了推广它的产品，让小孩都爱吃，所以在《大力水手》中推广它的菠菜罐头。从此，品牌内容营销就在美国兴盛起来。同样地，文化电商们要将整个产业链运营得较为完整也需要品牌与内容二者有机结合进行营销。同时，电商们的营销更具可操作性，其价值链可以重新分配，从最后的营销上得到每一个环节的分账。所以，内容实际上是电商的引流口，京东跟腾讯的战略合作就深刻表明了电商和内容合作是将来文化电商发展的一个重要趋势。

（五）以人才引育作为发展的加速器

就目前而言，文化电商虽然迅速发展，但仍处于粗放竞争阶段，这也导致富有经验或者能快速上手的相关人才比较稀缺和抢手。要引进高端人才，提升发展水平。一方面做好被动引进，吸引高层次电子商务人才和团队；针对电子商务重在实战的特点，加大实用型人才的引进力度，提升人才的实用性。另一方面做好主动引进，采取与相关专业的大学合作办学、订单培养等模式，培养更多适应文化电商发展需要的综合型人才，确保人才队伍的相对稳定性。培育电子商务基础人才，同时文化电商企业应展开“自我造血”式的人才培育，提升基础人才的专业技术能力。同时强化培训沟通，形成发展合力。将电商培训纳入企业培训体系，为电商企业进行专业化、系统化的培训，打造更多的网商 MBA、网店经理人、电商精英、网店运营人才与金融人才等。此外，建立网商之间线上、线下沟通交流平台，在思维碰撞中达成发展共识、提升发展理念。

案例：阿里巴巴的电商 + 文化 + 金融 + X

从某种角度而言，除了赴美上市和一年一度的“双十一”之外，2014 年阿里在文化娱乐产业的“动静”最大。在公开演讲中，马云多次透露，文化将是阿里集团下一个发展重点。对于阿里巴巴而言，文化产业是值得去做的。

2014 年 3 月 11 日，香港上市公司文化中国传播发布公告称，获得阿里巴巴集团 62.44 亿港币的战略投资，阿里巴巴将获得文化中国 60% 的股份。这一投资创下了 2014 年中国互联网公司最高并购金额，这无疑凸显了阿里巴巴布局文化产业的决心。2013 年以来，马云进军文化产业动作不断，相继宣布推出手机游戏平台，收购虾米音乐等，并计划进军视频等文化产业。而在此之前的 2014 年 1 月 8 日，曾宣布“打死也不做游戏”的马云正式推出手游平台，并表示要打破腾讯在该领域的垄断地位。BAT 三巨头中，腾讯、百度已然是一个文化产业巨头了，而马云早在十几年前就投了华谊兄弟，说明他很早就重视文化娱乐产业，此番控股文化中国传播是必然之势。

4 月 9 日，由马云间接控股的云溪投资斥资 65 亿元入股华数传媒，入股后云溪投资持有华数传媒 20% 股份。华数吸引马云的亮点在于内容和牌照，其是国内数字电视网络运营七大牌照方之一，入股华数后，阿里会将更多精力投入数字娱乐产业。而早在 2013 年 9 月，阿里已将音乐、视频、读书、家庭娱乐、原创等业务整合，升级为数字娱乐事业群。4 月 28 日，阿里巴巴宣布与优酷土豆形成战略投资与合作伙伴关系，阿里巴巴和云锋基金以12.2亿美元收购优酷土豆A股普通股，其中阿里巴巴持股比例为16.5%，云锋基金持股比例为2%。优酷土豆集团董事长古永锵表示，“这次合作将强化优酷土豆作为中国最大互联网视频平台的服务和用户体验优势，有助于打造一个以互联网视频为基础，线上线下融合的文化娱乐平台，为广大用户提供分享无限、启智于乐的丰富文化娱乐生活”。

马云之举大有深意所在，一方面，当前三大互联网巨头竞争激烈，都在不断完善自身产业链生态系统，腾讯和百度均已在文化领域进行不同程度布局，阿里巴巴在文化领域的涉足范围相对较小，其定然一直在寻找突围的机会；另一方面，互联网与文化产业的边界愈来愈模糊，互联网企业发展文化产业拥有较大优势，因此，阿里巴巴进军文化领域对于其集团的发展而言实属信心满满之举。

而不管是做电商还是做文化娱乐业，金融都是至关重要的部分，如何解决好很多小微企业甚至大企业所头疼的金融问题也是阿里集团的主要目标。马云的高明之处在于抓住了电商与金融跨界融合的重点与难点——信用。“金融业如果不改变，我们就逼着他们改变”，“做小微金融，并不是我们想做金融，不是想赚钱，而是想做信用体系。”马云早在2013年说过的两句话，随着2014年的文化电商平台的发展与完善，已经逐渐被时间所证明。2014年4月，浙江融信网络技术有限公司受让恒生电子大股东恒生集团100%的股份，合计交易金额为32.99亿元。收购方浙江融信的实际控制人正是马云，持有公司99.126%的股份。在此次交易完成后，马云成为恒生电子的实际控制人，并通过浙江融信间接持有恒生电子20.62%的股权。而公开资料显示，恒生电子是中国领先的金融软件和网络服务供应商，公司为国内92%的基金公司、47%的证券公司和80%的银行理财平台提供后台交易、结算、投资等核心系统。11月10日，恒生电子发布公告称，公司拟与包括蚂蚁金服在内的四家投资方共同发起设立“浙江三潭金融信息服务股份公司”。经营范围为互联网金融产品的信息服务、金融资产交易服务及其他服务等。11月21日，恒生电子与第一财经、蚂蚁金服、云汉投资签署《合作意向书》，各方将在数据业务领域寻求资本及业务层面的合作机会，三方将向恒生电子的控股子公司恒生聚源增资共计3.9亿元，共同将其打造成一家领先的数据服务公司。对于融信收购恒生电子，有业内人士分析称，马云看上的其实是金融交易分析的重要部分——金融大数据。而对于组建三潭金融，则被认为是马云的“信用生态论”迈出的战略性一步。目前阿里巴巴小微金服正通过“芝麻信用”

平台以及多款内测中的“信用支付”产品构建“信用金融”体系，“让信用等于财富”是“芝麻信用”的官方口号。

结合阿里集团在文化娱乐业和金融业的战略布局来看，不难发现，今后阿里在大文化上的发展思路大体是以阿里影业为核心，依托华谊、华数、优酷土豆等公司在制片、播控、视频上的资源，利用原有电商零售优势开发相关衍生品。阿里巴巴的娱乐帝国已初步完成全行业布局，其主要有两大亮点，一方面是平台化拓展，利用现有零售平台优势，打造云数据、娱乐文化平台；另一方面是利用资本优势迅速整合资源，短短一年内，阿里已经在影视、游戏、音乐等领域完成大文化全行业布局。影视将是阿里在文化领域布局的重点，因为影视具备较高眼球效应，易于塑造品牌和开发衍生产品。目前阿里已经集聚了大量行业优质资源。“娱乐宝实现新的影视剧投资模式，文化中国等生产内容，优酷土豆作为播放平台，华谊的制片优势，华数的播控牌照、内容资源和渠道，已经形成一条完整的产业链。”

陈晓燕（武汉市委党校讲师）

第五章　移动增值服务

移动增值服务，从传统上来看，是移动运营商在移动基本业务（话音业务）的基础上，为用户提供丰富的服务。事实上，中国最大的文化企业是中国移动。每年在它的平台上卖出来的文化产品大概有800亿元，再加上通过它的平台上网的收益一年大概有700亿元，中国移动有1500亿元跟文化产业有关。

一、发展历程

移动增值服务，对运营商来说可以充分挖掘移动网络的潜力，对用户可以满足用户的多种需求，同时也带动了移动产业链的成长。如短消息、短消息增值业务（移动梦网、联通在信）都有着众多的用户，成为移动运营商价值链最重要的组成部分，中国移动增值业务市场将以每年超过30%的速度增长。

（一）移动增值业务分类

按照业务承载网络划分，可以把移动增值业务分为基于信令的业务（如短消息）、电路型数据业务（如GSM、CDMA等2G网络上的数据业务）、分组数据业务（如GPRS、cdma2000、W－CDMA等2.5G/3G网络上的中、高速数据业务）。

按向用户提供的服务功能划分，可以分为语音增值业务、移动沟通业务、移动娱乐业务、移动行业业务、移动信息业务等五大类，具体分类参见表5－1。

表 5-1：增值业务按用户使用功能分类

业务类别	业务举例
语音增值业务	PoC（PTT over Cellul，无线一键通）
	IVR（互动式语音应答）
	多方通话（电话会议）
移动沟通业务	点对点短信
	点对点彩信
	即时通信
	移动社交
	移动微博
	移动邮箱
移动娱乐业务	手机阅读
	手机动漫
	手机音乐
	手机视频
	手机游戏
移动行业业务	移动支付
	移动广告
	移动证券
	移动办公
	移动定位
	移动银行
	移动医疗
	移动政务
	移动远程教育
移动信息业务	移动搜索
	移动新闻
	应用商店

（二）全球增值业务发展状况

从全球增值业务的发展程度来看，日韩处于领先地位、美欧次之、中国与东南亚处于第三水平，中东非最后。我们以中国、日本、美国为例。

从三国运营商的客户消费（简称 ARPU）来看，其中增值业务消费占比，是增值业务消费占到全部通信消费的比例，基本反映了各国用户在增值业务方面的使用情况，也反映了各国增值业务的活跃程度，基本代表了各国在增值业务方面的发展程度。从2013年该指标来看，日本最高，已经达到了68%；美国次之，达到了48%；中国最后，仅为42%。其中中国基本落后日本近5年时间，落后美国近2年时间。

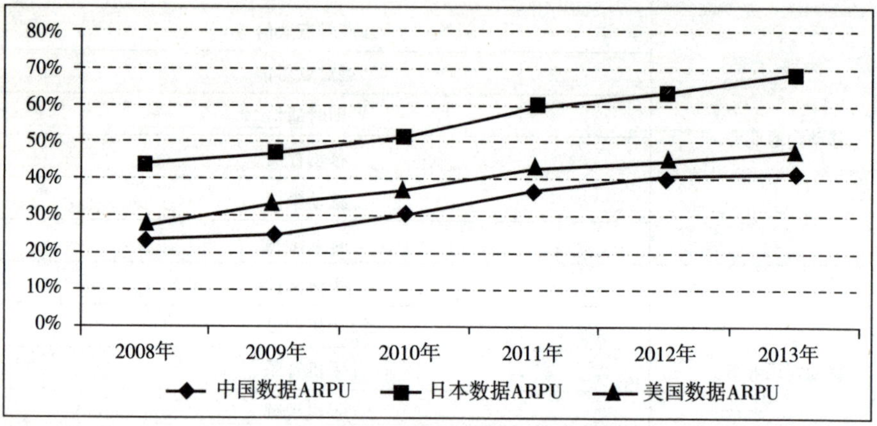

图5-1：三国运营商数据ARPU占比变化

三个国家也基本代表了三种不同的发展方式。其中日本相对比较封闭，运营商在增值业务发展中占据主导地位。从移动2G开始，I-Mode模式在日本国内产生了巨大的成功，运营商对国内内容提供商开放网络和业务平台，造就了2G时代的良好产业环境，同时结合日本原有的游戏、动漫生态圈，使得日本增值业务特别是移动增值业务方面一直比较领先。但是日本相对封闭的网络制式、终端发展模式以及相对闭塞的国内环境、人口规模、语言环境，使得日本的增值业务一直在国内发展，没有进一步影响到全球，也没有造就一个庞大的增值业务产业圈。

美国的发展与此不同，运营商在多次拆分之后实力下降，在增值业务领域，互联网/移动互联网公司占据主导地位。从2000年开始，出现了众多的互联网企业，从第一代的门户代表雅虎开始，第二代的搜索Google，到第三代的社交企业Facebook，以及现在出现的大量的新型公司Uber、Whatsapp、Twitter、Skipe、Snapchat、Square等。同时通过在基础领域的布局、语言文化的统一、本国市场的规模和扩展性，美国基本控制了英语市场，包括欧洲、印度等。

中国与上述两个国家不同，由于人口众多、语言差异、政府管制等原因，中国增值业务的发展既紧随世界发展，但是又保持了独立自主的发展，每项产品在进入中国的同时又按照中国特色、用户习惯进行了深层次的改造，获得了独立的发展空间，存在独立的互联网产品，包括新闻门户搜狐、新浪，搜索公司百度，以及社交企业腾讯，电商公司阿里巴巴。同时，运营商也深度参与移动互联网业务的发展，参与内容整合、移动支付、流量结合、位置服务、物联网等领域。

（三）发展历程

移动增值服务脱胎于互联网业务，又结合了移动通信的特点，最后融合于广义的移动互联网服务。

信息服务的需求基本来源于个人、家庭、工作的信息需要，个人信息沟通诞生了通信行业，家庭信息沟通诞生了电视广播行业，工作信息沟通诞生了互联网行业。但是在发展过程中，相互影响、相互渗透（如图 5－2 所示），例如互联网与数字移动电话的结合诞生了众多的基于短信息的增值服务，与数字电视的结合诞生了数字家庭。

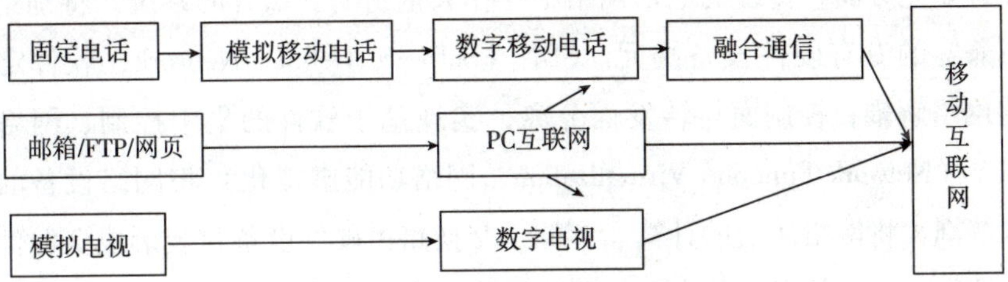

图 5－2：信息服务发展过程

移动增值服务从图 5－2 也可以一窥发展历程。在模拟移动电话时代，只存在少量的基于语音的语音增值业务，主要用以三方通话、声讯服务电话等服务。

在数字移动电话时代，从 2G、GPRS、EDGE 到 3G 再到 4G 时代，首先是制式从模拟到数字的革命性变化，可以承载数字内容；其次随着无线速率的不断提升，可以承载更丰富的数字内容。从而可以不断吸收 PC 互联网的创新成果，产生了大量的业务模式和产品形态。从日本 DOCOMO 的 I－Mode、中国移动的移动梦网，到 3G 时代对于互联网的直接开放，产生了基于消息类、基于 GPRS/EDGE/3G 等各类增值服务。但是它们还是基于电信协议，需要通过通信网关与互联网进行对接，不能完全承载互联网的各类内容，或者需要对互联网的相关协议进行裁剪。在融合通信时代，从 3G 到 4G 的演变，不仅是无线速率的提升，更大的突破在于网络模式的革命性变化，将导致移动通信、互联网通信和数字电视的充分融合，共同铸就移动互联网服务时代。

移动互联网服务时代的形成，来自基础网络的演进、智能终端的发展和移动互联网产品的高速发展。

1. 基础网络演进

基础网络演进沿着移动化、IP 化、智能化/虚拟化的方向发展。

移动化成为运营商接入网络层面的主导方向。移动通信技术从传统电信运营商解决人与人之间的沟通联系，扩展到人与物、物与物的信息交互。移动智能终端、云应用和物联网等将催生移动数据流量持续爆炸式增长，推动未来 5G 技术向着实现 1000 倍系统容量和 10G 接入速率、“500 亿海量接入”和大量新的应用场景方向发展。

IP 化成为各个层面共同的选择。在接入领域，IP 接入设备成为趋势；在传送与承载层面，IP 承载是实现网络扁平化和降低运维成本的有效选择；核心网 IP 化，则真正成为“云计算”的基础，实现了海量信息的集中计算和处理。

在智能化方面，传统的电信网络中存在大量封闭、私有的系统，特别是存在很多不兼容的专有硬件设备网元。SDN（Software Defined Network，软件定义网络）将网络解耦，控制面与转发面分离，实现基于软件的集中控制、网络可编程；NFV（Network Function Virtualization，网络功能虚拟化）将网络设备的硬件与软件解耦，将网络底层的计算、存储、交换路由硬件设备封装形成资源池，可以灵活调度、按需使用，并有效地降低网络成本。结合开放、云化的理念来提升网络弹性和虚拟化能力，使得网络可以根据客户的需求进行弹性配置，从而满足不断变化的需求，适应电信运营商业模式的迅速变化。

2. 智能终端的发展

移动智能终端已成为全球最大的消费电子产品分支。移动智能终端自 2009 年起步以来高歌猛进，在 2010 年末首次超过 PC 同期出货量，其后进入高规模高增长阶段，至 2014 年其出货量约为 PC 同期出货量的 4 倍，以年出货 12 亿部的市场体量成为当今市场容量最大的电子产品分支。

手机智能化进程带动计算机与电视设备革新，促使平板电脑、智能电视继智能手机后进入高增长通道，2014 年平板电脑年出货达到 2.4 亿部，接近 PC 产品。终端智能化浪潮对电视等简单信息产品的革新将更为迅速和彻底，2013 年、2014 年智能电视形成了百分百以上的超高增长，逐渐成为家电品牌厂商新品发布的标准形式。

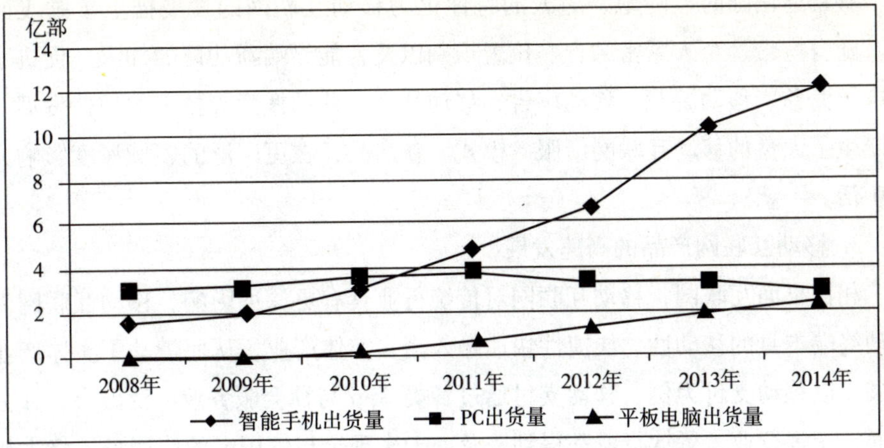

图 5－3：全球智能计算设备出货量一览表

中国智能终端也在快速增长，随着 Android、iOS 的不断普及，智能终端份额快速增长。从国内智能终端份额（见图 5－4）来看，2013 年是普及年，一年之内，智能终端占比增长了 20 个百分点，2013 年 6 月智能终端首次超过非智能终端。2014 年已经达到了 70%。

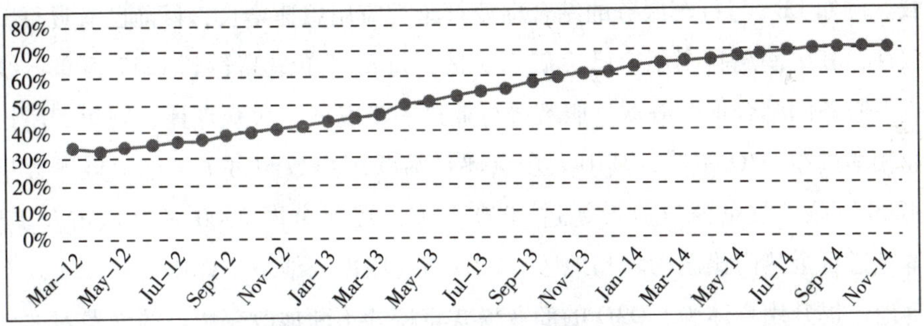

图 5－4：中国智能终端份额变化

（数据来源：运营商终端数据采集报告）

智能终端的普及，极大丰富了移动互联网的使用入口，以 Android 系统为代表的主流操作系统从移动智能终端市场拓展到更多应用领域，给行业带来更广阔的市场空间。当前，以智能手机和平板电脑为代表的移动智能终端已经在全球拥有广泛的用户基础。Android 系统优秀的用户体验、开放的开发模式和强大的生态环境推动了其他终端的技术变革，例如智能电视/机顶盒、车载系统、智能相机、电子书、行业平板、可穿戴设备、智能多功能打印机、智能机器人等，上述发展趋势为本行业提供了更为广阔的市场空间。

移动通信随时、随地、随人的特性也为移动互联网的发展插上了腾飞的翅膀。随身携带、个人紧密结合、位置识别以及智能终端新功能的加入，促进了移动电子商务、移动游戏、移动广告、移动社交、移动搜索等技术的快速发展，从而诞生了大量的移动互联网新服务模式、新产品，在更广泛的领域深度影响人们的生活。

3. 移动互联网产品的高速发展

相比桌面互联网，移动互联网对传统行业具有更深远影响。移动互联网借助移动终端本身的移动性、便捷性快速融入诸多实体产业，从而带动了实体产业的发展。以移动支付为例，移动支付通过各类 App 与社会服务业广泛融合，在公共交通、零售行业、餐饮行业都得到普及，未来现金与信用卡的使用量或将大幅度下降，将有可能促使金融业中成本较高的人型金融网点逐步减少，用于前台现金与现金卡处理的资源将更多用于电子支付数据的处理。微信等新型移动即时通信产品的问世不仅丰富了短信、电话的内容与表现形式，更融入了资讯以及生活的各类信息，从而打通线上线下，深刻影响生产生活，推动传统产业变革和新兴业态的发展。①当前移动互联网已经改变了诸如交通、餐饮、服装、旅游、支付等领域。例如 LBS 与打车服务的结合促使打车类应用急速增长，目前已有近百款打车软件，其中滴滴打车用户已突破 1.5 亿，每日订单最高达到 1217 万单；线上与线下服务的结合促使餐饮、服装等行业进一步发展，大众点评、阿里、腾讯等企业相继进军 O2O 领域，其中大众点评月活跃用户数超过 1.7 亿，点评数量超过 4200 万条，收录商户数量超过 1000 万家，覆盖全国 2300 多个城市及美国、日本等近百个热门旅游国家和地区。O2O 将互联网与线下实体店对接，实现互联网落地，提升用户体验，O2O 的商业模式将持续不断地改变用户的消费习惯。社交与移动支付的结合更颠覆了人们对于移动互联网的认知，微信拜年、抢发红包等成为春节娱乐的新方式。微信和支付宝官方数据显示，2015 年除夕，微信红包收发总量达 10.1 亿次。

移动互联网服务还将进一步向第一和第二产业延伸。移动互联网应用的变革始于社会服务业，在社会服务主要行业逐步实现移动数据化后，移动互联网将由前端服务接口向中间销售链、后端生产链延伸，形成对第一产业与第二产业的深

① 工业和信息化部电信研究院．移动互联网白皮书 2014［EB/OL］. http：//www. caict. ac. cn/xwdt/kydt/201405/t20140512_ 1017555. htm，2014 -05 -12.

刻变革。这种变化在互联网时代已经出现，如淘宝类大型电子商务平台通过电子贸易平台的构建，促生中国网商群体，弱化了传统商贸渠道在消费业中的主导作用，通过前端销售模式的变革逐步整合了长三角、珠三角地区的中小型生产能力，对服装、小商品制造行业、小型农贸及加工业的信息化形成促进，而移动互联网将进一步拓宽应用范围与深度，通过零售业、餐饮业、交通业、传媒业的不断渗透，改变着小商品制造、汽车生产、内容生产等更多领域。

二、移动互联网最新动态

随着移动智能设备的加速普及，移动应用不断覆盖用户的时间份额，全方位改变网民的生活习惯，对人们的信息、社交、娱乐和购物等各方面产生重要影响。从2014年产品发展来看，与固定互联网发展特点相一致，用户正在从传统的移动增值服务向移动互联网服务转变，正在从沟通、娱乐向电子商务、生活类转变。

传统的移动语音和短信业务日渐式微，互联网已成为信息消费的主体。据工信部及运营商统计数据显示，2014年1月移动电话去话时长同比增长3.8%，远低于上年同期增幅；2014年移动电话各类传统业务业务量略有下降，移动本地、长途去话MOU、移动短信业务量等均有所下降；而以OTT类应用为代表的移动互联网业务则大行其道，作为支撑OTT类应用的运营商流量每年均以100%的规模在增长，弥补传统业务造成的损失。

（一）移动互联生活元年

2014年是移动互联网服务逐步进入行业应用的发展年，从用户发展来看，移动沟通业务有喜有忧，移动信息业务保持稳定，移动娱乐业务快速发展，移动行业业务成为发展亮点，如表5-2所示。

移动沟通类应用依然是手机的主流应用，在所有应用中用户规模和使用率均第一，但是随着普及率的提升，增长速度已经明显下降，产品结构发生明显变化。其中，手机即时通信进一步增长成为主导，社交网站、移动微博等传统应用的用户规模则继续下降。

移动信息类应用作为手机网民获取各类信息的主要方式，满足手机网民日常基本信息需求，用户规模和使用率仅次于手机即时通信，发展保持稳定。其中，手机搜索引擎随着各大品牌手机搜索App的推出、手机浏览器等多渠道推广及各类应用的用户导流，其用户规模在保持高位情况下依然增长强劲。

移动娱乐应用继续保持稳定增长，成为手机网民的一种日常基础娱乐方式。其中，Wi-Fi覆盖提升、3G成熟和4G开展等，直接提升了手机网民对手机视频和手机音乐等高流量娱乐类应用的使用，这两类应用在娱乐类应用中的用户规模增长也相对更快。

移动行业类应用整体行业发展态势良好，手机支付是亮点。随着线上与线下渠道的打通及多类移动应用的服务带动，手机支付呈现爆发式增长，用户规模增长和使用率增长在所有手机应用中均最高。商务类应用在手机支付的拉动下，正历经跨越式发展，在网络应用中地位愈发重要，手机网上支付、手机网络购物、手机网上银行和手机网上预订应用网民规模年增长速度均超过100%，带动整体互联网商务类应用增长。

表5-2：2013年6月-2014年6月中国手机网民各类手机网络应用的使用率

		2014年6月		2013年6月		年增长率
类型	应用	用户规模单位（万）	网民使用率	用户规模单位（万）	网民使用率	
移动沟通业务	手机即时通信	45921	87.10%	39735	85.70%	15.60%
	手机社交网站	13387	25.40%	19565	42.20%	-31.60%
	手机微博	18851	35.80%	22951	49.50%	-17.90%
	手机邮件	14827	28.10%	12641	27.30%	17.30%
移动信息业务	手机搜索	40583	77.00%	32431	69.90%	25.10%
	手机网络新闻	39087	74.20%	31356	67.60%	24.70%
移动娱乐应用	手机网络音乐	35462	67.30%	24388	52.60%	45.40%
	手机网络视频	29378	55.70%	15961	34.40%	84.10%
	手机网络游戏	25182	47.80%	16128	34.80%	56.00%
	手机网络文学	22211	42.10%	20370	43.90%	9.00%
移动行业应用	手机网上支付	20509	38.90%	7911	17.10%	159.20%
	手机网络购物	20499	38.90%	7636	16.50%	168.50%
	手机网上银行	18316	34.80%	7236	15.60%	153.10%
	手机团购	10220	19.40%	3131	6.80%	226.40%
	手机旅行预订	7537	14.30%	3493	7.50%	115.80%

（数据来源：《2013-2014年中国移动互联网调查研究报告》）

（二）移动互联网行业的整合年

传统IT公司通过并拆引入新鲜血液，竭力顺应移动互联网的大势，使出浑身解数谋求适合自己的转型之路；新晋互联网巨头通过收购、整合巩固已有优势，发挥线上优势跨领域进入传统行业，获得未来预期。整个并购呈现出加速移动互联网生态圈布局、跨界并购推进融合发展、新兴领域布局逐渐加快等特点。

2014 年里，微软给业内留下了深刻印象。新任 CEO 的纳德拉，提出“移动为先、云为先”的战略，在“移动为先”上，微软将自己在 PC 领域中核心的生产力软件 Office 向苹果的 iOS 和谷歌的 Android 平台开放，在“云为先”中，微软允许自己的应用免费迁移至谷歌的云平台。同时通过收购诺基亚后进行整合进行移动终端和操作系统市场。

联想在 2014 年初的两起跨行业的并购也给人留下深刻的印象，从谷歌手中拿下了摩托罗拉移动，同时并购了 IBM 的 X86 服务器业务。这两起并购彰显了作为传统 IT 企业在移动互联网时代寻求业务多元化的策略，通过此次收购，联想获得摩托罗拉移动 2000 项专利以及大量专利交叉授权，此外联想 2014 年还收购了 Unwired Planet、NEC 等持有的多项专利和交叉授权，其目的在于补齐专利短板，为第二次全球化做储备。

2014 年，信息领域再次掀起并购浪潮，我国企业参与的并购交易金额再创 32 年最高纪录，截至 11 月，IT 和互联网领域并购案例达 187 例，并购金额超过 600 亿元，比 2013 年再上升近 50%。以腾讯、阿里巴巴、百度为代表的互联网巨头利用充足的现金流进行移动端入口布局，展开大规模的收购，补充短板，发挥优势，行业垂直整合加剧。

从电子商务出发，阿里巴巴打造了一个很大的商业生态系统，囊括了电子商务、金融、本地生活 O2O、教育、旅游、汽车、房产、医疗健康、硬件、游戏等各个领域。2014 年阿里巴巴合计投入了 170 亿美元先后进行了超过 40 起的投资，从投资数量来看，阿里巴巴投资次数最多的 TOP5 领域相继是：文化娱乐 10 起投资，电子商务 6 起投资，移动互联网、消费生活 O2O、SNS 社交各有 3 起投资。特别是全资收购 UC 优视、高德。一方面将给阿里提供稳定、持续的大入口，弥补移动端大流量入口短板；另一方面阿里可借助移动互联网入口对移动电商业务进行整合，通过自有业务、资本手段，构建着一个庞大且具备相互协作前景的商业大版图。

腾讯作为中国互联网的另外一极，坐拥 QQ、微信两大王牌流量，更多的是在纵深战略上精耕细作，收购和输出国内外有价值的社交、游戏、文化娱乐企业。2014年腾讯所投资或收购的公司超过46起，估算70亿美元。从投资重点来看，游戏、消费生活O2O、电子商务、移动互联网、文化娱乐等是TOP5行业，包括8.6亿美元入股58同城，20%占股大众点评，2.14亿美元投资京东商城，大手笔投资滴滴打车，游戏领域基本囊括了国内外最知名的游戏企业，覆盖了第一流的知名游戏产品。通过这些投入，腾讯不仅深化了移动互联网地位，实现流量变现，同时也让腾讯实现了比较好的财务回报。

2014年，百度更多是在做一个技术积累的过程，消化吸收2013年的投资成果，并加大了前沿科技的探索和力度，引进了一些世界级的科学家。2014年百度的投资和收购仅有15起，约15亿美元，其中6亿美元投向Uber，教育领域投资了"传课网"、"沪江网"、"智课网"、"万学教育"等，通过2013年战略投资的糯米网进行线下营销。但是，在另一方面，百度充分发挥其技术性基因，投入了相当大的技术研发资源，全面涉足人工智能、人机交互、深度学习、图像识别、无人汽车、车联网等前沿领域，从技术角度着眼未来的发展。

三、移动互联网发展趋势

与固定互联网产品相比，移动互联网的进入门槛比较低，对于产品体验的要求更高，因此也吸引了大量移动互联网从业者，产生了一个又一个千万级的产品，这也使得用户的移动互联网服务的选择更为广泛，大部分移动互联网产品的生命周期更短。为此，移动互联网产业链的参与者分别从自身优势出发，寻找更持续、更有生命力的发展路线，实施两大战略：一是平台化战略，建设承载移动互联网发展的基础；二是个性化战略，充分发挥移动互联网随时、随地、随人的特点，围绕个人组织信息、组织服务，提升产品的忠诚度。

（一）平台化战略

互联网公司、运营商、制造商纷纷从公司优势出发，建立开放平台，建立以自身为主的移动互联网产业链，开放合作，实施平台化战略，形成共赢产业圈。

1. 互联网公司以汇聚用户为核心，开放用户、开放流量。形成BAT三大平台。

2010年，腾讯用户和收入增速连年下滑，需要新的利润增长点，且腾讯自身难以垄断以创意为核心的增值业务，必须依赖于众多第三方开发者满足海量用户的多元化需求，3Q大战点燃了腾讯对外开放的导火索，推动了腾讯全面对外开放。腾讯面向个人和企业开发者，开放了统一认证、社交、支付、云服务、地图、微博、搜索、桌面、无线九大类，600 多个 API，重点开放了 QQ 账号、好友关系、Q 币支付、腾讯云等四大核心能力，为开发者快速带来新用户，使新应用可在 QQ 好友圈中快速传播，快速获利。从 2011 年 6 月正式宣布开放战略，腾讯开放平台在短短 22 个月内累积 85 万开发者，40 万应用，2 亿月活跃用户，30 亿元分成给开发者，26 款应用月流水达到 1000 万元（截至 2013 年 4 月）。开放平台收入占到了公司总收入的 20% 以上，成为了腾讯新的利润增长点

早在 2007 年底，阿里巴巴就确定采用“开放平台”的技术模式，开放了商品、用户、交易、物流、支付宝等一系列电商能力、云能力、数据能力等给卖家和开发者，包含 7 类 SDK、500 余个 API，构建了电商、云、数据一体化的开放平台。2013 年阿里巴巴频频投资，先后入股新浪微博、高德等公司，快速进军社交、位置领域，加上原来的电商与云手机等业务，已经实现完整的 SoLoMoCo（social、local、mobie、commercial 的缩写，意为社会化、本地化、移动化、商业化）疆土对抗腾讯。淘宝开放平台注册开发者已超过 15 万人，上线应用近 30 万余个，每天要提供超过 17 亿次的 API 调用，峰值超过 20 亿，在 2012 年 12 月，成为世界上第七家“API 调用十亿级俱乐部”成员。

百度以覆盖研发、运营、分发、变现的全平台解决方案，构建最健全的开发者生态系统。自 2010 年 9 月起，百度开放平台全面进入开放运营阶段，并陆续构建了基于框计算的数据开放平台、百度开发者中心、百度轻应用、百度移动游戏、百度统计、百度知道等十余个开放平台，开放了云服务、地图、账号、统计等核心能力。

2013 年 8 月 14 日，百度宣布以 18.5 亿美元完成收购 91 无线，随后推出“轻应用”、进一步增强云服务能力等一系列布局，从技术到渠道分发再到商业孵化，是百度开发者平台全局优势确立的标志。截至 2013 年 8 月，百度开放平台注册开发者已超过 70 万人，应用日分发量达到 6900 万。

2. 在这个过程中，原有的电信制造商、操作系统公司也积极介入，通过终端制造、基础开发把握整个产业链。

苹果作为行业领先者，通过统一开放平台开放了最核心的 iOS 终端能力，并借助 App Store 售卖应用，形成自身的产业链。2008 年 3 月，苹果发布基于 iOS 的 SDK 开发包，通过统一的苹果开放平台（developer. apple. com）开放 iOS 设备

核心能力，包括用户体验层、媒体层、核心服务层、操作系统层四个部分共6000多个 API。苹果基于终端能力的开放，共吸引了 30 万开发商，开发累计 90 万个应用（37.5 万个为 iPad 应用），下载量超过 500 亿次，应用收入苹果与开发者按照 3:7 比例分成，累计支付给全球开发者 100 亿美元，仅 2012 年就给开发者分成 50 亿美元（截至 2013 年 6 月，数据来源 WWDC 大会）。苹果开发者带来了丰厚的收益，应用的繁荣反过来加深了用户对苹果终端的偏爱和依赖，进一步促进了苹果终端的销售，构建了全球最好的互联网开发者闭环生态系统 。

Andoid 的缔造者谷歌，从 2008 年开始正式发布了“开放平台战略”，几乎将自己所有产品能力化，并通过统一的谷歌开放平台（developers. google. com）对外进行开放，开放了 Android 终端、云服务、各种 Web 服务能力，共计上万个 API，用以应对苹果、亚马逊、微软等互联网巨头的激烈竞争。Google Play（原安卓市场）应用已突破 100 万个，下载量超过 1500 亿次。从 2013 年开始，已经超过苹果 App Store 应用数量和下载量。

3. 运营商从基础通信能力出发，构筑开放平台汇聚开发者，从而进一步增强通信能力，打造智能管道。

2010 年初，AT&T 为对抗来自 Verizion 竞争压力，通过统一的 AT&T 开放平台（developer. att. com），对外开放了应用内计费、用户身份认证、短信、彩信、Speech to Text、推送、定位、WebRTC 等智能管道能力，希望通过聚拢开发者，开发出优质应用以留住最终客户。AT&T 统一开放平台支持 Web 应用、PC 应用和手机终端应用的开发，并向开发者提供标准的 Restful API 和 HTML5、Microsoft（C#和 VB）及 iOS 等多种开放形式的 SDK 开发包。开发者使用 AT&T 电信能力需要每年交纳 99 美元的年费，AT&T 为开发者提供每月 100 万次电信能力调用次数。应用在 AT&T App Center 上线，应用下载或应用内计费所得收益的 80% 归开发者所有。

中国电信，2012 年 3 月 27 日，在天翼开放平台上线发布会上，正式确立了天翼开放平台作为中国电信唯一的、统一对外进行能力开放的入口。天翼开放平台重点面向中小型开发者及合作伙伴，对外开放了天翼帐号、电信能力、数字内容、综合信息服务四大类，共计 200 余个 API。历经 1 年运行，注册开发者达 1200 余位，合作应用 620 余个，全年 API 接口累计调用量突破 1 亿次。

中国移动，2009 年推出中国移动应用商城，从 2010 年开始，连续五年响应团中央号召发起百万青年创业计划，为青年尤其大学生创业者提供一系列免费的创业教育、培训和激励，扶持青年开发者移动互联网创业，创业计划共在全国范围内拓展超过171.4万青年报名参与，累计提交创业实践作品超过106万件，活动先后覆盖全国31个省、自治区和直辖市，覆盖院校2000多所。在国内部分高校学生群体形成了依托于中国移动Mobile Market移动互联网开发创业的氛围。同时，中国移动2011年在第一届中国移动全球合作伙伴大会上发布了中国移动开放平台，借助中国移动基础能力逐步提供近30种各具业务特色的5C能力体系，主要包括以下几个方面。

支付类能力（Charge）：将传统的话费计费能力重新封装成开发者易于使用的计费能力，使开发者能快速地从应用中获利，如应用内计费、融合计费、网页计费、MDO；

用户信息类能力（Customer）：提供账号认证和用户信息能力，帮助开发者导入海量用户，如统一认证、有数能力；

通道类能力（Channel）：区别于互联网公司，提供特有的电信能力，助力开发者优化产品，提升应用下载量，如有推能力、移动微博、云邮局、飞信公众平台、139邮箱速邮、积分墙、IVR；

云服务类能力（Cloud）：提供云存储、虚拟机等云服务，降低开发者开发和运营应用的成本。如：VDC、语音云、云安全、GIS服务、定位服务、远程测试、应用升级能力、游戏开发能力、云开发平台、统一开发环境、机型信息库、手机投保、云通话；

数字内容类能力（Content）：帮助开发者引入优质的数据源和正版内容源，降低与CP间复杂的商务合作门槛，如图应用开放、音乐接入能力、G客G拍。

（二）个性化战略

经过互联网浪潮的多年洗刷，工业信息化、信息数字化、数字网络化，现在的信息不是短缺，而是缺少整合、缺少渠道，现在的用户不是缺少信息，而是缺少适合的信息。在信息供过于求的时代，如何围绕个人组织信息就变得尤为重要。大数据+人工智能，产品、服务规模定制是新时代的特征。

从互联网（包括移动互联网）的发展就可见一斑。第一代互联网产品我们定义为门户网站，国外如Yahoo、AOL、MSN，国内如搜狐、新浪、网易，人工汇聚、编辑信息，为客户提供统一的信息。目前在信息编排上出现了个性化倾向，如根据个人所在位置提供的本省新闻，根据历史浏览的猜你喜欢栏目，可以个性化编辑的栏目，以及完全根据大数据为客户量身定制编排内容。

随着信息的不断丰富，信息越来越难以在一个界面综合展示，由此出现了第二代互联网产品搜索门户，国外如 Google、必应，国内如百度、神马，由客户搜索所需要的信息。同时在语义理解、信息展现方面进行个性化的改造，根据用户使用习惯进行差异化的展示。

随着对个性化要求的不断提高，出现了第三代互联网产品社交产品，国外如 Facebook、Twitter、LinkedIn，国内如微博、微信，围绕个人展示定制及 UGC 信息，定制界面，通过关注、圈群等方式汇聚偏好信息。社交产品是目前互联网产品发展的主流，从社交产品的发展也可以看到个性化的趋向。美国市场，Facebook 仍然是最大的社交网络，占据大部分用户份额，特别是女性市场；但是随着图片分享的流行，Instagram 逐步成为年轻用户首选的社交网络。新出现的 Yik Yak 的做法更极端，作为一个超本地的匿名社交应用，更加专注于内容和深度好友，以至于它都没有像关注、主页这样的功能。以及出现的 Snapchat、Tumblr、TapTalk、LinkedIn、WhatsApp、GroupMe、Pinterest 等产品，针对不同场景提供个性化的社交用途。

很难界定什么是未来需要的沟通方式，什么是未来最好的互联网产品，但更个性、更智能、更富化的表达方式一定是未来的社交产品所需要具备的特质。移动互联网带给世界最大的改变是数据生产变得简单，通过整合来自移动设备上不同数据，将个人的生活、工作都变成可追踪的比特流，然后根据特定的情境向用户推送特定的信息。互联网产品的不断发展必然将越来越个性化，围绕个人组织信息、组织物品、组织服务。

（三）智能终端全面渗透

移动互联网技术产业要素面向 ICT 乃至传统线下产业领域全面横向融合演进，由人及物，万物互联，加速渗透到日常工作。移动智能终端操作系统、芯片、交互等关键技术持续跨界渗透。移动智能终端操作系统、移动芯片、交互、传感等发端于移动互联网的关键技术应用已超越传统手机范畴，成为跨整个 ICT 产业的通用基础设施：在移动操作系统方面，苹果基于 iOS 系统定制研发 iWatch 手表，推出车载专用 iOS 版本，谷歌 Android 系统正向谷歌眼镜、谷歌手表等可穿戴设备甚至工业控制设备延伸，近期还成立了开放汽车联盟（OAA，Open Automotive Alliance)，意图面向广大汽车市场。在移动芯片方面，谷歌眼镜、三星手表等已发布。互联网企业正积极探索采用基于ARM芯片架构的服务器。在人机交互领域，发端于移动互联网的多点触摸、增强现实、智能语音、眼动交互等创新人机界面更已逐步成为真实世界与虚拟世界间的通用标准体验入口。

移动智能终端向泛终端形态融合拓展演绎。移动智能终端的爆发增长深刻重构了以个人电脑为代表的传统智能终端产业格局，不仅如此，移动互联网正深度融合物联网技术，快速向可穿戴设备、智能家居、车联网等泛终端垂直领域延伸，国内外众多科技企业纷纷积极投入探索发展智能电视、车载设备、智能手环、智能戒指、智能鞋等创新形态终端，特斯拉更推出智能电动汽车试图革命性重新定义驾驶体验并变革汽车产业，空前规模的泛终端统一竞争空间正加速形成。

四、生态系统分析及存在的问题

（一）生态系统分析

从传统移动增值服务发展到现有的移动互联网服务，由于终端、操作系统、网络的不断开放，移动生态系统发生重大变化，从原有的运营商主导向去中心化转变，从原有的独立竞争走向跨界竞争。

在移动增值服务的生态系统中，按照用户的直接体验，自上向下可以分为用户层、应用层、终端层、业务平台层、能力层和基础网络层等六个主要环节（如图5-5所示）。

其中用户层包括用户名字及相关用户资产，应用层是直接面向用户的各种内容和业务，最直接面对用户，终端层包括各类移动终端以及控制终端的操作系统，业务平台层支持应用，同时也不断延伸向第三方开放，通常以业务服务的形式出现，具有业务特性，能力层实现对应用及业务平台的支持，通常以API、SDK、Web Service的方式出现，基础网络层提供基础的通信支持。

用户层	手机号、QQ号、微信号、互联网别名等
应用层	直接面向用户的内容或业务，如视频、微博等
终端层	手机终端、平板、智能电视、操作系统
业务平台层	对应用的支持，并向第三方开放，如应用商店、SNS、即时通信
能力层	对应及业务平台的支持，向第三方开放，如支付、位置服务
基础网络层	2G/3G/4G,Wi-Fi等基础通信网络

图 5 -5：移动增值服务主要环节

在传统移动增值服务（如图 5 -6 所示）上，运营商把控网络层、能力层、用户层三个核心环节，获得业务的主导权。

	网络层	能力层	业务平台	终端层	应用层	用户层
移动语音 移动信息 其他增值	移动网络，运营商提供	语音能力/CMPP/支付能力，均由运营商提供	增值业务平台由CP、SP提供，基于运营商的短信网关、网络网关	手机，制造商提供，运营商提供部分补贴	内容/业务由CP、SP提供	手机用户，运营商提供

图 5 -6：传统移动增值服务生态系统

在移动互联网服务中，由于移动通信网络向互联网的开放以及智能终端的出现，业务平台与能力不断融合，CP、SP 从内容及应用出发，聚集用户成为移动互联网入口，并向下沉淀为核心能力；终端层与应用层不断融合、不断分裂，传统制造厂家实现软硬件一体化，互联网巨头通过操作系统控制核心环节，新型公司通过超级 App 向下影响控制终端，形成独立的用户体系构成入口层。

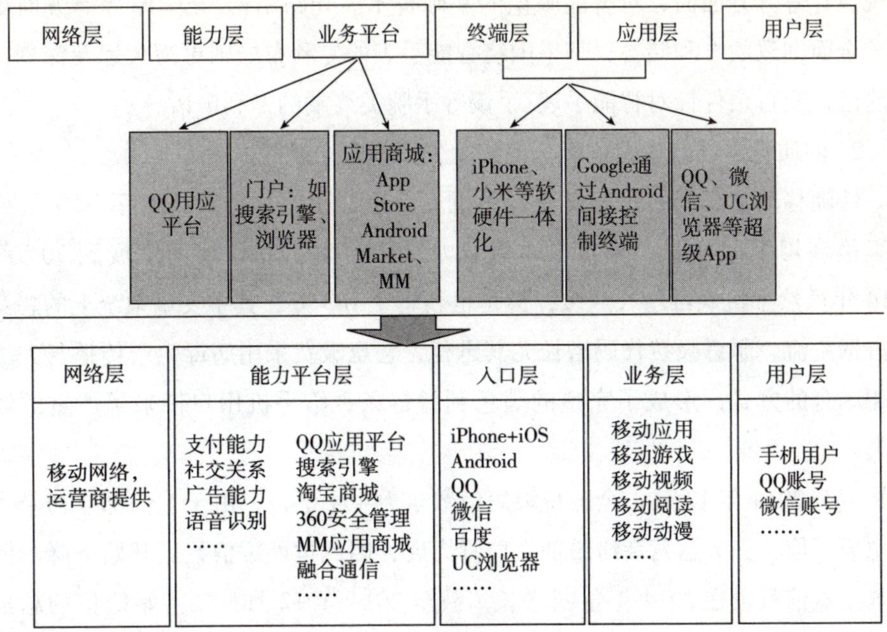

图5－7：移动互联网生态系统

（二）存在的问题

1. 知识产权缺失，基础性产品与优秀产品缺乏

从2011年移动互联网起步以来，大量从业人员进入移动互联网，出现了大量移动互联网产品，仅中国移动所推出的百万青年创业计划就汇聚一百多万开发者，但是不可否认的是，市场上移动互联网产品重叠度高，进入门槛低，缺乏基础性产品和优秀产品。

国内企业普遍缺乏知识产权意识，在知识产权方面做不到提前布局，如果企业投入资源进行基础性研究、进行优质产品打磨，又存在被模仿、资产泄露等问题，因此又缺乏动力进行基础性投入，只能在应用领域进行模仿，哪类产品流行就上哪类产品，形成更大的浪费，造成知识产权弱－产品不优秀－知识产权观念更弱的恶性循环。

但是，当国内企业进入国际市场的时候，发现各类IT公司已经在知识产权方面进行了大量布局，抢占每一轮的竞争制高点。以目前新型智能终端的典型代表可穿戴设备为例，据相关机构研究显示，谷歌早在2010年就开始陆续围绕智能眼镜进行专利申请，涵盖底层硬件结构、功耗、安全、人机交互、设备协同、外观设计等方方面面，对智能眼镜的基础技术—光路结构/光学原理等方面更是做了全面细致的专利储备；苹果围绕智能手表的专利布局则更为久远及深刻，其目前已提交百余件针对智能手表/手镯等手腕类终端的专利申请。

2. 同质竞争导致生存危机，信用缺失面临安全挑战

伴随移动互联网的快速发展，手机安全也浮出水面，2013 年我国手机病毒继续呈现爆发式增长，病毒样本数已从 2010 年的 6000 余例发展到 70 万例，2014 年虽然手机病毒增长放缓，但是也新增了 183 万，其中安卓系统上的恶意程序占据主流。恶意吸费代码增长尤其迅猛，恶意吸费采用病毒生产传播与人工诈骗相结合的方式，形成了完整的黑色利益链条，给手机用户带来了严重的经济损失。

截至 2014 年 12 月，全国垃圾短信数量为 454 亿条，由于工信部年初牵头整治垃圾短信，三大运营商纷纷加大监管力度，因此垃圾短信数量开始下降。但是伪基站短信数量在 2014 年急剧增长，截至 2014 年 12 月，伪基站短信的总量为 11.9 亿，内容涉及广告促销、金融服务、色情违法、房产中介等 5 大类型。

寻找安全问题背后的原因，除了 Android 平台安全性较差之外，国内的主要原因在于同质竞争导致市场出现大量的同类型产品，大部分企业陷入生存危机，必然会追求非法牟利，包括恶意吸费、非法植入广告、过度获取客户信息、伪基站广告、骚扰电话等方式。而由于信用管理缺失，企业非法行为的成本较低，非法获利超过非法成本，造成上述现象难以杜绝，长此以往，必然造成劣币驱逐良币。

3. 管控失序产生行业垄断，行业垄断导致分配失衡

移动互联网是一个边际成本低、复制速度快的规模经济市场，国内互联网市场已经出现了 BAT 三家巨头，在各自领域的市场份额均达到了 50% 以上。巨头与垄断似乎总是相伴而生，从 2013 年、2014 年三家互联网巨头的并购案中也可以看到，互联网巨头正在通过各自优势，延伸至其他领域，达到交叉垄断的目的。

Paypal 创始人 Peter Thiel 在斯坦福开设的一门创业课程里提过，伟大的科技公司会做三件事：第一，它会创造价值；第二，它会是比较持久的；第三，它会获取自己创造的价值中的一部分。所有有价值的公司都有一定垄断性，通过垄断获取收益。但事实上，垄断对于公众利益、消费者权益、公平的市场竞争带来的

杀伤性都很巨大，而它最大的杀伤性则来自对创新的扼杀，通过价值链的重新分配来获取更大的收益。

目前，国内监管机构也在加快营造公平竞争的市场环境。2013 年发改委对高通的反垄断调查引发业界热议，发改委对高通的 60.88 亿元人民币罚款对国内的垄断企业是一个警钟。2013 年 360、腾讯反垄断诉讼更是一个标志，虽然最后结果以 360 败诉而告终，不论本案的是非曲直，但从事件上看，此案件毕竟给世人留下一个反垄断的概念，相信后续反垄断诉讼会成为国内移动互联网企业常用的一件法宝。

五、对策与建议

移动互联网时代，运营商 2G 时代掌控上下游的时代已经结束，移动互联网生态系统呈现更加开放的特征，运营商、互联网公司和终端制造商均无能力成为"唯一中心"，为了实现一个健康、可持续发展的产业链，需要各方共同努力，致力于打造一个开放、透明、平衡的生态环境，实现移动互联网整体行业的繁荣昌盛。

（一）传统运营商迅速转型

运营商作为传统公司的典型代表，作为通信服务提供商是一个传统公司，同时作为互联网基础提供商为互联网公司提供流量。但是，随着互联网的发展，运营商正在被旁路。Viber 类移动应用的出现，使得 VoIP 的使用体验非常接近运营商话音业务，PC 版 Skype 分流了国际长途话音，Viber 和移动版 Skype 则将分流移动话音，运营商话音面临沦为"备份链路"的风险；微信类应用提供与短彩信完全类似的免费服务，并提供更丰富的功能，超越短彩信的用户体验，不同种类的沟通应用（如即时消息、微博）从不同角度分流短彩信；操作系统和终端厂家正在通过 App Store 的形式获得业务的控制权，旁路运营商渠道；其他新的支付工具却进入了运营商的传统领域，第三方支付工具、银联等逐渐进入运营商传统领域；网络能力被替代，IDC 被替代，接入服务被替代，能力从"必选"变为"可选"。

运营商需要将基础资源改造适应移动互联网合作要求，业务改造适应互移动互联网体验要求，为此，作为互联网基础提供商，运营商需要加快转型，开放核心资源，延续核心竞争力：

1. 开放账户资源：运营商天生拥有通信账户，具备小额支付的潜力，通过面向开发者提供计费能力，可以满足开发者 App、网页、数字内容等各种类型的应用，以及覆盖手机终端、PAD、TV 和 PC 多种平台的计费需求，同时话费支付具有转化率高、使用便捷的特点，最适合数字内容消费的需要；

2. 开放数据资源：数据主要集中在政府、运营商、银行、互联网巨头等大公司，为了适应未来大数据的发展趋势，相关部分需要更有效的开放数据，发挥大数据的整体效益。作为运营商，可以在脱敏的前提下开放通信网络、终端、运营商支付、客服等运营商数据，为开发者提供分析、运营和决策依据；

3. 开放用户资源：发展至今，运营商具备一人一机，用户数达 12 亿以上，同时具备实名制的特点，并且基于 SIM 认证，可以向互联网合作伙伴提供安全、方便、快捷的用户认证流程，降低注册和登陆门槛，更容易获取用户；

4. 开放网络资源：网络资源是运营商的基础，但是一直以来，移动通信一直处于相对封闭的网络环境，运营商应该全面地拥抱移动互联网，开放网络能力、寻址能力，提高网络资源使用效率，加快信息化步伐。

同时，作为传统通信服务提供商，运营商需要进行业务转型，适应移动互联网体验要求：

1. 以移动互联网的体验嫁接传统通信的需求，推进移动互联网业务的改造，适应政企信息化的需求。例如家庭网是一项传统的语音增值服务，提供家庭内部通话服务，我们可以在即时通信中植入家庭网，作为入口提供家庭网传统话音服务，提供更为便捷的业务办理、业务使用体验；

2. 挖掘客户特别是政企客户需求，结合本地化优势，以移动互联网的方式为客户提供信息化服务，例如企业移动办公、移动视频会议等。

（二）互联网巨头的突破

不管是否接受，互联网巨头正在从原来的屌丝走上高大上，进入各个行业，从原来的即时通信、数字内容、游戏逐渐进入贸易、通信、金融、车辆服务、订票等领域，逐步改变人们的消费、生活和工作习惯。但是除了颠覆传统，也许需要进一步寻求突破，参与全球行业发展潮流，引领中国技术转型。

PC 时代和 2G 时代，由于 Windows、Intel、2G 专利等产业链封闭，而且我国技术产业基础较差，很难在桌面 PC、移动通信等核心技术方面有所建树。伴随移动互联网的高速发展，移动互联网带动的、从端到云甚至到硬件（开源硬件）

的技术开源化浪潮，对我国自主创新意义重大。作为移动互联网巨头，可以通过移动应用的巨大成功不断延伸，在操作系统的深度研发/改进，以及芯片设计乃至制造，4G/5G 发展、大数据的研发和应用、人工智能的应用等方面深度参与，融入到下一代的全球行业发展潮流。

国内，伴随 4G 移动网络的快速覆盖，智能终端产品的快速普及，可以在高速带宽应用、人机交互、大数据等方面寻求新的突破。

应用方面，4G 技术在数据传输速率、网络带宽等方面均实现全面突破，将推动高清视频、多人语音等高带宽服务，此外移动学习、智慧交通等应用服务同样将获得新的提升。在人机交互方面，体感技术、语音识别技术的快速发展，将彻底改变用户与终端的交互体验，并带动移动应用服务模式的创新与兴起。

大数据方面，开源的 Hadoop 和 MapReduce 模式是解决大数据的方式之一，但是由于大数据所要求的速度、实时、个性化等特点，解决方案在不断变化，YARN、Storm，但没有一个工具对大家都有效，因此也存在大量的机会进入到非结构化大数据的处理技术中。

（三）创业型公司的颠覆

移动互联网所产生的价值将会是互联网的 10 倍以上，它更能融入我们的生活，在接下来的五年到十年，移动互联网会影响到国民经济的 50% 甚至更多。淘宝、百度、腾讯等互联网巨头，中国移动、中国电信、中国联通等运营商纷纷开放平台建设，为开发者提供计费平台、流量平台、开发平台等各类工具，在这个过程中，移动互联网的创业型公司可以充分利用这些工具，基于在通信、零售、餐饮、交通等各个领域不断拓展，形成新一批具有影响力的互联网/移动互联网企业。

随着《反垄断法》的不断完善，法律将会为反垄断奠定了一个更为公平的外部环境。但是真正在公平环境中带来机会的则是那些带来颠覆式创新的创业公司，就如同数码相机颠覆了胶卷相机，Android 颠覆了 Windows。移动互联网是个性化的时代，个性化的时代就是小企业的时代。

（四）相关监管部门建立规则

移动互联网总体来说就是开发者、渠道与平台的竞合，开发者提供产品，渠道提供用户，平台提供支撑，任何一方的垄断都会造成利益分配的不一致，遏制创新。在互联网时代，以 BAT 为首的互联网巨头基本垄断了渠道，攫取了价值链90%的利益。在移动互联网时代，政府、运营商、互联网巨头、用户等都是游戏规则的制定者，需要我们发挥智慧，着眼于行业可持续、健康发展，实现产业平衡：

一是用户和开发者的平衡。首要保护用户的权益，对开发者的违规操作进行严格处罚；同时，也保护开发者的合法经营，对用户实现信用管理，避免影响开发者的积极性；

二是开发者和渠道之间的平衡。开发者和渠道相互选择，形成多对多的关系，渠道选择优秀的产品，产品选择合适的渠道，一切以数据为准；

三是大小开发者的平衡。一切以产品品质为准，优秀的产品获得更多的资源扶持；鼓励创新，尊重知识产权，对于创新者提供一定的保护政策。

实现产业平衡的方法有很多，政府需要严格推进知识产权、反垄断法、信息安全法等方式界定移动互联网边界；运营商、互联网巨头通过市场化手段，一方面利用垄断优势获取利益，另一方面也需要建立产业联盟，进行集群化竞争；用户用脚投票，选择好的产品、好的服务，同时也要建立用户信用机制和支付习惯，为服务付费。

如同印刷术取代雕刻，广播、电影、电视替代书籍，移动互联网似乎也正在替代移动增值服务，“这个将要杀死那个”。事实上，移动互联网发展之后，被杀死的不是信息化的增值服务，只是增值业务；商铺、书籍、增值服务等线下经济都将受到移动互联网越来越猛烈的冲击，但是，传统也会被新兴力量促进发展。一部小说改编成电影或电视剧，观众的数目必定是读者的几十倍，意犹未尽的观众回过头来又回去读小说。移动互联网的发展，同样可能促进移动增值服务的发展。

孔繁盛（中国移动互联网基地部门副总经理）

第六章 O2O 与线上线下融合：移动浪潮下的商业革命

O2O 无疑是2014 年最热门的关键词之一，从餐饮到家政、从美容到交通，渗透到大众生活的各个领域，给人们的生活带去了极大的便利。2014 年中国的 O2O 经历了什么，又将发生哪些趋势？传统企业面对这样的移动互联大潮，应该如何应对？

一、O2O 的概念和内涵

O2O 模式指的是 Online to Offline 和 Offline to Online 的缩写，具体来说是利用互联网使线下商品或服务与线上相结合，线上生成订单，线下完成商品或服务的交付，同时通过线上平台进行反馈交流完成的整个营销过程。

（一）O2O 的概念

狭义的 O2O 是指是线上交易、线下体验消费的商务模式。主要包括两种场景：一是 Online to Offline（线上到线下），典型应用场景有：用户在线上购买或预定服务，然后再到线下商户实地享受服务（目前这种业务在国内运用得较为广泛，比如线上订购电影票，线下观看）；二是 Offline to Online（线下到线上），应用场景有：用户通过线下实体店体验并选好商品，然后通过线上下单来预定商品。

广义的 O2O，是互联网思维与传统产业的融合。未来 O2O 的发展将突破线上和线下的界限，实现线上线下、虚实之间的深度融合，其模式的核心是基于平等、开放、互动、迭代等互联网思维，利用高效率、低成本的互联网信息技术，改造传统产业链中低效率的环节。

（二）O2O 的内涵

O2O 这一概念，最早是由美国 TrialPay 创始人 Alex Rampell 在 2010 年结合 Groupon 等团购网站的兴起首次提出。Alex 认为 O2O 的关键是吸引线上用户到线下实体店中去消费。对线下商户来说，O2O 的商业模式结合了线上支付，线下体验；而对消费者来说，O2O 模式是借助线上对线下服务的一种发现机制。Alex 所指的 O2O 特指本地生活服务领域，同时强调了“线上支付”这一环节在 O2O 模式中的重要性，即线上支付使得 O2O 模式变得可预测、可测量，帮助商户考察线上渠道的绩效，并有助于完成商业闭环。①

Alex 同时给出了 O2O 市场（当时特指本地生活服务 O2O 市场）的潜在容量。他认为 O2O 市场的容量推算逻辑是居民可支配收入中非商品类消费部分的线上渗透，根据这一逻辑，他认为 O2O 市场是一个庞大的市场。②其容量会远大于传统的商品类电子商务。O2O 改变的是本地生活服务线上发现和支付的环节。这一时期的 O2O 就是指本地生活服务电商，更多地强调发现机制、线上支付对本地生活服务行业带来驱动和引擎作用。

O2O 的参与对象主要包括四类主体：一是以百度、阿里巴巴、腾讯为代表的大平台（简称为 BAT）；二是基于各个垂直行业的深度运营，模式各异的垂直型平台，如去哪儿、汽车之家等；三是专业支持环节，即商品和服务提供商，包括地图、移动支付、信息安全等；四是积极转型触网的传统企业，例如青岛海尔、探路者。它们一起构成了 O2O 的产业链（见图 6－1）

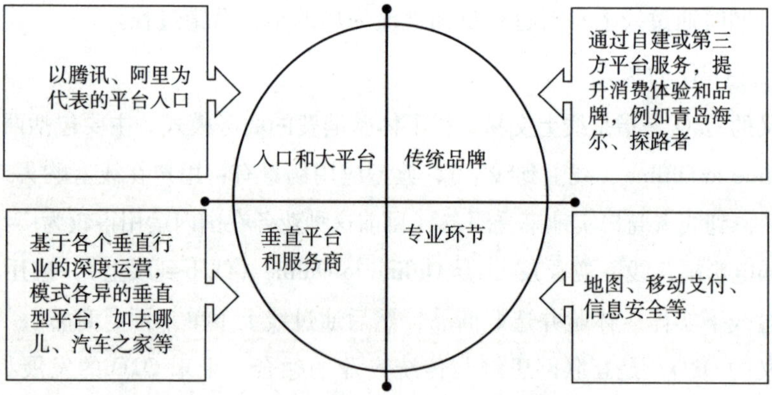

图 6－1：O2O 产业链

① Alex Rampell. Why Online 2 Offline Commerce Is A Trillion Dollar Opportunity［EB/OL］. http：//techcrunch. com/2010/08/07/why－online2offline－commerce－is－a－trillion－dollar－opportunity/，2010－08－07.

② Alex Rampell. Why Online 2 Offline Commerce Is A Trillion Dollar Opportunity［EB/OL］. http：//techcrunch. com/2010/08/07/why－online2offline－commerce－is－a－trillion－dollar－opportunity/，2010－08－07.

对不同的参与主体而言，O2O 的内涵有一定的区别。对平台和线上互联网企业来说，O2O 是指互联网企业成为线下服务类商户的销售渠道，O2O 是服务类电商；对零售商、渠道商来说，O2O 是线上线下的渠道整合；对商品和服务的提供商来说，O2O 是经营活动的线上线下拓展与整合。

（三）O2O 模式的特点与优势

1. O2O 日趋移动化

随着移动互联网与智能手机的迅速普及，O2O 呈现明显的“移动化”特征。根据益普索数据近期针对一、二线城市上网用户的一项调查显示，近八成（78%）被访者表示经常会在线查询商户信息或产品。在经常在线查询商家信息/产品的被访者中，46% 的被访者选择使用移动设备进行商户信息或产品的查询，其中手机的比例达 39%，平板电脑为 7%。从不同年龄段的群体总体来看，年龄在 21 岁至 39 岁之间的青年群体，其使用移动设备的比例较高。在 21 岁－29 岁的被访者中，有 45% 的被访者选择使用移动设备进行商户信息或产品的查询（其中手机 39%，平板电脑 6%），而这一比例在 30 岁－39 岁的被访者群体中则达到 47%（其中手机 40%，平板电脑 7%）。[①] 因此可以说 O2O 是伴随着移动互联网的发展而发展起来的。

2. 有利打造共赢局面

O2O 模式最大的优势就是可以为商家、用户和平台打造三者共赢局面。

对线下商家而言，O2O 采用线上支付形式，支付信息将成为商家获取消费者消费信息的重要渠道。O2O 模式还可对商家的营销效果进行直观的统计、分析、追踪及评估，弥补了以往营销推广效果的不可预测性。在线预订的模式能帮助商家更合理地安排经营、控制成本，还能帮助商家摆脱对黄金地段的依赖，降低租金支出，其优惠折扣模式特别适合新品和新店的推广。

O2O 模式对消费者而言，为其提供了全面、及时、丰富和适合的商家优惠信息，消费者可以更加快捷筛选并订购适合的商品或服务。在线上查找商家，除了可以获取更丰富、更全面的商家及其服务信息外，还可以获得相对比线下直接消费较为便宜的价格。

对平台商而言，O2O 模式可以带来高黏度的消费者，对商家有强大的推广作

① 工业和信息化部电信研究院 . 2014 移动互联白皮书［EB/OL］. http：//www.catr.cn/kxyj/9wfb/bps/201405/P020140512339464414386.pdf，2014－05－12.

用及其可衡量的推广效果，可吸引大量线下生活服务商家加入。其盈利模式也相对清晰，佣金、广告都是常见的收费形式。在掌握用户数据的基础上，还可以为商家提供一系列增值业务。

3. 帮助改善用户体验

B2B 改变了制造业交易方式，B2C、C2C 则改变了零售业销售方式和人们的消费生活方式。而 B2B/B2C/C2C 商业模式的最大局限在于“用户体验”，随着用户产品体验诉求及产品服务诉求的日渐高涨，单一线上模式的瓶颈凸显出来。O2O 显然有效地解决了这一难题，使非标准化的服务电商化成为可能。通过 O2O 模式，将线下商品或服务进行展示，并提供在线支付“预约消费”，这对于消费者来说，不仅拓宽了选择的余地，还可以通过线上对比选择和享受最令人期待和合适的服务。同时 O2O 模式提供了更多本地化、个性化、定制化的服务，可以进一步增加消费者的黏着度，也给用户带去了极大的便利。比如随着餐饮 O2O 的发展，有直接提供外卖的“淘点点”和“饿了么”，有为客户配送食物半成品的“觅食”，菜谱类有“豆果美食”、“下厨房”等，每个领域都有相应的商家为客户提供细分化的服务。

4. 实现精准营销

互联网的虚拟性能够满足在线上达成交易，但对线下发生了什么则无法掌控，这种粗放式交易无法提升电子商务的交易效率。O2O 模式的最大优势就是对每笔交易的“可追踪”，推广效果的“可追查”。一方面，通过线上平台为商家导入更多的客流，并提高用户消费数据的收集力度，帮助商家实现精准营销；另一方面，充分挖掘线下商家资源，使用户享受更便捷、更合适的产品或服务，比如“河狸美甲”可以针对客户个人需求进行上门服务和定制服务。

二、国内 O2O 发展概述

（一）O2O 快速发展背景——移动互联开辟经济新生态

移动浪潮与技术进步将创造全新的社会与经济生态。随着互联网行业进一步融入社会生活之中，越来越多的企业都将被互联网思维所改造，最终达到完全的融合。在互联网和移动互联网的生态系统中，有着平台商（生态系统构建者）、内容商、品牌商、制造商等多种群体，它们合作生产和消费着服务流、商品流、资金流和内容流，构成了生态系统存在和发展的要素，共同创造全新的社会与经济生态，移动互联开辟了新的经济时代。

移动互联网的覆盖和智能终端的普及使中国进入移动互联时代，截至 2014 年 12 月，中国手机网民规模达 5.57 亿，较 2013 年底增加 5672 万人（见图 6－2），网民中使用手机上网人群占比由 2013 年的 81.0% 提升至 85.8。①

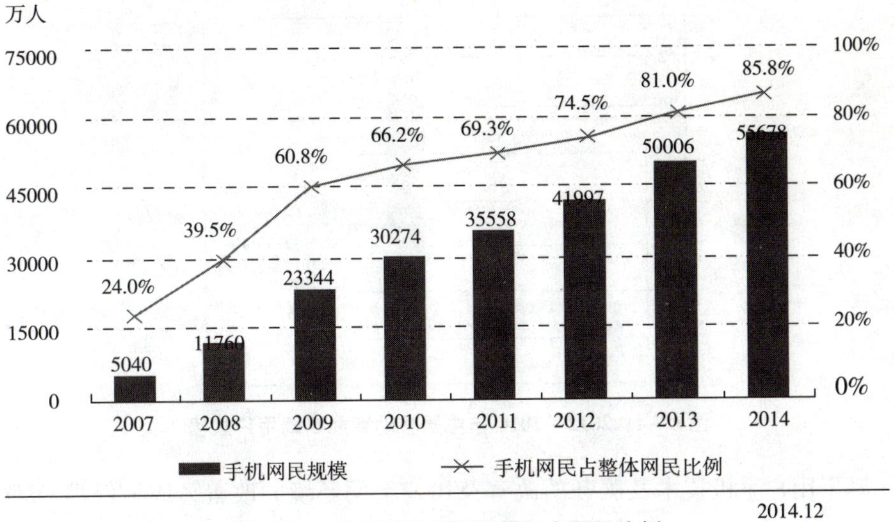

图 6－2：中国手机网民规模及占网民比例

随着 3G、4G 和 Wi－Fi 技术的突破，移动设备成为中国网民上网的第一大终端，使用 3G 以上网络的用户达到 81.96%（见图 6－3）。

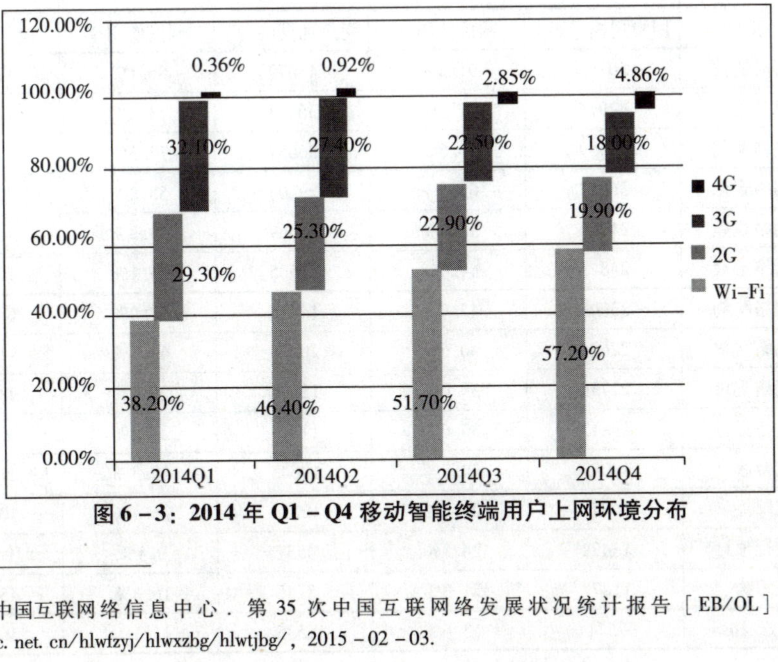

图 6－3：2014 年 Q1－Q4 移动智能终端用户上网环境分布

① 中国互联网络信息中心．第 35 次中国互联网络发展状况统计报告［EB/OL］．http：//www.cnnic.net.cn/hlwfzyj/hlwxzbg/hlwtjbg/，2015－02－03.

截至2014年12月，中国移动智能终端用户达到10.6亿（见图6-4），比2013年增长2.3倍，中国智能终端渗透率已超过50%，消费、生活类应用也正在由PC端转移至移动端。

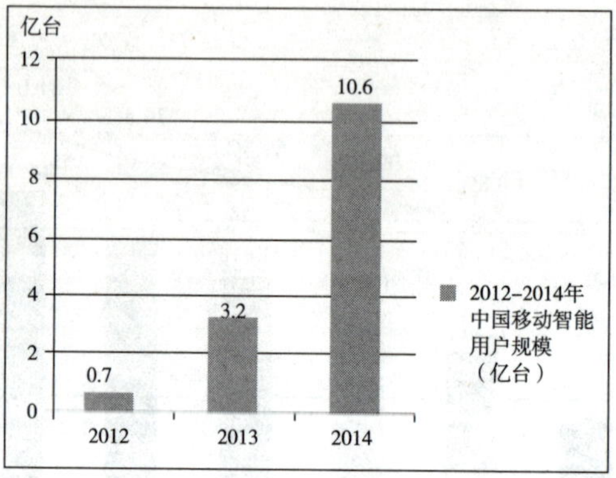

图6-4：2012-2014年中国移动智能终端用户规模

基于用户手机技术及服务的改善及用户上网环境的改善，成为促进O2O快速发展的有利条件。

表6-1：2013-2014年中国网民各类手机互联网应用使用率

	2014年		2013年		
应用	用户规模（万）	网民使用率	用户规模（万）	网民使用率	全年增长率
手机即时通信	50762	91.2%	43079	86.1%	17.8%
手机搜索	42914	77.1%	36503	73.0%	17.6%
手机网络新闻	41539	74.6%	36651	73.3%	13.3%
手机网络音乐	36642	65.8%	29104	58.2%	25.9%
手机网络视频	31280	56.2%	24669	49.3%	26.8%
手机网络游戏	24823	44.6%	21535	43.1%	15.3%
手机网络购物	23609	42.4%	14440	28.9%	63.5%
手机网络文学	22626	40.6%	20228	40.5%	11.9%
手机网络支付	21739	39.0%	12548	25.1%	73.2%
手机网络银行	19813	35.6%	11713	23.4%	69.2%
手机微博	17083	30.7%	19645	39.3%	-13.0%
手机邮件	14040	25.2%	12714	25.4%	10.4%
手机旅行预订	13422	24.1%	4557	9.1%	194.6%
手机团购	11872	21.3%	8146	16.3%	45.7%
手机论坛/BBS	7571	13.6%	5535	11.1%	36.8%

智能终端演化成为人的“数字器官”。“大家的每一天都是以打开手机开始的，以关闭手机结束的。”智能移动终端成为通信、娱乐、社交、购物、理财等活动的重要渠道，高效的信息传播整合了用户的“碎片化”时间，网络购物、线上支付等网络消费生态体系业已形成。网络消费是网络应用中增长最为迅速的领域。2014 年，中国网民在网络购物、网上支付的使用率超过 40%；在线旅游预订、团购的使用率超过 20%，增速分别为 24.7%、17.9%、61.9% 和 68.9%。[①]

未来看，智能终端的多元化将进一步加速线上与线下的信息融合。根据 ERICSSON 的研究预测，到 2020 年全球网络终端的数量将超过 500 亿；其中，30 亿终端将个人与网络实时连接，以实现更佳的生活方式；对于成熟市场而言，人均将拥有 5－10 个终端设备。智能汽车、交运设备、医疗设备、能源设备甚至建筑等都将成为联系线上与线下的终端。多元化的智能终端必然改变人与人、人与物以及物与物之间的信息传播方式，进而改变生活方式乃至商业模式。

因此可以发现，O2O 是依托移动互联网快速发展起来的，也成就了一种新的经济生态。

（二）O2O 发展历程

O2O 这一词 2010 年才被引入中国，而在这一概念被引入之前，中国互联网的 O2O 商业实践已经开始，比如携程、大众点评等，它们在做的事情其实就属于 O2O 模式。根据其发展阶段特点，我们可以把 O2O 在中国的发展历程分为孕育期、萌芽期、起步期和快速发展期。

1. 孕育期（2003－2008 年）——B2C 思维，网商平台

作为一个词，O2O 在 2010 年的中国还是一个“舶来品”，但它所指称的商业模式在中国则早已有了实践者。2003 年，以“上海篱笆网”为代表的本地生活信息网站成立，带来了一种全新的网络模式，由网友提供家装、育儿等内容，并进行专业讨论，商家通过讨论借机引入，完成对消费者购买的引导。这个时期的大众点评网和篱笆网还是典型的网商平台，秉持 B2C 思维，并且没有引入线上支付环节，但已初步具备线上营销线下交易的 O2O 原则，因此这个时期可以称为 O2O 的孕育期。

---

① 中商情报网．2014 年中国网民各类手机互联网应用使用率排名［EB/OL］．http://www.askci.com/chanye/2015/02/06/145043nkg5_2.shtml，2015－02－06.

这个时期的O2O模式具有典型的媒体性质，行业集中在家居、婚庆、母婴行业，具有很强的作坊式管理，主要依赖于平台自身的用户数量和平台运营能力，复制难度比较大。

2. 萌芽期（2008－2010年）——模式确立，千团大战

这一时期，移动互联网开始萌芽，以美国Groupon为模式的各式团购网出现，超越了B2C的禁锢，开始确立O2O的模式。O2O与传统行业相融合，但由于进入门槛低，形成千团大战的混乱局面，2010年被称为“团购混战”的元年。

这个时期的O2O模式的特征是刚开始确立模式，并超越了B2C的禁锢，但由于形式单一，模式易被复制，形成千团混战的不良局面。

3. 起步期（2010－2013年）——移动互联网兴起

O2O的概念在2010年8月被Alex Ramplell提出，2011年11月引入中国并掀起了实践和讨论的热潮；应用层面，O2O典型的团购模式崛起，2011年中国团购网站成交量达到237亿元；技术层面，智能手机超越PC端成为中国第一大网络终端，智能手机的移动支付、LBS等功能进一步支持了O2O本地、社交和移动（SoLoMo）的特征。①

这一时期伴随着移动互联网的兴起，O2O模式在中国正式起步，出现渠道碎片化、场景化的项目，比如滴滴打车、快的打车等。同时伴随着微博、微信的发展，粉丝经济风靡，营销重回了个性时代，如河狸美甲、云家政等。

4. 快速发展期（2014年－至今）——持续快速发展

2014年以来，O2O进入持续快速发展阶段，备受资金追捧。百度、阿里、腾讯、盛大对O2O领域投入资金将近100亿美元。在资金的追捧下，可以预测2015年，餐饮、打车、生活服务等方面，将会有更多的新的企业加入O2O，越来越多的行业，尤其是传统行业开展O2O。

（三）O2O发展概况及特点

1. O2O行业迎来用户增长与资本市场融资双重热潮

目前中国O2O正处于依托移动互联网快速发展的阶段，移动互联网解决信息在线上、线下间流转问题，将完成非标准化服务电商化。根据第三方数据服务提供商TalkingData的数据，移动O2O行业用户规模达到6.1亿，占移动互联网

---

① 易观智库．行业数据：2011年团购数额达237亿［EB/OL］．http：//www.enfodesk.com/SMinisite/index/articledetail－type_ id－1－info_ id－8337.html，2012－01－18.

整体用户规模的57.5%；其中，接近六成的用户使用过移动O2O的服务，[①]随着移动O2O行业的加速扩张，这一比例将不断扩大。

基于移动互联网O2O将成为服务电商化改造主要方式，未来空间万亿级。据艾瑞统计，2014年本地生活O2O（餐饮、票务等）市场规模达2350.8亿元，在线旅游市场交易规模约2200亿元，两者合计达4550亿元（见图6-5）。相比国内电子商务近10万亿元交易额，占比仍较小，艾瑞预计2017年中国O2O整体市场规模有望达1万亿元。[②]

资本市场热衷于投入O2O市场，据统计2014年，百度、阿里、腾讯等对O2O市场投入资金将近100亿美元。例如，2014年3月刚获腾讯战略投资的大众点评在半年内陆续投资了三家餐饮ERP厂商和“饿了么”；腾讯则参投滴滴打车、E家洁、e袋洗等O2O公司；阿里则全资收购了高德导航。这将进一步促进O2O市场的洗牌与快速发展。

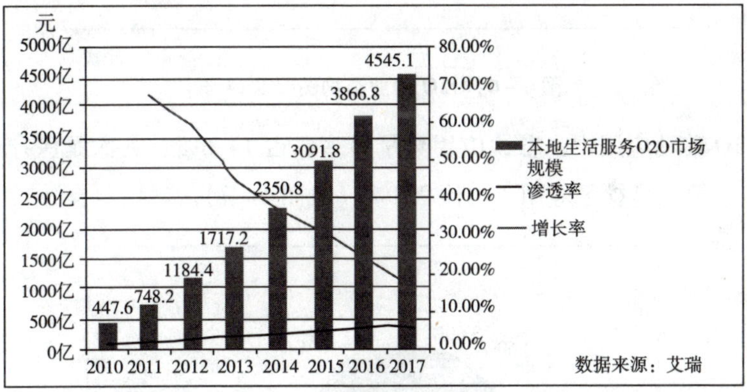

图6-5：O2O市场前景

2. O2O行业应用数量增加，覆盖更多领域

O2O行业应用数量日益增加，截至2014年12月，最受欢迎的1000个应用中，有44个属于O2O。[③] O2O行业应用覆盖的领域日益增多，呈现多样化的趋势，可以细分为衣食住行、居家理财、结婚育子、健康美业等四大类，包含了餐

---

① TalkingData. 2014年O2O移动应用行业报告［EB/OL］. https：//www. talkingdata. com/index/#/datareport/－1/zh_ CN，2015－02－03.

② 吴畏. 中国互联网社区高峰论坛O2O报告［EB/OL］. http：//www. 19lou. com/forum－464920－thread－223561417071772725－1－1. html，2015－01－08.

③ TalkingData. 2014年O2O移动应用行业报告［EB/OL］. https：//www. talkingdata. com/index/#/datareport/－1/zh_ CN，2015－02－03.

饮、房产、旅游、汽车服务、美容、教育、出行、票务、金融等二十多个领域，根植于消费者的需要，为人们的生活带去更大的便利。

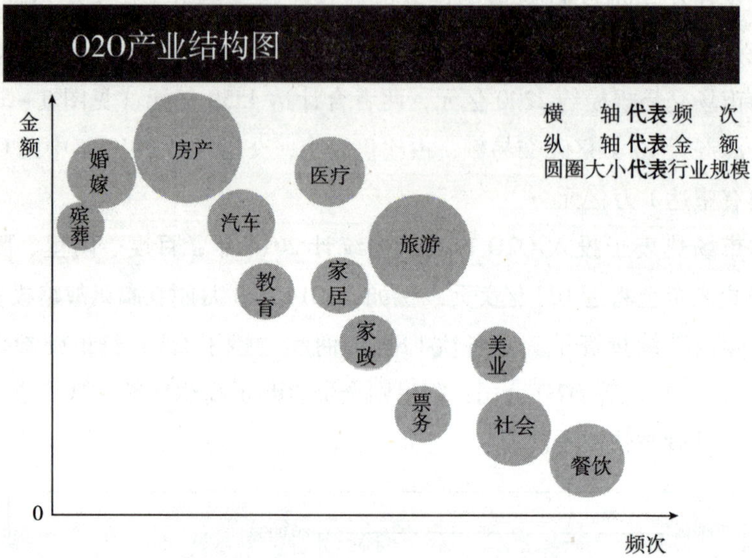

图 6 - 6：O2O 产业结构图（2014 年）

在 O2O 移动应用中，餐饮应用数量最多，占 14. 6%，其次是医疗应用，占比 10. 7%，第三是社区应用，占比 9. 3%（见图 6 - 7）。

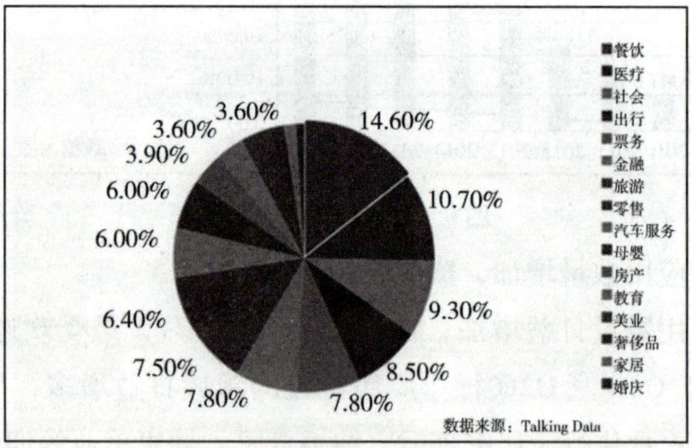

图 6 - 7：O2O 应用中各行业分布状况

出行、票务、金融类的应用数量也比较多。行业典型应用频出，O2O 行业迎来用户增长与资本市场融资热潮（见图 6 - 8）。比如 2015 年初最热门的融资事件之一就是，曾互为竞争死对头的滴滴打车和快的打车合并，两家公司估值约为 60 亿美元，并将冲向资本市场；餐饮 O2O 的新兴代表“饿了么”2014 年用户规模增长超 46 倍，融资超过 4.5 亿美元（见图 6－8）。

应用名称 数据维度	闪银	周末去哪儿	猿题库	饿了么	PP租车	贝贝特卖	滴滴打车	春雨医生
所属行业	金融	旅游	教育	餐饮	出行	母婴	出行	医疗
2014年12月应用覆盖排名	479位	535位	770位	474位	3196位	667位	64位	585位
2014年内用户规模增幅	122倍	81倍	53倍	46倍	15倍	10倍	4倍	4倍
融资总额	4000万元	超1000万美元	1500万美元	4.5亿美元	7000万美元	超1亿美元	超8亿美元	超5300万美元

图 6－8：部分 O2O 应用的融资情况

（数据来源：TallingData 数据中心，2014 年 1 月至 12 月 Android 平台的数据）

3. O2O 各大城市行为比对

CNNIC 根据 O2O 市场评估模型对中国一到三线城市、三大经济圈和重点城市进行综合评估对比。一线城市发展 O2O 的综合实力、环境因素、应用水平和发展潜力等水平远远超过了二、三线城市。O2O 综合发展水平排名前五的城市分别是北京、广州、深圳、上海、天津。北京 O2O 用户规模较大，酒店预订 O2O 用户渗透率 21.7%，网上叫车 O2O 用户渗透率 19.4%，医疗 O2O 用户渗透率 16.1%，非医疗 O2O 用户转化成医疗 O2O 用户概率为 27.1%。

广州产业支撑能力较强，快递业务总量 13.9031 亿件；团购餐饮美食的 O2O 用户渗透率为 30.2%；非订餐订座 O2O 用户转化概率为 35.8%，非休闲 O2O 用户转化概率为 32.5%，非家政 O2O 用户转化概率为 17.0%。

深圳移动网络发展水平较高；O2O 用户渗透率较高，为 63.1%；其中，休闲 O2O 用户渗透率为 24.5%；机票预订 O2O 用户渗透率为 23%；非团购餐饮 O2O 用户转化成餐饮 O2O 用户的概率为 32.2%。①

4. 用户群体应用水平

根据 CNNIC 公布的《第 35 次中国互联网发展状况统计报告》，将“经常使用”O2O 应用的用户定义为重度用户，将使用程度“一般”的用户定义为中度用户，将“偶尔使用”的用户定义为轻度用户，将“知道但没用过”的用户定

① 中国互联网络信息中心．第 35 次中国互联网络发展状况统计报告［EB/OL］．http://www.cnnic.net.cn/hlwfzyj/hlwxzbg/201502/P020150203551802054676.pdf，2015－02－03.

义为潜在用户，将“根本不知道”的用户定义为待开发用户。

根据CNNIC的调查显示，一、二、三线城市的重中轻度用户之和均超过了60%以上，二、三线城市的O2O应用重度用户均超过了一线城市，说明未来二、三线城市的O2O未来发展更有广阔空间（见图6-9）。从一、二、三线城市O2O应用休闲时间来看，购物网站、社交平台和视频网站是用户最青睐的应用范畴，其中一线城市52.9%的用户依赖于购物网站。其中，一线城市和三线城市用户更愿意在社交网络上进行分享，分别占总量的50.5%和56%，而二线城市用户在社交网络上的分享意愿较低。

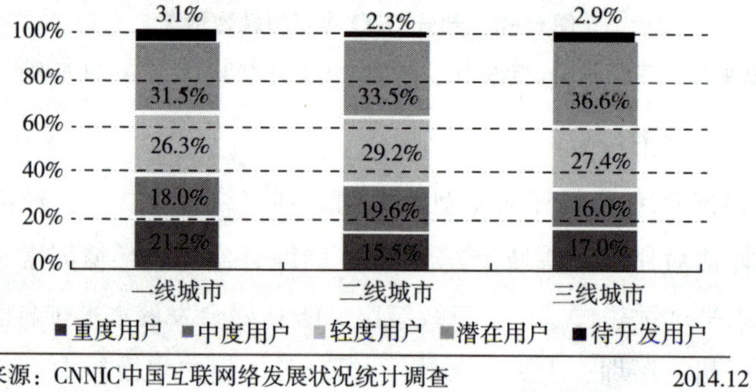

图6-9：一、二、三线O2O应用轻中重度用户群分布

5. BAT积极布局O2O，上升到战略高度

BAT积极布局O2O，上升到战略高度，对O2O流量入口和线下资源展开竞争，对流量入口争夺已拓展到线下，线下资源争夺是垂直细分O2O领域布局。

百度：以搜索+地图+直达号从流量分发向服务分发转型，进入O2O市场深挖流量价值。百度入口优势是交易前消费者引流，主要是百度地图+搜索引擎，百度地图结合LBS和本地商家合作成为交易前引流平台，线下资源积累、支付工具和交易后点评、分享是其弱项。

阿里：依托支付宝整合小商户和商业综合体，推广“扫码枪”向线下交易渗透，围绕支付宝构建O2O闭环。阿里入口优势主要是交易中支付工具支付宝，线下资源有一定积累，补强交易前流量入口、布局各垂直细分O2O领域是其现阶段发展主要方向。

腾讯：围绕微信通过微信公众号+微信支付重点，切入本地生活服务O2O市场。腾讯入口优势主要是交易前消费者引流和交易后点评、分享，包括微信、手 Q、大众点评、58 同城，线下资源积累丰富，未来主要发展方向是通过微信将流量引导向各垂直细分 O2O 领域，同时大力发展微信支付，构建完整 O2O 闭环。

6. 目前 O2O 主要发展模式

目前市场上主要有三种 O2O 经营模式。O2O 模式发展至今，早已不只有线上平台与线下商户各司其职这一种经营模式。由于行业自身的差异，线上公司与线下企业均探索最适合自己的 O2O 模式。目前，市场上主要有以下三种 O2O 经营模式：

模式一：线下企业借助第三方平台联合开展 O2O 模式。借助第三方平台的加盟商户大多为规模较小，无法自身建立线上平台，或者建立后无法达到规模经济的商户，如各类餐饮企业。平台多为社交媒介、分类信息平台。这类平台并不直接参与交易过程，而是充当线下商户与消费者之间交易的中介。其优势是拥有大量用户群体，能够让零散的线下商户信息得到整合，使其更易得到推广。比如各类点评网站，大众点评网、饿了么等垂直平台。

模式二：线下企业自建官方平台及仓储物流系统开展 O2O 模式。有能力建立独立的线上平台并能够借此盈利的商户一般拥有一定的规模和品牌效应、较为完善的线下销售网络。通过自己建立线上销售平台、仓储物流管理体系来实现 O2O 转型，打通全渠道流程，完成自身产品、经营的线上线下一体化。这类垂直型商户基于原本的品牌效应和销售网络，利用线上平台拓宽销售渠道，再全方位提升垂直型经营管理模式，取得协同效应。比如京东商城、当当商城都试图打造完整的产业链，并且开始自建品牌。

模式三：线上公司由线上辐射线下体验消费店开展 O2O 模式。垂直平台通过建立线下体验店，与线上销售平台互相促进。但这类模式现阶段还大都处于“铺路”阶段：建立线下体验店势必需要较高成本，而目前这种体验店所带来的直观收益还不明显。采取这种模式的电商试图在行业发展格局尚未明朗之际，利用快速发展占领先机，试图借此获得长期收益。例如 2014 年，顺丰物流在北京、上海、广州等一、二线城市都建立了大量的顺丰优选和嘿客社区店。

比较值得一提的是传统企业实行 O2O 的模式与其他主体并不相同，下文特别进行归纳。目前传统实体企业实施 O2O 模式存在着以下几种发展方向：

第一，线上做推广（含展示，以下同），线下做订单、支付和服务，利用互联网的放大效应来推动品牌的传播，为线下实体渠道充分引流，再通过实体渠道的体验性来实现销售。目前优衣库在国内市场的 O2O 模式采取的就是这种形式，优衣库通过天猫、自主 App 等方式为其线下服务，取得了不错的效果，在如今实体渠道陷入困境之时，其线下店铺反而逆势扩张，2014 年新开店数量增长 30%。优衣库的 O2O 模式有三个特点：一是优衣库没有减弱线下实体店的发展，反而将重心向其倾斜；二是优衣库 App 不重销售，重安装量与品牌曝光率，并积极推动线下实体店向线上的导流；三是优衣库的官网与 App 全部导向天猫旗舰店，没有会员体系，也没有积分系统，电商的工具性较强。

第二，线下做推广和服务，线上做订单和支付，将线下实体渠道打造为体验门店，然后在网上实现销售。上海有家“优直供生活超市”，公司为用户提供优质、超值、直供模式的粮食和副食等商品，其在许多社区里开设专卖店，但是店铺本身并不直接进行销售，而是侧重于推广和顾客服务，所有的订单和支付都必须通过其官网，然后顾客再到其门店提货或者由其直接送货。

第三，线上线下将推广、订单、支付、服务全部整合到一起同时开展，将便利性和体验性最直接地进行融合。美邦目前实施的 O2O 体验旗舰店就是这种模式，其构建的微平台将邦购 App、邦购网、实体店及第三方合作伙伴之间实现互联互通，消费者均可以在这些平台上完成选购商品、支付等购物流程，并进行互动。如顾客在实体店试穿商品后，既可以在门店支付，也可以在网上支付，同时实体店也是顾客在网上下单后的提货点。据美邦董事长周成建介绍，美邦 O2O 的重心是在后台互联网化，未来实体店会员、网站会员、微会员数据均将打通，实现客流、信息流、物流、资金流的有效融合。

第四，线上线下同品牌同产品同价销售（含订单和支付，下同），通过线上无边界的特点来覆盖实体渠道辐射不到的市场。罗莱、宝缦等家纺品牌目前采取的就是这种模式，在其线上线下消费者基本重合的情况下，线上渠道的功能主要是利用其品牌效应来辐射实体渠道暂时覆盖不到的区域市场，从而对实体渠道形成最有效的补充而非蚕食。

第五，线上线下同品牌不同产品不同价销售，通过将线上线下的产品规格分开，比如线下产品是小规格，线上产品是大规格，满足消费者的不同需求，从而减弱消费者对价格的敏感性，由此避免价格冲突，这对于许多企业而言都是容易操作且对现有体系改变不大的做法，当然这种模式还比较初级，毕竟 O2O 模式是一个完整的系统，并不是仅仅通过规格的区分就能够充分体现。而且，从企业运营的经济性而言，也不能推出过多的产品规格，如果这些产品的销售规模不大，企业无法从中获取稳定持续的利润，那么这种模式也无法长久实施。不过，目前天猫也在大力推动 C2B 预售模式的实施，这就为企业在线上专供产品提供了良好的平台，有利于将销售规模做大。

第六，线上线下同品牌同产品在不同阶段不同价格销售，通过对季节性强的产品错季销售，将线上店铺变为实体渠道的折扣店，像鞋服、家纺等时尚性的产品较为适合采取这种模式，比如不少企业对线上渠道的定位就是“下水道”，将过季的产品以低价通过线上渠道进行消化。不过这种模式也只是权宜之计，毕竟网上购物的消费者也是主流消费群体，他们真正的需求并非是单纯为了低价而购买过季的产品，他们也渴望购买到当季最新潮、最新款的产品，过时的产品再便宜也不是其想要的，即便是开创了“闪购”模式的唯品会，现在也要求供货商向其提供当季的产品，同时还要满足其低折扣的要求。

以上 O2O 的模式是眼下互联网企业和实体企业在各自尝试的模式，企业究竟应采取何种 O2O 模式，关键就在于要分析何种模式能够把握效率与成本的平衡，这种平衡是有一个阶段性的，短期内要实现是不可能的，但如果能够有 3 年左右的时间来摸索和积累，那么就可以判断这套模式究竟是否能够成立以及是否适合自身发展。

三、O2O 模式存在的问题与挑战

O2O 虽然目前发展得如火如荼，但是也同样面临着一些问题与挑战。

（一）“线上信息”与“线下商家服务”对称问题

平台通过线上的方式吸引用户，而真正消费的产品或服务是必须由用户到线下体验，这对线下服务提出了更高的要求；而线上能否掌控线下稳定的服务体系，掌握线下服务的质量，这将成为一个很大的问题。“线上支付＋线下体验”模式，容易造成“付款前是上帝，付款后什么也不是”的尴尬局面。如果用户在线下获得的服务没有达到预期，或者低于线上的宣传信息，用户将使用“负口碑”反馈体验效果。体验式服务如果没有好的口碑和信誉，将很难有良性的发展。团购的沉没从某种意义来讲，就是由于线下服务体系欠缺，伤害了用户体验。例如，据报道，2014 年 8 月团宝网上，一家名为济南品墨摄影工作室的商家推出 28 元团购摄影写真套餐，消费者购买之后，找到这个商家拍摄完照片，但是到取照片的时候，这个商家却没了踪影。①因此，如何保障线上信息与线下服务对称，将成为挑战 O2O 模式成败的关键点。

（二）互联网巨头与线下商家的深度合作

面对巨大的市场潜力，互联网巨头积极布局 O2O，腾讯凭借微信、阿里凭借淘宝本地生活、百度凭借地图，三大巨头在 O2O 市场上各占优势。腾讯主要利用微信作为入口，阿里主要利用支付宝，百度则是通过百度地图。微信对用户有“朝朝暮暮”之效；支付宝明确将自己定位在 O2O 链条的后端，为阿里内外的其他平台与客户端提供金融与数据服务；百度则应用 LBS（基于位置的服务）技术，积极推广百度地图。现阶段，线上这些巨头极力炒作 O2O 概念，快速圈地，互联网平台成为了 O2O 实践的主要推动力量。

而作为平台其产品是标准化和普适化的，目前线下实体商家进行的 O2O 实验，基本依赖于腾讯或阿里的“产品”，其产品核心是以“客流导入”为主的场景及业务设定。平台运营内容一般包括导流、优惠、移动支付、会员，后期将延伸至 CRM、数据分析、会员管理。平台出发点是通过优惠、降价等形式来改变客流路径，并不是围绕商家的“商品或服务”进行新技术应用，以提高消费者的体验为出发点。平台商作为独立的盈利组织，必然首先考虑其自身的战略和盈利模式，很难兼顾到具体线下实体商家的消费者体验这一深度运营层面。平台与商家如何合作才能兼顾提升用户体验，这将成为平台与商家合作过程中的一个很大问题。

（三）线下商家缺乏系统运营

线下商家既要关注线上，同时也要关注线下，因此线上线下安全、高效、完整的运营支撑就尤为重要。其中，必须对支撑内容、支撑流程、支撑标准、支撑组织设置进行规范。运营支撑体系的本质是组织执行力的综合体现，通过“人”按照支撑行为规范进行支撑动作，做到规范执行，实现组织高效运营支撑。很多组织都曾提出过打造核心技术、打造品牌力，但能将战略转化为有效行动的还是少之又少。问题出在缺乏有效的执行力，即如何有效执行战略。运营支撑体系正是组织执行力的综合表现。通过标准的支撑行为规范、运行支撑动作和实现有效

---

① 豆瑞星. O2O 面前的三道坎［EB/OL］. http：//www. aliyun. com/zixun/content/2_6_966407. html，2015 -01 -12.

执行。本质上执行力是设计出来的，支撑体系也同样。在支撑操作行为中，最理想状态是产品/平台/工具的“自动”处理，不需要人的经验、个人智慧判断进行工作，数据化运营支撑更加排斥个人判断。规范制度是管理的标准和基本准则，是支撑体系执行保障的标准，当操作形成制度后，其执行力才有保障。以上仅提出了 O2O 运营支撑体系的范围，在日常运营中，运营支撑体系本身就是产生问题和解决问题的循环过程，因此要想在 O2O 互动的市场上站稳脚跟，就需要不断优化 O2O 运营支撑体系。运营支撑数据分析的主要目标是服务质量、成本及操作效率，而真正实现这些目标特别是实现高服务质量，对试水 O2O 的商家来讲将是巨大的挑战。

以苏宁的 O2O 实践为例，2012 – 2013 年，苏宁电器宣布实施互联网战略，更名为苏宁云商，提出以互联网零售为主体，以 O2O 模式和开放平台为两翼的转型路径，并将 2014 年定位为战略执行年。不过，苏宁云商 2014 年 4 月 30 日发布的一季报显示其转型之路并不轻松。2014 年一季度苏宁云商营收为 228.69 亿元，同比下降 15.93%；营业利润为 –5.9 亿元，同比下跌 206.25%，其中一季度比店面销售收入同比下降 13.40%，线上业务实现销售收入则同比下降 26.65%。[①] 可见企业转型 O2O 面临着战略、管理等方面的挑战。

另外，O2O 模式正式发展时间较短，部分行业渗透率还很低，用户接受度正在逐步提高，全面推广及积累用户需要较长时间，短期内较难盈利。O2O 运营需要下沉到渠道终端，落地需要大量的线下推广，市场推广成本高，如果不能快速盈利或融资将面临资金流断裂的风险，考验 O2O 企业的融资能力。O2O 将全面重塑传统产业，将改变传统产业结构，触及部分传统企业的利益，可能招到传统企业的抵制。这些都是 O2O 未来在中国发展面临的挑战。

四、该领域发展趋势

（一）行业快速发展，千万级市场规模指日可待

根据专业团购导航网站团 800，2014 年 6 月发布的市场统计报告显示，2014 年上半年国内网络团购累计成交额虽然达到 294.3 亿元，创下半年度最好成绩，

---

① 金言．苏宁云商 2014 年一季度营收 228 亿 预计二季度亏损收窄［EB/OL］．http：//tech. gmw. cn/2014 – 04/29/content_ 11178623. htm，2014 – 04 – 29.

但团购网站数量已锐减至176家，相比于2011年8月的最高峰时段的5058家，从业者超过10万人，现在团购的存活率仅为3.5%。其中美团、大众点评、百度糯米占据了84%以上的市场份额。

虽然经过“千团混战”的大洗牌，纵观互联网领域发展的趋势来看，团购O2O仍然存在巨大的发展机会，随着4G手机的普及，移动互联的崛起，手机平板成为上网终端，线上线下的无缝对接，带来了真正的融合，肯定会产生新的效应，一种叠加甚至是累积的效应，与此同时，大量的实体消费市场O2O仍旧没有沾染。

第一，市场机会巨大，消费品总体金额非常大，且2014年的市场机会达到27万亿元。①第二，中国消费者在实物消费习惯上呈现上升的趋势，中国的消费力在GDP的占比越来越大，消费比例逐步向市场增长看齐。第三，移动购物趋势带动整体市场的增长。如阿里2013年的移动销售额是2340亿元，占整个销售额的13%左右。而2014年移动端的整体市场占比约13%，其中手机端流量占到整个平台流量的25%左右，所以移动购物是非常巨大的机会。从2011年到2014年的三四年时间内，移动销售占整体电商的占比几乎是从零起步一直发展到现在的13%。行业内的所有巨头都开始重视移动端的投资。第四，本地化及三、四级市场的巨大潜力。以步步高在湖南省的占比份额为例，其湖南省的整体份额是210亿元，上市公司价值118亿元，而湖南省的消费品总额也才8940亿元。市场潜力可见一斑，该部分销售占的比例仅仅2.4%，也就意味着还有97%的销售机会可以去获取。

同时从整体看O2O行业，大多数O2O企业还处于资本阶段和试水阶段，一方面由于市场对产品的认可度还有待提高，一方面很多O2O企业的融资能力还有待考验。

（二）O2O百花齐放，行业不断细分

O2O的生态会是百花齐放，目前O2O各个细分领域都崛起了一批优秀企业，不管是餐饮、旅游、家政、美容，还是医疗、房产、社区、婚庆等，比如大搜车为广大车主选“最好的二手车”，搜房网为网民提供“最优质房源”，寻蜜鸟以让天下商户“永不打烊”为愿景等这一批企业将是未来细分领域O2O时代的后

① 赵宇杰，李涛，杨琳琳．移动O2O专题：移动互联网下半场，O2O全面重塑传统产业［EB/OL］．http：//bbs.pinggu.org/a-1660944.html，2014-10-23.

起之秀。

餐饮、休闲O2O市场模式趋向于成熟，医疗、家政O2O市场需求亟须释放从企业层面来看，餐饮、休闲O2O起源于团购，而团购市场格局已经趋于稳定，餐饮O2O的发展在团购的基础上向精细化拓展；从用户层面来看，一、二线城市餐饮和休闲O2O的用户渗透率较高，非O2O用户成功转化成餐饮和休闲O2O用户的概率较高，因此餐饮、休闲O2O市场发展已经相对成熟。与此同时，医疗和家政O2O的发展刚刚起步。由于就医难已经成为大中城市普遍存在的问题，大中城市消费能力较强，处理家务时间成本较高，其对于医疗和家政O2O的需求较为强烈，再加上一、二线城市非O2O用户转化成医疗、家政O2O用户的概率较高，由此可见医疗和家政O2O市场将具有较大的发展潜力。

（三）从平台化到交易化，从提升流量到提升管理

原先大家一上来都想做信息，模仿赶集、58同城这种信息模式，打造大平台。但做信息根本没钱流到自己账户，创业公司承担不起。而且连58同城都说未来要58到家，再去做纯信息会比较艰难。所以交易化肯定是未来趋势，团购培养了用户的交易意识，未来甚至二手车等大额交易都会实现。

与近期处于风口浪尖的P2P行业类似，O2O在发展初期时都希望只做真正的纯信息中介，打造大平台，但由于商业模式的不清晰，导致这种信息中介中的“信息”很难变现，前期的投入过大，需要资本的长期支持和追捧，但在中国“第二个京东”并不会那么轻易出现，为保证企业的现金流和未来用户的消费习惯，交易化平台会成为重要的发展趋势，在未来，二手车交易、房屋交易这样的大额订单可能在线上都有可能实现。

原先餐厅和商户都相信O2O企业会带来大流量，但后来发现效果没有那么明显，信任度就开始慢慢降低。但线下之所以艰难，一方面因为经济大势不好，更重要的是线下的效率太低。于是越来越多的企业开始去想怎么提升线下效率，比如供应链的管理、内部员工的管理等，都代表慢慢向管理转变这样一个趋势。

（四）各地城市本地化、社交化、定制化快速发展

一线城市O2O消费由增量向提质转变，二、三线城市将进入增量增长阶段。研究显示，一线城市O2O市场综合实力最强，良好的网络环境基础为O2O市场发展奠定坚实基础；O2O企业在一线城市的率先布局，迎合用户较强的O2O信息获取需求，迅速集聚了颇具规模的O2O用户；一线城市较高的消费能力和互

联网应用水平，促使大量网民转化为深度 O2O 用户；由于一线城市非 O2O 用户成功转化的概率与二、三线城市相当，一线城市 O2O 发展重点将转向深化用户 O2O 应用行为，提升消费档次和使用频度。二、三线城市的网络发展环境和产业支撑能力发展水平较高，将以培养用户 O2O 消费习惯，迅速拓展用户规模为发展重点。

随着 O2O 领域的进步，低模式化和高渗透率的行业领域的机会已经越来越少，未来更多的机会可能是在类似于本地服务、家政、健康、婚庆、二手车等这样的底层品类，未来如何将 O2O 平台打造的更加本地化、社交化，如何在蓝海中开发更多的商业模式，实现跨界经营，将是未来是否能够成为 O2O 领军的关键。

对于中小商家来说，“修内功”永远比“借外力”重要，未来的 O2O，是一个会更加关注中小商户利益，让中小商户成功的生态链，走向真正的平台整合互联之路，在 2014 年整个中国消费市场增长放缓的寒冬，平台之间如何抱团取暖，利用平台吸引更多用户，充分挖掘用户价值，让用户消费行为跟商户真正发生关系，才是互联网思维让商户真正受益的体现。在这个跨界融合的重要时代，打破时间空间限制的商业模式，才是未来重要的发展蓝海。

五、传统企业转型 O2O 策略

虽然目前 O2O 也面临一些问题，但是来自餐饮、旅游、美业、房地产等诸多领域的 O2O 正发展得如火如荼，带来了良好的发展前景，企业尤其是传统企业需要密切关注把握 O2O 的发展趋势，争取在 O2O 征途上成功转型。

（一）营造良好线上体验

互联网时代“体验为王”，只有有计划地、系统地在用户体验研究方面投入更多的精力，设计涵盖终端、流程、组织和绩效管理的营销思路变革方案，才能在打造用户体验方面具有差异化竞争优势。O2O 线上要吸引流量，培育消费者网上购物习惯，可以通过信息方式，给消费者提供良好的用户体验。埃沃寰球定制有限公司最近推出了男装定制客户端，用户只需拿出手机拍照即可完成尺寸测量，然后通过手机下单给公司定制系统；会员还可以获得上门面对面的服务，设计师会拿着 iPad 上门提供咨询服务，根据个性化需求生成的效果图可适时让用户看到，直至用户满意下单，最后到店里取货。这种体验式服务顾客深感满意。

尚品宅配力推 O2O 模式也是一个非常成功的线上体验，实现线上线下完美结合。

O2O 的一大优势可以建立完整的线上数据库资源，结合客户所需，提供更好的产品及服务。

（二）增强基础设施建设

O2O 实践往往强调互动和精准，而 O2O 模式真正实现要通过基础设施化。首先，是 IT 基础设施投入，保障线下运营及客户体验的稳定。2014 年，餐饮行业 O2O 的火热使得其采购了大量为线下餐饮企业服务的先进 CRM 系统以及低成本的设备终端。对于传统企业来说，IT 基础设施的投入也是供应链管理提升的基础，是当务之急。其次，是虚拟基础设施投入，保障线上线下支付体系、会员体系的畅通等。这些则不可避免地需要借助互联网企业的优势，零售实体要根据自己的经营品类、组合方式，主动布局自己的业务场景，借助阿里巴巴、腾讯、百度等互联网巨头的产品，展开 O2O 运作。否则，终端基础设施建设的落后和虚拟基础设施体系的闭塞，将会使零售实体在体验、管理等方面的痛点仍无法得到解决。

（三）采用差异化营销，突破渠道撞车

对于传统企业来说，实施 O2O 电商模式容易造成线下实体店渠道与线上电子商务渠道的冲突，因此为了避免同质性的矛盾及新旧渠道的撞车，采用了差异化营销是 O2O 模式成功的一个重要手段。例如，有传统企业尝试将新产品放在网上试销，既不和线下的销售冲突，又可以测试交易；也可以采用分产品、分渠道的方式进行运作。在产品上，七匹狼对相同的产品用营销方式进行区隔，不同店铺 20% –30% 的产品都是有区隔度的；在服务上，对分销商按电子商务的 7 大块基础点分拆出来，使服务差异化。鸿星尔克的策略是重新定位线上和线下的产品，让两个渠道所卖商品不一样，从根源上避免了窜货。知名女士服饰品牌茵曼 80% 的货品线上线下是相同的，但会有 20% 的产品专门针对网上做营销用。通常传统企业做电子商务，是以传统零售的货品对电子商务进行支撑，并没有成立独立的电子商务的货品供应，这使之成为其发展的一个瓶颈。因此传统品牌企业应组建独立的电商战略团队，制定电商的发展战略步骤：筹备期限、试运行期限，正式运行期限、成熟期限和创新运行期限等，并由此梳理和整合线上线下销售体系，利用自身门店和网站结合建立自身的电子商务客户体系，并由此逐步建立市场规则。

（四）企业线下资源要丰富成规模

O2O 模式要求企业线下资源要丰富，门店要足够多，可以覆盖广泛地域，这样才能够让消费者实现就近消费，并享受完善的售后服务。一般来说，在全国拥有零售店、加盟店、直营店、特许店的大型企业尤其是流通型大型企业采用 O2O 模式较有优势。比如贵州茅台就有上千家专卖店，2012 年又开了 31 家自营店，就可实现从 B2C、C2C 到 O2O 的转型。建发酒业计划在未来 3－5 年通过连锁加盟模式，在全国开设 1000 家专卖店，也很适合 O2O 电商模式。还有，诸如安踏、特步这类拥有较多线下专卖店的知名鞋服品牌也可采用 O2O 模式。统一集团旗下的 7－11 店在 2012 年内地的经营方式就是结合实体门市与网络全面展开营业项目。

（五）全面加强 O2O 模式的创新力

纵观目前国内 O2O 的运营状况，普遍凸显创新能力不足。O2O 盈利模式相对不清晰，营销模式大同小异，仅仅锁定低价路线，竞争力不太强。从激情到平淡的团购网站就是典型的案例。而国外在 O2O 的经营模式上就相对多元化，而且在盈利模式上也非常灵活，通过挖掘多种多样的增值业务提高 O2O 的经营魅力，而不只是在商言商。如美国化妆品商 AMLE. PLI 除了在网上提供打折、赠品等优惠外，还有提供 24 小时在线顾客购物挫折的免费心理关怀咨询，线下实体店则提供 12 小时美容指导培训的免费服务，这使 AMLE. PLI 网上流量每天高达 50 万人次，全美数百家实体店生意也火红。因此在经营思路上，国内 O2O 经营者应发挥自身的优势，可以大胆做出更多的探索，线上客户咨询、线下免费体验等环节都有文章可做，可挖掘多种多样的增值业务。另外，利用移动互联网等新技术手段拓展业务、重视移动互联网终端渠道也越来越变得必不可少，和拥有巨大用户群体的手机应用提供商进行合作也非常有效，学习苹果成为 App 软件应用服务商已成为包括传统企业、电商等在内商家吸引流量、拓展市场的主要形式。目前不仅淘宝、当当、凡客、麦考林等电商都已布局了移动客户端战略，许多传统企业如沃尔玛、徐福记、统一等不仅都已上线了 WAP 版本，还推出了移动客户端应用，直接占领用户手机界面。所有一切，关键是看 O2O 经营者和商家是否有足够的创新意识与毅力去进行探索。

（六）建立完善信息化管理系统，推进物流配送服务

对于拥有海量注册用户的商家来说，建立、完善信息化管理系统是 O2O 模

式成功运用、有效管理线上线下商务活动的基石。而采用基于客户管理的 CRM 客户关系管理软件是整个信息系统的核心。比如采用定制的客户关系管理软 CRM，一方面可线上掌握和管理庞大的顾客信息，一方面可管理线下产品的全流通信息，全面提高企业物流仓储服务效力。比如，七匹狼建立起“CRM 品牌生态化的体系”，主要完成线上线下的会员数据库打通，通过打通会员系统，协调总部的积分机制，对线上线下积分进行补贴，以高效管理 O2O 平台。另外，建立、完善信息化管理系统，还应逐步辅之建立、运用进销存管理系统如 ERP 和“电子商务 + 呼叫中心”等模式，让整个企业 O2O 平台更好地高效有序地运转。不管传统企业还是电商企业，都应努力制定科学完整的战略计划，根据营销环境的变化，将网络营销和实体店铺进行整合营销，实现线上线下完美结合，齐头并进推进企业的 O2O 模式地又快又好地发展。

总之，随着移动互联网的快速发展，2015 年 O2O 市场将进一步接受市场考验，洗牌和重组将会成为常态，同时呈现出不断细分化和垂直化的趋势，个性化、定制化、本地化也是 O2O 企业进一步发展的方向。对于传统企业而言，要实现互联网化，必须在模式创新、用户体验、基础设施等方面加强力量。

赖祯黎（厦门理工学院数字创意学院讲师，博士）

第七章　媒体融合：传媒产业价值链的重构与整合

在数字技术、互联网技术、通信技术席卷全球的发展背景下，大众信息资讯的获取、休闲娱乐的依赖以及社会交往的需要迅速、广泛地从传统媒体转向以互联网、移动互联网为代表的数字新媒体。在多媒体智能终端（电脑、手机、数字电视）成为大众最重要的信息接收渠道的今天，网络化生存成为传媒产业保持持续发展，实现价值增长的必然之路。

网络化生存的需要促使传统媒体谋求转型，在与新媒体的融合中寻求内容生产的变革以及全媒体平台的搭建，建立适应互联网时代的市场经营模式和组织架构。同样，新媒体市场空间拓展的需要也不容其仅限于平台的建设和提供，为布局更完整系统的产业链，新媒体在努力往传媒领域的上游延伸中继续深耕与传统媒体在内容领域合作。2014 年，被称为“媒体融合元年”，中央将媒体融合提升到了国家战略的新高度，倡导在互联网时代的浪潮中，通过传统媒体和新兴媒体的深度融合，打造顺应时代发展的新型主流媒体，保持媒体的核心竞争力和影响力，成为所有传统媒体与新兴媒体的发展趋势。

一、媒体融合的发展领域

“媒体融合”（Media Convergence）一词，最早由美国马萨诸塞州理工大学的艾·浦尔（I·Pool）教授提出，原意是指各种媒介呈现多功能一体化的趋势。[①]在数字技术和网络传播的推动下，首先发生的媒体融合是在媒介技术层面的融

① 孟建，赵元珂. 媒介融合——作为一种媒介社会发展理论的阐释［J］. 新闻传播，2007（2）.

合，不同媒介在保持原有介质属性的前提下相互借鉴传播方式和传播优势，实际上就是媒介功能的融合和相互渗透。随着融合的深入发展，媒体的融合已远不止于技术的融合和功能的渗透，而是包括一切媒介及其有关要素的结合和汇聚，不仅包括媒介形态的融合，还包括媒介功能、传播手段、所有权、组织结构等要素的融合。亨利·詹金斯对“媒介融合”的定义，就强调其融合过程的综合性，强调“媒介融合”是“跨越多个平台的信息流动，多种产业间的沟通与协作，以及多层媒介资本结构间相互流通与利用的探索”。①

（一）媒体融合的三个发展层次

数字技术、网络技术、通信技术构建了媒体融合的基础平台，媒体融合在持续发展的过程中不断地深化。根据融合的广度和深度不同，媒体融合大致可以分为以下三个层次。②

1. 技术层面的融合：也称为媒体战术性融合，一般指传统媒体（报纸、杂志、广播、电视）与新媒体（电脑、手机、数字电视）之间在内容、技术和营销领域的互动和合作。

2. 组织层面的融合：也称为媒体结构性融合，是指在媒介形态融合带动下，传媒产业内部发生从产业运作、成本收益关系到市场结构等方面的一系列转变，推动传媒产业内部的组织重构。

3. 产业层面的融合：也称为媒体产业性融合，是指网络、传媒与电信等产业之间的业务、生产等层面的交叉融合日益普遍，传媒产业的市场边界逐渐模糊，产业链相互连接，原本各自分立的产业领域正朝着信息产业大融汇的方向发展、变动，并最终走向网络、媒体、通信三者的“大融合”，数字化平台称为各类媒体运作的共同存在形式，创造出全新的大媒体产业。

“媒体融合”是个动态发展的过程，它起源于信息传输通道多元化下的新作业模式，即把报纸、电视台、电台等传统媒体，与互联网、手机、数字电视等新兴媒体传播通道有效结合起来，资源共享、集中处理，衍生出不同形式的信息产品，然后通过不同的平台传播给受众。随着融合的深入，技术和产品层面的融汇促使传媒自身组织结构的优化和发展，同时聚合了以电信、网络为代表的其他产

① 陈昌凤，黄雅兰．媒介融合背景下广播电视的传播策略探讨［M］//杨明品．中国广播电影电视发展报告（2014）．北京：社会科学文献出版社，2014.

② 许颖．互动、整合、大融合——媒体融合的三个层次［J］．国际新闻界，2006（7）.

业，由此共同造就传媒的新经济时代。

（二）媒体融合的两个研究范畴

媒体融合是信息时代背景下一种媒体发展的理念，是在互联网迅猛发展基础上的传统媒体与新媒体的有机整合，媒体融合的三个发展层次可以整合概括为以下两个方面的研究范畴：技术的融合和经营的融合。分别可以概括为媒介融合（媒介技术层面的融合），传媒产业融合（传媒产业结构的变化和转型），以此来分别探讨当下的媒介系统和传媒产业发展演变趋势。

1. 媒介融合

随着网络技术和数字技术的成熟和普及，“所有媒介都向电子化和数字化这一形式靠拢”。①数字技术、网络技术、远程通信技术等的集合，即通常所称的信息技术，催生了以信息技术等新技术为基础的、具备新传播功能或传播方式的媒介形态，电脑、智能手机、网络电视为典型的代表。在信息技术的强大作用下，媒介系统持续着发生深刻的变革，逐步推进在技术、生产、传递渠道上的融合。

（1）基础技术的融合。数字技术实现了各类信息的共同存储、转换、合成与传输，提高了媒体生产的效率，而网络技术提供构成了信息实质性扩展和重复利用平台。

（2）内容生产的融合。基础技术的融合使原本分属于不同媒体的内容生产可以在同一平台上进行，不同形态（文本、图片、视频、数据等）、不同种类（经济、时政、文娱等）的信息都可以按照用户喜好在平台上进行生产和选择。

（3）渠道和终端的融合。电脑、电信、广电三类产品的硬件终端实现了融合趋势：一以智能手机为主的移动接收终端，二是以智能电视为主的固定接收终端将称为主要的终端。分别满足家庭和个人信息资讯、广播影视、人际互动、电子商务等功能需求。

媒介系统在技术基础、内容生产、终端平台的交互作用，将最终推动不同媒介走向同一个未来生存形态——媒体系统整体的信息化。

2. 传媒产业融合

传媒产业结构的变化和转型是媒介系统结构转型、媒介生存形态融合的必然结果。在新的技术条件下和传播模式下，传媒产业发生了包括市场基础、产品生

---

① （美）约翰·帕夫利克．新媒体技术——文化和商业前景［M］．2 版．北京：清华大学出版社，2005.

产、盈利模式和市场秩序的变化，从而推动传媒产业内的融合与重组。

（1）市场基础转变——从受众到用户

相对大众传播时代的“受众”一词，信息时代里用“用户”来描述传媒产品的消费者更加恰当，这本质上代表了传媒市场里的权力转移。信息技术的发展使媒介资源由稀缺走向富余，信息数量从有限走向过剩，受众拥有了充分的选择权和自由度，并同时具备了“传者”和“受众”的双重身份，传媒市场的主动权发生了从媒介向受众的转移。

传媒市场正随着用户需求的分化而被重新划分、不同类型市场形成的原动力是用户需求而不是媒介形态。不同类型用户使用媒介产品的目的和对媒介产品的期待差异显著，媒体不仅要根据用户需要设计产品内容的生产，更要对渠道终端进行合理规划和组合。

（2）产品构成的转变——从信息到服务

数字和网络技术统一了不同媒介的信息格式，使媒介内容具有了通用性，也使内容、渠道、终端的分离和重组成为可能，媒介技术融合消解了内容和形态之间的对应关系。庞大的信息与服务资源，多样化的渠道和平台使得传媒产品也更加丰富。媒介需要面对的社会背景，从信息稀缺转为信息泛滥。

信息时代传媒产品主要包括信息产品和应用服务两大类。信息产品主要是传统媒体产品的延伸和发展；而应用服务是以信息技术为基础的新的传媒产品，包括以大数据、云计算为代表的信息整合、传输服务、咨询服务等。通过开发多样化的应用服务，不仅可以充分发挥媒体的市场价值，还可以使信息产品的价值获得进一步提升。当代传媒的竞争不仅是信息产品的竞争，更是服务水平和服务质量的竞争。

（3）盈利模式的转变——从免费到增值

传统媒体共通的市场经营模式是“用内容吸引受众，用受众吸引广告商”，但互联网的兴起后所形成的“免费思维”对这一经营模式形成了巨大冲击。数字技术不仅让所有媒体内容转化为“比特”，而且通过网络技术可以进行低成本的无限复制和广泛传播。传统媒体原产品的价值被数字技术和网络技术所催生的复制品、替代品、整合品所稀释。对大众而言，网络信息不仅是免费的，而且来源更广、更丰富，海量信息降低了媒介内容的稀缺性，传统媒体的受众被分流、广告收入被瓜分，利润从传统媒介产品的二级市场转向以互联网为代表的新媒体。

传统媒体仍是传媒产品的主要生产者，其产品价值却被新媒体转移，市场收入受损，难以实现相应的资源补偿，而网络等新媒体在相当长的一段时间内尚难形成足够的内容生产能力。从长期来看，传媒产品再生产的资金投入从何而来？传媒产业的增值又如何实现？传媒产业需要构建新的盈利方式和市场经营模式。

(4) 市场秩序的变化——从垄断到竞争

传媒领域的行业壁垒主要有三种——政策、资金、规模。大众传播时代，刊号和频道是政府严格管制的媒介资源，资金和人才的投入是媒体运营的基础，受众规模是媒介生存的根本。但是，网络空间的相对自由和丰富使得大众都可以拥有自己的传播平台，数字技术的发展降低了传媒生产的技术门槛和资金门槛，削弱了传媒资产和信息产品的专用性。多样化的选择空间降低了媒介与用户之间的黏度，从而使得传媒市场上产生了更多的潜在竞争者和潜在进入的可能，大大降低了传媒产业通过垄断实现超额利润的机会。

综上所述，传媒产业融合本质上是走向运作规律和市场秩序的重构，其核心是传媒产业价值链的聚合。

二、中国媒体融合的发展现状

在信息技术不断创新、互联网媒体阔步前行的全球背景下，大规模的媒体融合已经成为一种必然选择。当下中国媒体融合也以从媒介技术的融合层面走到重组媒体组织机构、改革管理机制的层面，创新互联网时代的媒体运营模式、建构现代化的传媒产业价值链成为中国媒体融合的关键和难点。融入新技术，用互联网思维重塑内容定位和生产流程、构建新的传播平台、谋划商业模式，重组组织结构和管理机制，成为 2014 年中国传媒产业的融合重心。

(一) 互联网对社会生活服务的全面渗透

根据中国互联网信息中心发布的《第 35 次中国互联网络发展状况统计报告》：截至 2014 年 12 月，中国网民规模达 6.49 亿，全年共计新增网民 3117 万人。互联网普及率为 47.9%，较 2013 年底提升了 2.1 个百分点。其中，中国手机网民规模已达 5.57 亿，较 2013 年底增加 5672 万人。网民中使用手机上网人群占比由 2013 年的 81.0% 上升到 85.8%，超过通过传统 PC（传统 PC 仅包括台式机和笔记本）上网的比例（80.9%）。[1]这标志着互联网平台已经从第一代正式进入第二代，以智能手机、平板电脑等移动终端为代表。

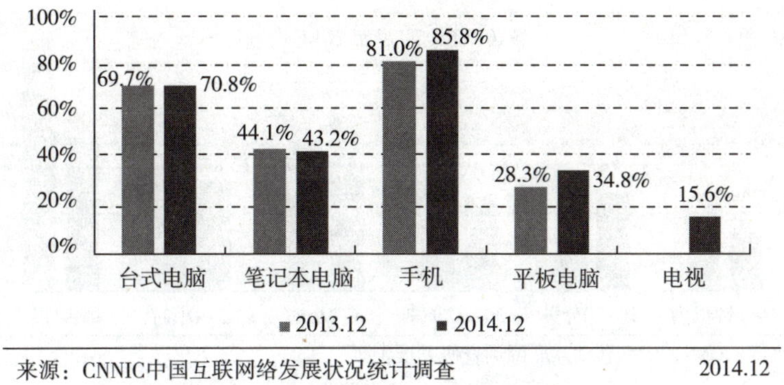

图 7－1：互联网络接入设备使用情况

2014 年，中国网民的人均每周上网时间达到了 26.1 小时，较 2013 年底增加了 1.1 小时，网民对互联网应用的广度和深度的提升，持续推动人均上网时间的增长。[2]其中，移动智能终端的使用时间呈现最大幅度的增加，从 0.96 小时增加到 1.65 小时。

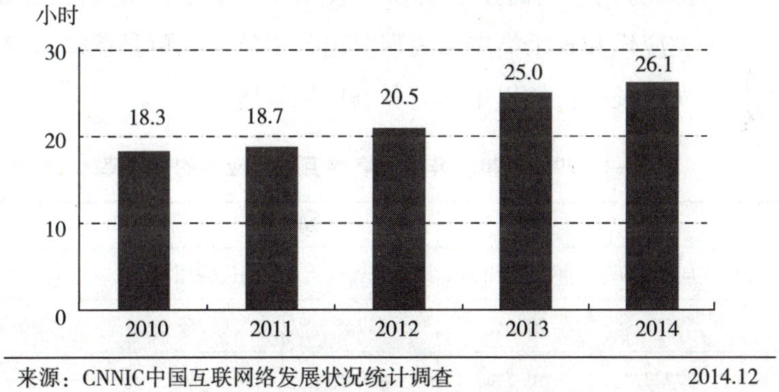

图 7－2：互联网网民平均每周上网时长

手机网民对手机上网的黏性进一步增加。87.8% 的手机网民每天至少使用手机上网一次，其中，66.1% 手机网民每天使用手机上网多次。手机网民使用手机

① 中国互联网络信息中心．第 35 次中国互联网络发展状况统计报告［EB/OL］．http://www.cnnic.net.cn/hlwfzyj/hlwxzbg/hlwtjbg/，2015－02－03.

② 中国互联网信息中心．2013－2014 年中国移动互联网络调查研究报告［EB/OL］．http://www.cnnic.cn/hlwfzyj/hlwxzbg/，2014－08－26.

上网的时长不断增加。每天上网 4 小时以上的重度手机网民比例达 36. 4%，相比 2013 年增加了 16. 4 个百分点。其中，每天实时在线的手机比例为 21. 8%。

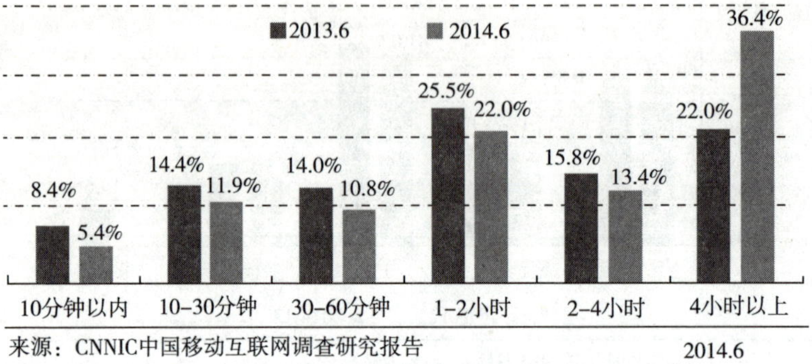

图 7 –3：手机网民每天手机上网时长

随时、随地、永远在线、无处不在，互联网以其碎片式泛在化的特有优势成为最受欢迎的媒介入口。特别是随着移动智能设备的加速普及，移动互联网应用对网民渗透不断加大，全方位改变网民的生活习惯，对人们的信息、社交、娱乐和购物等各方面产生重要影响，个人互联网应用发展整体呈现上升态势。2013 年至 2014 年，各互联网应用的用户规模和使用率均保持一定增长，发展稳定。其中，电子商务类应用和娱乐类应用表现突出，手机应用更是逐渐从碎片化的沟通、信息类应用向时长较长的娱乐、商务类应用发展。

表 7 –1：2013 –2014 年中国各类互联网应用的使用率

	2014 年		2013 年		
应用	用户规模（万）	网民使用率	用户规模（万）	网民使用率	全年增长率
即时通信	58776	90. 6%	53215	86. 2%	10. 4%
搜索引擎	52223	80. 5%	48968	79. 3%	6. 7%
网络新闻	51894	80. 0%	49132	79. 6%	5. 6%
网络音乐	47807	73. 7%	45312	73. 4%	5. 5%
网络视频	43298	66. 7%	42820	69. 3%	1. 1%
网络游戏	36585	56. 4%	33803	54. 7%	8. 2%
网络购物	36142	55. 7%	30189	48. 9%	19. 7%
网络文学	30431	46. 9%	26020	42. 1%	17. 0%

续表

	2014 年		2013 年		
应用	用户规模（万）	网民使用率	用户规模（万）	网民使用率	全年增长率
网络支付	29385	45.3%	27441	44.4%	7.1%
网络银行	28214	43.5%	25006	40.5%	12.8%
微博	25178	38.8%	25921	42.0%	-2.9%
邮件	24884	38.4%	28078	45.5%	-11.4%
旅行预订	22173	34.2%	18077	29.3%	22.7%
团购	17267	26.6%	14067	22.8%	22.7%
论坛/BBS	12908	19.9%	12046	19.5%	7.2%
博客	10896	16.8%	8770	14.2%	24.2%

（数据来源：CNNIC《第 35 次中国互联网络发展状况统计报告》）

交流沟通类应用依然是互联网的主流应用。以手机 QQ、微信、微博为代表的即时通信平台作为网民第一大上网应用，在高使用率水平的基础上继续攀升至 90.6%。截至 2014 年 12 月，手机即时通信使用率为 91.2%，较 2013 年底提升了 5.1 个百分点。信息获取类应用作为手机网民获取各类信息的主要方式，满足手机网民日常基本信息需求，用户规模和使用率仅次于手机即时通信，发展保持稳定。其中，手机搜索引擎随着各大品牌手机搜索 App 的推出、手机浏览器等多渠道推广，其用户规模在保持高位情况下依然增长强劲。

2014 年是中国网民手机商务应用发展大爆发的一年（参见表 6－1），手机网购、手机支付、手机银行等手机商务应用用户年增长分别为 63.5%、73.2% 和 69.2%，远超其他手机应用增长幅度。随着线上与线下渠道的打通及多类移动应用的服务带动，手机支付呈现爆发式增长，用户规模增长和使用率增长在所有手机应用中均最高。商务类应用在手机支付的拉动下，正经历跨越式发展，在网络应用中地位愈发重要，带动整体互联网商务类应用增长。长期处于低位的手机旅行预订，也随着我国国民休闲体系的形成，发展已经进入新阶段。2014 年用户年增长达到 194.6%，是增长最为快速的移动商务类应用。

休闲类娱乐应用继续保持稳定增长，成为手机网民的一种日常基础娱乐方式。其中，Wi－Fi 覆盖提升、3G 成熟和 4G 开展等，直接提升了手机网民对手机视频和手机音乐等高流量娱乐类应用的使用，这两类应用在娱乐类应用中的用户规模增长也相对更快。

在宏观环境和行业运营上，2014 年从政府、运营商到企业都积极采取举措进一步推动移动互联网的发展：

(1) 政府方面，2014 年政府更加重视互联网安全，中央网络安全和信息化领导小组于 2 月份成立，旨在全力打造安全上网环境、投入更多资源开展互联网治理工作，消除非网民上网的安全顾虑；“宽带中国 2014 专项行动”持续开展，进一步推动了互联网宽带的建设和普及。

(2) 运营商方面，2014 年中国 4G 商用进程全面启动，根据工信部发布的《通信业经济运行情况》显示，截至 12 月，中国 4G 用户总数达 9728.4 万户，在网民增长放缓背景下，4G 网络的推广带动更多人上网；运营商继续大力推广“固网宽带 + 移动通信”模式的产品，通过互联网 OTT 业务和传统电信业务的组合优惠，吸引用户接入固定互联网和移动互联网；随着虚拟运营商加入市场竞争，电信市场在 2014 年出现活跃的竞争发展态势，相比基础运营商，其在套餐内容方面灵活度更大，获得很多用户的认可。

(3) 企业方面，2014 年新浪微博、京东、阿里巴巴等知名互联网企业赴美上市，使“互联网”成为频频见诸报端的热点词，互联网应用得到广泛宣传，互联网应用与发展模式快速创新，比特币、互联网理财、网络购物、O2O 模式等一度成为社会性事件，这些宣传报道极大地拓宽了非网民认知、了解、接触互联网的渠道，提高非网民的尝试意愿。

(二) 互联网进一步引领传媒产业的巨大转型

互联网形态自由传播、交互传播，海量传输、海量储存、跨地域、多终端的传播特征，移动互联网网随人走、随时可用，无处不在的传播方式带来了传播模式的巨大改变，引领着中国传媒产业的转型：

1. 互联网使得传媒业生产去中心化，媒体专业权力在消解

过去传媒产业的传播权力集中在媒体人手中，现在互联网双向、互动的传播方式提高了受众在传播结构中的主动性和能动性，网络平台的开放性使新兴媒体具有了去中心化、消除中介的可能，现在人手一部移动智能终端，普通大众也具有传播报道的权力，造就了全民传播的新局面。互联网时代的新闻生产模式逐渐由媒体人生产到受众接收的单向线性过程，变化为新闻专业人士和受众不断互动、不断完善新闻的环状过程。尤其是新应用的推动不断使个人传播渠道更加丰富，推动了自媒体、私媒体、草根媒体、公民媒体、独立媒体、参与式媒体、社

会化媒体等传播形态的形成。

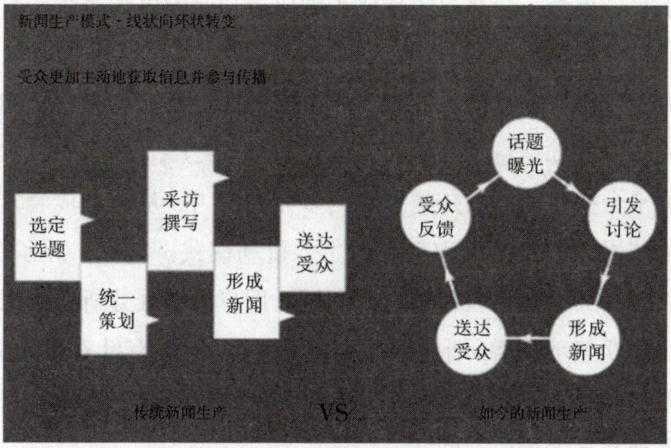

图 7－4：新闻生产模式

（数据来源：新浪网与清华大学新闻研究中心：《2014 媒体行业发展趋势报告》）

2. 互联网使得传播信息海量化，信息产品多元化

互联网海量传输、海量储存的特征事实上使得互联网媒体成为一个世界范围内的巨大的信息和服务资源。除了对动态信息的实时传递，如何对庞大信息进行进一步的整合、加工、检索、储存和传输成为重要的信息服务。云计算、大数据时代的到来，对于媒体而言最大价值就是利用大数据和云计算技术推进信息生产和服务，为创新信息产品开辟了广阔空间。重视和用好这两种技术，可以大大提升媒体内容制作、存储、分发水平，提升数据处理能力，不仅可以掌握海量的信息数据资源，还可以将这些优势资源整合起来建设和完善专业化、规模化、现代化的内容数据库，充分挖掘大数据背后潜藏的价值，为用户提供高质量的信息产品。

3. 互联网使得媒体形态发生裂变，信息入口多样化

信息技术的发展造就了媒体形态的裂变，造成了信息接收终端的多样化，从传统媒体（报纸、杂志、广播、电视）到电脑、手持移动终端，消费者从来没有拥有过如此之多的工具和载体来接收信息。同时，依附于信息终端的信息入口也越来越多样化，手机应用（独立 App）、微信公众号、微博账号、新闻客户端、网站、自媒体，这些新入口具有各自不同的新特征，使得没有哪种入口能够轻易形成压倒性优势，各种入口的竞争也日益激烈。

4. 互联网下的媒体成为集多样功能应用的增值平台

互联网媒体非专用性多功能平台的特征使得互联网媒体盈利模式不再局限于

信息的生产和消费，而是成为一个多样化的增值空间。互联网媒体不仅是信息聚集、流通的平台，还是一个具有多样化扩展应用功能的巨大平台。首先，互联网是个信息平台，互联网作为一个庞大的数据库平台，可以进行高效率的信息搜集、处理和传输。深耕信息产品的生产和应用，通过信息的个性化定制、互动化传播、专业化深度增加信息产品价值，通过向移动终端、网络版、数字化媒体深入后的全媒体平台搭建而形成传播通道的多元和深入，从而形成稳定而富有黏性的用户群是传统媒体需要改革和创新的主要盈利模式。其次，除了信息平台外，互联网还可以是商务平台、营销平台，利用对用户的精准分析所形成的用户数据库服务、利用分众互动传播所形成的用户社区群，能更有针对性地服务广告主、开展电子商务（购物、支付），并连接阅读、游戏、金融、旅游等服务，打造多个产业同时实现共赢的增值空间。

（三）中国传统媒体现状及国家战略

自2005年起，许多传统媒体都开始了融合发展的探索，也有不少亮点。在2014年全国两会宣传报道中，以中央电视台、新华社、人民日报为代表的国家媒体加强互动融合，通过网站、微博、微信、客户端等，立体化、互动式、全天候地传播两会信息，传播主流声音，成为融合发展的一次大探索。然而到目前为止，国内大规模的媒体融合还在起步阶段，媒体之间的融合主要还是报纸与网络之间，广播、电视与网络之间的单向融合，传统媒体大都只在内部发育出电子版、移动版媒体模块。整体而言，我国的媒体融合仍处于“物理融合”阶段，仅仅是在技术层面上媒体功能的优势互补，远没有达到深度的资源共享、优势互补，组织架构的一体化、集团化仍有待探讨。

在媒体融合改革的进程中，我国传媒业不同类型的媒体机构发展很不平衡。存在以下几种情况：

从媒体规模层面来说，大型的报纸、广播、电视等传媒机构发展较快，出现了一系列的多媒体融合集团，以浙报传媒、新华传媒、东方明珠、广电网络为代表的传媒上市公司成为媒体融合发展的代表和典范；而中文类学术期刊、专业图书出版等小众传媒整体改革进展缓慢，媒体融合程度较低。

从行业层面来说，报刊出版业的媒体融合发展状况相对广播电视业而言也出现了大幅度的落后。电视媒体早在20世纪90年代中期，从中央电视台到全国省级电视台乃至计划单列市电视台都陆续申请推出自己的网站或网络电子版。经过多年的实践和经营，网络电视操作模式已日渐成熟。互联网电视业务（OTT）为广电行业注入互联网元素，经过两年的发展期，智能电视、OTT 盒子将在政策法规及市场的影响下逐渐走向有序，从拼硬件比价格向提升用户体验及丰富视频内容转变。数字视频广播与互联网电视业务连接（DVB + OTT）所形成的智能电视，成为除了移动智能终端外大众最经常使用的智能接收终端。2013 年智能电视的市场渗透率为 50%，2014 年智能电视市场总量达到 3128 万台，渗透率也提升至 69%。①

相对而言，2014 年中国报业发展状况，形势严峻，难题不少。2014 年 1 月 1 日，上海报业集团旗下的《新闻晚报》正式停刊，这份原属解放日报报业集团的都市类报纸，创刊于 1999 年，当时目标是与文汇新民联合报业集团的《新民晚报》正面竞争，以抢占上海报业市场可观的份额。4 月 24 日，上海文广集团主管主办的《天天新报》发布公告称，5 月 1 日起休刊。4 月 14 日，北京《竞报》在头版发布休刊词。5 月 21 日，《中国包装报》宣布停刊。7 月，上海报业集团发布公告，宣布《房地产时报》自 2014 年 8 月 1 日起休刊。12 月 5 日，河北日报报业集团旗下的《杂文报》宣布自 2015 年 1 月起停刊。与此同时，报业广告大幅下滑，让众多报媒再次感到寒气袭人。中国广告协会报刊分会、央视市场研究媒介智讯发布的 2014 年上半年《中国报纸广告市场分析报告》显示，2014 年 1 月 – 6 月，全国报纸广告累计降幅达 13.2%，广告资源累计减少 17.6%，② 广告刊登额前 20 家报纸中，只有来自重庆和贵阳的两家报纸略有增长，其他都在下降。其中，晚报、都市报等市场化程度较高的媒体的广告、发行等指标下降趋势更加明显，有些都市报已严重亏损。

从媒体发展格局看，传统媒体的受众规模不断缩小，市场份额逐渐下降，越来越多的人通过新兴媒体获取信息，青年一代更是将互联网作为获取信息的主要途径。从舆论生态变化看，新兴媒体话题设置、影响舆论的能力日渐增强，大量社会热点在网上迅速生成、发酵、扩散，传统媒体的舆论引导能力面临挑战。从意识形态领域看，互联网已经成为舆论斗争的主战场，直接关系我国意识形态安

① 艾瑞咨询．智能大屏广告思维，行动在先［EB/OL］．http：//a. iresearch. cn/others/20140414/229965. shtml，2014 – 04 – 14.

② 晋雅芬．上半年传统媒体广告市场低增长［EB/OL］．http：//www. chinaxwcb. com/2014 – 08/08/content_300034. htm，2014 – 08 – 08.

全和政权安全。可以说，传统媒体已经到了一个革新图存的重要关口。面对这种严峻形势，推动传统媒体和新兴媒体融合发展刻不容缓，加快融合发展进程成为当代媒体人应当肩负起的历史责任。

三、中国媒体融合发展的大环境

国家层面政策和资源上大力的支持，是媒体融合的发展大环境。如何真正深入推动传统媒体和新兴媒体融合发展，习近平总书记在2014年8月《关于推动传统媒体和新兴媒体融合发展的指导意见》中强调：要遵循新闻传播规律和新兴媒体发展规律，强化互联网思维，坚持传统媒体和新兴媒体优势互补、一体发展，坚持先进技术为支撑、内容建设为根本，推动传统媒体和新兴媒体在内容、渠道、平台、经营、管理等方面的深度融合，着力打造一批形态多样、手段先进、具有竞争力的新型主流媒体，建成几家拥有强大实力和传播力、公信力、影响力的新型媒体集团，形成立体多样、融合发展的现代传播体系。

（一）改革媒体管理机制

这些年来，传统媒体在推进融合发展方面做了许多探索，但都收效不大，这与固有的媒体组织架构、管理体制不能适应媒体融合的发展需要有关。对传统的媒体组织进行重构、对沿袭多年的运行机制进行完善和变革，已是摆在媒体人面前的一项紧迫任务。

互联网媒体的发展方向是以用户为核心，实现多样化的内容服务产品向多元媒体终端分发。因此，媒体组织结构再造的核心，首先是要打破按照部门划分生产的格局。传统媒体的新闻生产往往是按照地域和专业来架构的。比如，报社通常将编辑部分成要闻部、本市新闻部、国内新闻部、国际新闻部、财经新闻部、文化体育新闻部，许多都市报还有副刊和专刊编辑部。为适应新媒体发展，许多报社在常规的编辑部设置之外，组建了新媒体部门。这样的划分不符合新媒体环境喜爱生产重度垂直化细分产品的需要；另一方面，在这样的结构之下，新、旧媒体部门实际上是完全割裂的。新媒体的运营要求媒体内部各个层次、各个部门之间的权力关系不复存在，取而代之的是一个能够实现资源共享、确保多平台、多渠道协同工作的“超级新闻中枢”。在新框架的推动下，采编、技术、运营（数据分析）人员将组成若干个小型项目小组，形成以产品和项目为导向的更加灵活的组织形式。改革的核心就是组织的扁平化，围绕产品构建各个作业单元，推行产品经理主导制。

在新媒体组织当中，基于用户和数据的中心架构是组织的核心和基础，而扁平化的组织结构、以产品和项目为导向的组织形式，是搭建组织架构的重要内容。围绕媒体产品的构成和分类，建立产品经理负责制。在移动互联时代追求及时、互动、整合传播的新形势下，此种运行机制，有利于根据产品生产的进展、用户的反馈和互动，对产品内容和传播策略做出及时有效的调整。

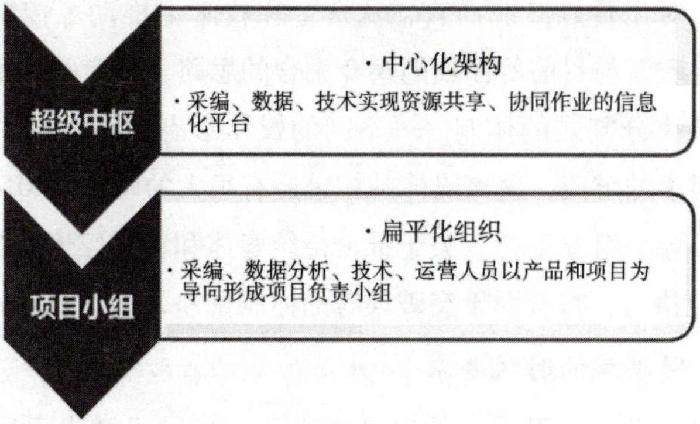

图 7－5：媒体管理机制的演进

主流财经报纸《中国经营报》在 2014 年对组织机构的调整就是一个有针对性的实践。该报取消了广告部，将广告任务分解给各个项目团队，如汽车事业部、房产事业部等。由原来报社的中层领导担任项目负责人，来管理团队进行奖惩，负责人薪酬与经营任务挂钩，以年薪方式发放。改变管理结构后的报社是一个扁平的机构，除行政、财务等支持部门以及新闻中心、网络中心等平台外，其余部门都是以产品为中心的团队。

（二）国家政策的支持

中国关于媒介融合的呼声已经出现很久，但实践方面进展缓慢，其中主要原因在于现有管理制度的局限。新闻业发展的一大瓶颈就是条块分割，媒体几十年来是按照国家的行政系统组织进行管理的，即“归口管理”。对于报业来说，这种情况把报社的管理权限分割成相互封闭的条和块，跨地区的两个以上报社之间的经济联系，都必须得到各自的主管上级批准才能进行，任何跨地区、跨组织系统的行为，都是对主管单位管辖权的侵犯。尽管已有政策出台，允许跨地区的报业经营，但是各自的条块利益，使得这种跨地区的经营难以实行，在集团化大潮中报业做大规模都极其困难。一些有资本实力和人才优势的报业集团，在自己的市场饱和之际，到其他地区扩张或兼并，几乎都遭到抵制。[①]报业与广播电视、互联网之间的跨界运作，从政策方面而言就更难了。

相关传媒管理和文化部门也出台过相关政策和条例，比如在2001年《“十五”计划纲要》中曾提出“三网融合”，要促进电信、电视和互联网融合发展。在2014年初，国务院发布了《国务院关于推进文化创意和设计服务与相关经济融合发展的若干意见》，将金融、科技、贸易等更多的行业纳入与文化经济融合发展的框架中，对于传媒产业而言，从资金和技术上推动了传统媒体行业的转型。然而，这些政策与目前所面临的媒介融合的思路，还有很大的不同。现有的媒体管理中的条块分割式的体制——不同的媒体形态由不同的主管部门负责管理，没有得到根本的解决，这离媒体的相融还有很大的距离。2014年8月，中央全面深化改革领导小组发布的《关于推动传统媒体和新兴媒体融合发展的指导意见》政策的落地执行，将有助于突破现有的体制壁垒，加速媒体融合的进程。

（三）互联网思维的时代要求

推动媒体融合发展，很重要的就是要充分运用网络技术手段去改造传统媒体，这就要求媒体必须用全新的互联网思维，来谋划和推进各项工作。本质上是重新审视互联网下的媒体消费者、媒体的内容和服务、媒体的平台与盈利模式。

1. 用户思维。在互联网时代，无论是企业还是产品，只有满足了用户的需求，为用户创造了价值，才会被用户所认可。用互联网思维改造传统媒体，必须改变大一统的单向传播思路，适应不同的用户需求，为其定制符合其需要的内容产品。此外，传播的路径也不再是单向的，而要在互动中获得用户对产品的反馈，并及时调整、完善产品。

2. 产品思维。好的产品，不仅有利于留住已有用户，还可以以低成本吸引新用户，因为好的产品在人人都是自媒体的社交时代，是能够自传播的。对于媒体人而言，具备产品思维至关重要。传统媒体之前习惯于为所有用户提供同样品类、规格和品质的信息，而非满足不同人群个性化需要的产品化信息，难以在用户中形成稳定的消费。媒体在转型中首先要加强的是对独特信息产品的研发，将所具有的内容优势转化成有商业模式的信息产品。

3. 平台思维。成功的互联网企业总是善于并着力打造一个链接各方的开放、

---

① 陈力丹. 打破条块分割，做大报业［J］. 新闻实践，2003（5）.

共享、共赢的平台。互联网平台既是媒体内容的发布场所，也是受众参与新闻生产、获取各种服务的场所，更是媒体借以聚集用户、获取流量并最终获得收益的必需载体。因应移动互联时代的需要，传统媒体必须掌握自己可以掌控的网上新平台，形成自己的网络入口。

4. 免费思维。成功的互联网企业几乎无一例外都是通过免费的方式提供产品和服务，借此提升用户体验，积聚用户数量，并培养和建立起用户行为的媒介依赖。保持内容为王信条的传统媒体，此前都希望通过售卖内容来获取收益，它们从根本上是背离互联网精神的，或者说这些策略根本没有互联网化，逐渐被免费的互联网模式所颠覆。

四、中国媒体融合发展的新态势

在媒体组织层面，从观念到内容和渠道，再到经营和管理上的逐步递进是实现媒体真正融合的要素，成为当下中国媒体融合发展的新态势。

（一）改革与创新媒体内容和产品

对于媒体来说，内容永远是根本，是决定其生存与发展的关键所在。推动媒体融合发展，在强调技术引领和驱动的同时，仍然必须始终把内容建设摆在十分突出的位置，以内容优势赢得发展优势。对内容的深度创作、个性化订制、快捷性、互动性成为媒体产品的创新方向：

1. 品质上追求专业与权威。传统媒体在信息采集核实、分析解读等方面，有着新兴媒体无法比拟的优势。通过融合发展，最大限度地把这个优势发挥出来，并延伸和拓展到新兴媒体。依托强大的采编力量、权威的信息渠道、规范的采编流程，进行专业化的信息生产，着力打造优质权威的信息产品。

2. 展示上实现多媒体化。在新媒体环境下进行内容生产，必须采取多媒体化的展示方式，综合运用文字、图表、动漫、影音、视频等多种形式，实现内容产品从可读到可视、从静态到动态、从一维到多维的升级融合，满足多终端传播和多种体验的需求。

3. 服务上注重分众化。现在，一般化的信息不再是稀缺资源，人们的个性化需求越来越多，倒逼内容生产必须在特色化、分众化上下功夫。在媒体内容的生产过程中，既要提供共性新闻产品，也要加强个性化新闻生产。认真研究用户的不同需求，有针对性地生产特色信息产品。

深耕行业化信息，聚焦订制服务，接入电商业务的重度垂直化社交产品成为2014年传统媒体最适宜运行的互联网产品模式。科技、财经、汽车、时尚、房产等内容已经成为这类的主流，通过提供专业、特色细分的独特内容，并打通优质内容的传播渠道，满足用户多元化、个性化的内容需求。一方面，这类产品更容易满足人们对于某一方面信息和服务的深度需求，有利于增强用户黏性；另一方面，重度垂直化社交产品的目标用户清晰，有利于开展线上线下的服务活动，吸纳与产品属同一领域的广告投入，兑现产品的商业模式。

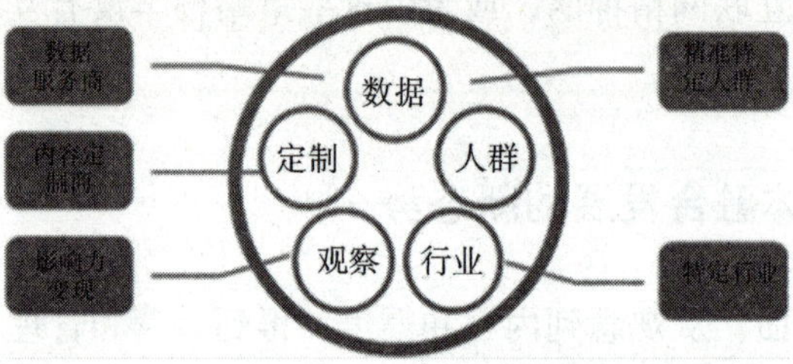

图 7 –6：垂直化媒体的运营模式

（数据来源：新浪网与清华大学新闻研究中心：《2014 媒体行业发展趋势报告》）

例如，自2013年起，财新网的财新传媒出品了一系列的财经微信公共账号，包括“金融混业观察”、“无所不能”等。“金融混业观察”聚焦在金融混业势不可挡、各类金融创新层出不穷的背景下，提供客观及时的金融行业、金融监管的报道精粹，分享深度专业的评论点睛。“无所不能”专注报道能源领域的重大事件、公司、人物、科技和趋势，从政治、经济、社会等更广阔的视野探讨能源对每个人的影响。这项做法不仅推动财经媒体人进行专业性的深度挖掘，也满足移动互联网背景下的分众精准需求。由此高度吸引了金融领域、能源行业的深度广告，并展开相关的电子商务。

（二）构建全媒体平台，实现渠道与平台的多样化

没有自己掌控的平台，媒体就无法建立影响力，无法聚集用户和流量，当然就更谈不上将用户和流量变现。在移动互联时代，新的平台最好是基于移动互联网的，为适应这一变化趋势，传统媒体纷纷把有限的资金和资源投入建立移动互联平台之上。整体而言，在2014年，客户端已成为媒体在移动互联网上的主要入口，也是比较成熟的技术应用。除此之外，手机网站、手机报也是媒体进入移动互联网传播的重要渠道。对于没有足够的技术和资金力量开发新平台的媒体，利用微博、微信等公共技术平台，或者利用公共平台开放的接口进行再开发，也

是一个常用的策略选择。

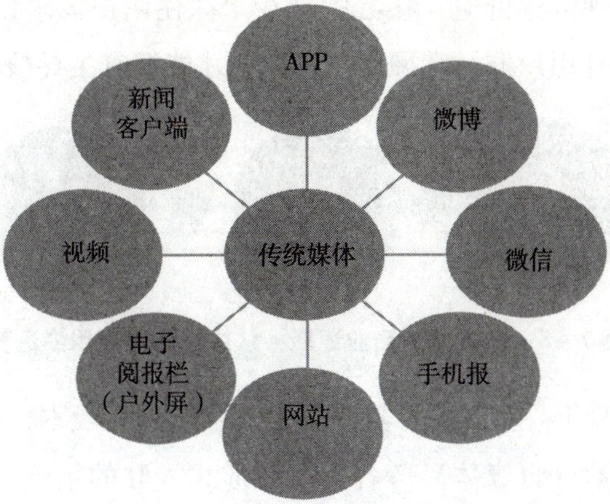

图 7－7：传统媒体的新媒体平台搭建

近年来，一些党报集团已开始积极推动传统报业与微博、微信、移动客户端等深度融合，并取得了不错的战绩。例如，2014 年 3 月，人民日报社成立媒体技术公司，打造“全媒体新闻平台”，其中《人民日报》是核心，人民网、法人微博、微信、移动客户端、电子阅报栏是基础，“二维码”创新报纸传播形态，再加上 26 家社属媒体，构成“全媒体方阵”。2014 年，人民日报的电子阅报栏全国已有 2 万台，法人微博粉丝超过 6000 万，客户端突破 1000 万，人民日报系的社交媒体粉丝加起来超过 1 亿。2013 年刚完成合并的上海报业集团瞄准手机报、微信、微博和新闻客户端等移动互联网领域，于 2014 年 1 月 1 日推出以用户收费为盈利模式的资讯类深度阅读产品“上海观察”，年底收费用户超过 16 万；2014 年 7 月，“澎湃新闻”全面上线，年底客户端下载量已超过 200 万，日均访问超过 200 万人次，日均页面访问量达 1400 万；2014 年 9 月，提供精品财经新闻网站、专业投资资讯服务平台和商业情报数据库的互联网金融信息服务平台“界面”上线测试，年底日均页面浏览量已达 120 多万。

（三）创新和重塑市场经营方式

传统的媒体经营理念认为，当用户和流量达到一定量级，就会引起质变，但是，除了广告之外，如果没有预留平台接口，用户和流量不会自动转化为价值。媒体在研发产品之初，就要对其商业模式有清晰的设计，收费信息、广告、线下活动，O2O（线上线下的物品和服务销售），都是可以考虑的商业模式。用户群已成为新媒体的经营模式的起点：用内容作建立用户群的入口，通过社群去运营用户，再用服务变现流量价值，核心关键在于抓住用户需求，提供内容和服务。在互联网时代，拥有用户群，掌握用户资源，才能拥有主导核心产业的能力。

图 7－8：新媒体的商业逻辑：从广告售卖到用户运营

2014 年 1 月 13 日，搜狐新闻客户端正式发布 4.0 版本，成为吸引平面、网络、电视、意见领袖（自媒体）等各类媒体形式入驻的主流平台。截至 2014 年 1 月，搜狐新闻客户端装机量 2 亿，活跃用户超过 7000 万，用户规模均位居业界第一。通过提供优质信息产品凝聚用户的同时，搜狐新闻客户端相应成为了企业、电商、社会组织及个人开展商务和政务活动的平台。

搜狐新闻客户端是搜狐公司出品的一款为智能手机用户量身打造的“订阅平台＋实时新闻”阅读应用。通过为媒体内容合作伙伴提供免费且卓越的内容输出渠道、海量优质的用户保证及移动广告模式的开放服务的方式，搜狐新闻客户端将众多优质媒体资源聚合成适合方寸之间阅读的图文报纸并定时推送，为中国数亿智能终端用户提供“移动报刊亭”服务。并通过订阅模式的开启，增加了信息推送的个性化，满足了不同用户的信息需求。

搜狐新闻客户端现已拥有音频、视频、组图、语音互动等丰富的媒体内容形态，入驻媒体超过 3000 家，自媒体超过 8000 家。作为 2013 年中国好声音新媒体独家战略合作伙伴，有 1.21 亿用户通过搜狐新闻客户端参与互动。作为央视年度经济人物的独家新闻客户端合作伙伴，以及央视 3·15 晚会唯一手机爆料平台，被央视作为主要网络爆料“新闻来源”。搜狐新闻客户端的神吐槽、欢乐网事、热辣评三大原创栏目，单篇文章日均用户评论超过 4000 条，单个内容每日点击量超过 1000 万。

至 2013 年 12 月，搜狐新闻客户端开放政企平台，成为唯一拥有政企运营产品、开放政企入驻的新闻客户端。最高法院、国资委、国家卫生计生委、宝马中国、伊利乳业的官方新闻客户端已落户搜狐新闻客户端政企平台，通过这一平台实现注册、认证、资料管理和形象展示、影音图文等多媒体信息发布和管理、互动消息管理、数据统计分析、账号和内容推广等多元化功能。

（四）媒体融合的发展趋势

实时在线、即时互动、跨域联网，这些互联网的基本特征，一方面在瓦解传统媒体的生存基础，同时，也在互相碰撞、交融中，演绎出更具想象空间的商业模式。

传统媒体不断地努力和尝试通过与互联网和移动互联网的连接，搭建全媒体运营平台。在推动传媒和网络融合的进程中，所有媒体人必须思考和回答到底什么是新媒体，新媒体究竟如何运营等问题。其实从传播模式而言，“新媒体”的本质基础是传播的技术，而关键传播者是应用这一技术演绎新传播内容和渠道，在信息爆炸的过程中通过“入口”的建立提供不断满足用户需求的产品和服务，有效持续地引起用户的关注，强化用户关系，形成核心用户群，开发用户群价值，才能形成媒体经营模式的基础逻辑。

不论是互联网思维的建立，媒体产品和服务的创新，平台和渠道的搭建，还是组织机构的调整，以上所有的出发点就是要建立用户思维，满足用户需要，强化用户关系。有了广泛而稳定的用户群，传媒组织才有优势和未来。

广泛而稳定的用户是媒体实现传播力和话语权、完成社会效益和经济收入的基础。新媒体运营经验告诉我们，只有形成稳定的用户群才能支撑稳定的商业模式。以微信为例，其通过手机即时通信沉淀了大规模的核心用户，而又由于微信随身、随时、拥有社交属性和可以提供用户位置的特点，自身定位逐渐从以前单一的通信工具演变成支付、游戏、O2O 等高附加值业务的用户入口，以其庞大的用户基数为其他服务提供了巨大的潜在商业价值。新媒体成功的关键在于跟用户的关系是强关系，关联度不再仅是传统的传播层面——根据 CNNIC 的调查，网民的上网应用包括以下分为四类：交流沟通、信息获取、休闲娱乐、商务交易。互联网凭借产业融合平台所获得的收益点并非仅仅存在于传播服务，而是在提供信息服务聚合用户的基础上拓展了服务层次。马化腾早在 2007 年就已将腾讯业务归纳为“ICEC”，其中 I 代表 Information（信息），C 代表 Communication（通讯），E 代表 Entertainment（娱乐），C 代表 Commerce（商务）。腾讯多元化的目的是提供在线生活，在线生活的所有服务都通过用户关系实现串联，并因此与用户形成强关系。

借鉴成功互联网企业的经验，传媒产业的发展趋势以用户为核心的传媒产业价值链的重构和聚合。

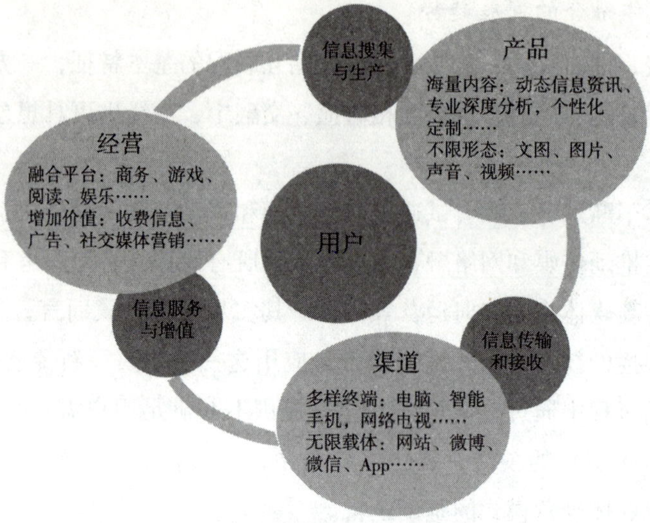

图 7－9：互联网时代的传媒产业价值链

根据美国学者迈克尔·波特的“价值链”概念，传媒业的价值链可以分为信息收集、信息生产、信息传输、信息接收和信息服务五个部分。明确媒体的目标用户，在信息收集与生产环节以动态、专业、分众的内容结合文字、图片、视频等多形态的形式生产优质的内容服务产品竞争用户入口；在信息传输和接收环节，推动优质产品向移动端、网络版、数字化媒体连接，通过微信、微博、App、网站等全媒体渠道扩大用户规模；在信息服务环节，通过多样应用功能平台的集成以信息收费、广告、电子商务入口实现用户价值。建立与用户的持续连接，提高每个环节的价值创造能力，追求整体价值链的有序循环是互联网时代媒体产业走向聚合的方向和趋势。

蓝燕玲（厦门理工学院数字创意学院副教授）

第八章　投资与并购：跑马圈地的帝国版图

本章阐述2014年中国互联网产业投融资发展机遇和投资与并购特点，并梳理2014年中国互联网产业重点企业发展投资布局和并购特点，旨在借鉴行业巨头的投资布局和并购事件盘点，探讨互联网行业发展的趋势。

一、中国互联网产业投资与并购概况

如果说2013年是互联网行业金融元年，那么2014年就是快速发展至关重要的一年。2014年，互联网产业逐步成熟，网络服务能力显著提升，应用服务稳步发展，产业整体实力进一步加强，几大巨头不断大刀阔斧进行投资并购活动，形成横向延伸、纵向深入、跨界融合发展的态势。互联网作为经济发展和社会进步的推动力量，其支撑地位的作用逐渐凸显。同时在移动互联网和电子商务催化下，传统行业迅速转型，中国互联网行业正式进入新一轮并购高潮。

根据IT桔子数据库显示，2014年中国共发生220起并购事件，相比2013年的92起收购增幅达到139%；其中143起收购披露了详细金额，合计达到1181.04亿元。具体到细分领域，IT桔子所统计的220起收购事件共覆盖了16个领域，其中最受欢迎的领域依旧是游戏动漫、企业服务、教育培训和文化娱乐。上述4个领域共计贡献了125起，占到总体的56.8%。其中，游戏动漫41起，占到了总体的18.6%；企业服务37起，占比16.8%；教育培训24起，占比10.9%；文化娱乐23起，占比10.5%。①

① IT桔子. 细数2014融资并购：总金额或达1500亿元［EB/OL］. http：//tech. sina. com. cn/i/2015－02－25/doc－icczmvun6266451. shtm，2015－02－25.

（一）中国互联网产业投融资发展机遇

1. 相关政策陆续出台，推动了互联网产业投融资的发展

互联网产业在全球及中国的高速发展受到中国政府的高度重视，尤其是移动互联网作为新一代信息技术的重要组成部分已经被纳入中国战略性新兴产业的范围之内。中国政府相关主管部门包括国家发展和改革委员会、工业和信息化部都对移动互联网表现出极大的关注，《电子信息产业调整和振兴规划》、《国务院关于加快培育和发展战略性新兴产业的决定》、《进一步鼓励软件产业和集成电路产业发展的若干政策》等相关政策也陆续出台。

《电子信息产业调整和振兴规划》要求在通信设备、信息服务、信息技术应用等领域培育新的增长点，加快第三代移动通信网络、下一代互联网和宽带光纤接入网建设，开发适应新一代移动通信网络特点和移动互取网需求的新业务及新应用，带动系统和终端产品的升级换代；其次，国家新增投资向电子信息产业倾斜，加大引导资金投入，实施集成电路升级、新型显示和彩电工业转型、TD－SCDMA 第三代移动通信产业新跨越、数字电视电影推广、计算机提升和下一代互联网应用、软件及信息服务培育等六项重大工程，支持自主创新和技术改造项目建设。

在《国务院关于加快培育和发展战略性新兴产业的决定》中新一代信息技术作为重点发展和培育的产业之一，从健全财税金融政策支持体系、加大扶持力度、引导和鼓励社会资金投入等多方面政策支持推动新一代移动通讯发展。

围绕落实国家“十二五”规划纲要，工信部从 2010 年开始组织编制了多项涉及行业发展的规划纲要，包括《通信业“十二五”发展规划》、《互联网行业“十二五”发展规划》和《宽带网络基础设施“十二五”规划》。结合各相关规划的实施和落实，工信部不断加大政策扶持力度，积极引导和推动移动互联网产业快速健康发展。《互联网行业“十二五”发展规划》中，“移动互联网”发展也受到重点扶持。

工信部《软件和信息服务业“十二五”发展规划》指出移动互联网是发展重点：“以国家重大专项和电子发展基金为抓手，扎实提升技术能力，支持云计算、物联网、移动互联网等新兴技术研发和产业化，建立以企业为主体的高效的产业创新体系。”

2. 移动互联网技术更新换代进一步推动行业创新

LTE 试点启动和 Wi－Fi 热点的普及，都表明国内带宽环境不断优化，并助

推移动互联网产业创新发展。LTE 试点方面：2011 年 3 月，工业和信息化部正式发文启动 TD－LTE 规模试验网测试，其后各厂商开始纷纷建网，截至 2011 年 6 月，6 个城市 TD－LTE 规模试验第一阶段，已经入场的各系统设备厂商均已完成热点连片覆盖规划，并开通首个基站，部分城市已完成传输领域的测试，同时启动核心网、安全领域的测试，无线领域启动预测试；2011 年 10 月，中国移动启动了第二阶段的 TD－LTE 试验，试验新增了北京、天津和青岛 3 个城市，并主要测试 TD/SCDMA 和 TD－LTE 双模设备与终端，中国移动实践大规模商业部署，增强组网能力，2013 年 12 月初，工信部发放了 TD－LTE 牌照，中国移动首家获得准入资格，并积极发展 4G 服务。2014 年 12 月，就中国移动而言，标准为 TD－LTE 的 4G 网络已正式商用一年，中国移动也受益于 TD－LTE 的优先发展在 4G 竞赛中暂时领先联通和电信。目前 TD－LTE 基站到年底将达到 70 万座，TD－LTE 终端已达 617 款。Wi－Fi 热点普及方面：中移动提出 3 年内建设百万热点的计划，而联通和电信也加大了对于 Wi－Fi 热点的建设力度。

3. 创业板日趋成熟，互联网企业进一步受到资本市场青睐

自 2009 年 10 月中国创业板推出以来，作为“两高六新”（成长性高、科技含量高，新经济、新服务、新农业、新材料、新能源和新商业模式）的中小企业融资平台，其对创新型企业发展的支持效果逐步显现。同时，创业板对战略性新兴产业的促进作用逐步凸显。从现实状况来看，以移动互联网产业为代表的战略性新兴产业通过创业板融资平台，已同资本市场实现良好对接和有效互动，创业板的推出，极大地促进了相关企业的发展；同时，移动互联网企业上市后品牌影响力度大幅度提高，其运作更加规范，直接推动行业发展迈上新阶段。

（二）2014 年中国互联网产业投资并购的特点

中国建投投资研究院和社会科学文献出版社 2014 年 5 月 7 日联合发布的《投资蓝皮书：中国投资发展报告（2014）》指出，2013 年以“BAT”为代表的互联网巨头投资异常活跃；风险投资重点倾向互联网金融、营销、商旅、教育、生活服务等热点领域；新商业模式企业更受资本青睐。2014 年，中国互联网巨头着力整合产业链、建设生态圈，互联网并购和合作涉及领域更为广泛，尤其“宽带中国”战略的制定和实施进一步推动了我国宽带网络进入大规模普及阶段，4G 牌照的发放更加促进了移动互联网应用和服务创新，电子商务和互联网金融进入深度发展阶段，MOOC 推动互联网教育成为信息消费的快速增长点，云

计算整体解决应用推广不断深入，健康医疗、生物信息等传统行业也注入更多互联网元素。

2014 年中国互联网巨头投资与并购活动频繁，BAT 巨头围绕社交、地图、旅游、移动互联网、金融等领域展开了激烈的角逐，互联网并购和合作涉及领域越来越广泛。总之，互联网产业在高速发展的同时带动着其他行业的高速发展。

1. BAT 依旧主导互联网行业投资与并购市场，其他企业发展态势迅猛。目前，三足鼎立格局基本稳定，以产业垂直整合为目标的互联网及移动互联网企业并购浪潮持续扩大，互联网产业在各主要领域的集中度继续提升。

2. 互联网领域投资与并购持续火热。尤其在工信部发放 4G 牌照后，移动互联网市场中的投资并购继续升温。移动互联网企业通过对移动硬件普及、网络基础设施提升等举措，一方面带来了市场容量的扩张，为移动互联网市场的持续增长提供了源动力，另一方面行业参与者的增加也为市场竞争开辟了新的景象。

3. O2O 时代助推传统产业与互联网融合。传统产业与互联网产业的融合渗透不仅是传统产业发展的转型，也是我国产业经济转型升级的一个方向。微观上有效提升了传统产业的经济效益，宏观上也使互联网对整个国家的经济结构调整做出更显著的贡献。

4. 互联网金融领域的投资并购呈现模式多样化。2013 年国家成立互联网金融发展与监管研究小组，继而相关监管措施陆续出台，在规范的行业监管制度下，2014 年互联网企业向金融领域进军的道路更加安全和广阔，涉及的业务更为多样化，营销方式也突破了仅与传统金融企业合作的单一模式。

5. 文化传播领域重点完善自身产业链。2014 年在院线、影视传媒、网络视频等体验经济领域，用户数量及经营规模成为各方角逐的重点，并购效应持续发酵，行业集中度将显著提升，多元化特征更加显著。①

二、2014 年中国互联网产业重点企业投资布局分析

2014 年，中国互联网创业投资和互联网巨头的投资布局可谓空前火热，行

---

① 中商情报网. 2014 年中国互联网并购市场五大发展趋势［EB/OL］. http：//www. askci. com/news/201406/04/04161836253839. shtml，2014 - 06 - 14.

业巨头一方面不断扩张自营业务，推陈出新各类平台各种新产品，另一方面则大手笔投资和并购国内外各种行业。2014 年度，IT 桔子发布的《2014 年度中国互联网创业投资盘点》，用数据和观点盘点了 2014 年国内互联网创业、投资、大公司格局、上市、失败等全方位的信息。以下重点分析 2014 年中国五大互联网巨头投资布局情况：

（一）阿里巴巴

阿里巴巴从电子商务出发，打造了一个庞大的商业生态系统，并通过自有业务拓展和资本手段，构建了一个囊括电子商务、金融、本地生活 O2O、教育、旅游、汽车、房产、医疗健康、硬件、游戏等多领域的庞大且具备相互协作前景的商业版图。与此同时，2014 年 9 月 19 日，阿里巴巴成功上市，造就美股最大 IPO 的历史纪录。

阿里巴巴通过成熟 B2B 商业模式，实现了从企业级服务向获取流量入口方向进化，继而扩大繁衍流量入口。不断利用电商平台服务端，积累用户规模和交易流量，并通过电商交易环节打开金融与支付缺口，利用电商配送环节布局线下物流行业，并进一步利用海量交易信息切入到更加基础层的大数据和云计算技术环节，构建更具普遍意义的底层应用技术系统。

在移动和无线领域，阿里巴巴一方面将 PC 端积累的用户和流量通过移动端产品进行迁移与转化；另一方面，在移动互联网布局上，遵循元思考框架从基础应用层继续进行战略布局，推出 YUNOS、“百川计划”等，扩展到移动 O2O 生活服务和社交等应用场景当中。同时，阿里巴巴还涉足数字娱乐、旅游、健康等领域，虽然这三个领域目前不会为阿里巴巴带来明显的价值成长，但是依旧能够为阿里的核心主业提供资源嫁接、流量入口甚至是价值变现的可能。

1. 阿里巴巴 2014 度投资并购盘点：170 亿美元①

---

① IT 桔子．盘点五大互联网巨头 2014 投资布局［EB/OL］．http：//tech. sina. com. cn/i/2015 －02 －16/doc －iavxeafs1164662. shtml，2015 －02 －16.（下同）

表 8-1：2014 年阿里巴巴投资/收购盘点

	时间	公司	领域	融资金额	领域	其他投资方
国内投资	2014.12	Ktplay	游戏	N/A	A 轮	
	2014.12	华康全景	医疗健康	数千万美元	C 轮	云峰基金
	2014.11	华谊兄弟	文化娱乐	36 亿元	IPO 及以后	腾讯、平安
	2014.11	陌陌	SNS 社交	6000 万美元	IPO 及以后	58 同城
	2014.10	时光小屋	移动互联网	数百万美元	A 轮	联创策源
	2014.10	遛遛宠物	消费生活	数百万美元	A 轮	紫辉投资
	2014.9	魔漫相机	文化娱乐	千万美元	A 轮	
	2014.9	石基信息	房产酒店	28.1 亿元	IPO 及以后	
	2014.8	芭乐传媒	文化娱乐	1 亿元	B 轮	乐视网、TCL
	2014.8	树熊网络	企业服务	数千万元	A 轮	
	2014.6	超级课程表	SNS 社交	数千万美元	B 轮	红杉、联创策源
	2014.6	虎嗅网	文化娱乐	数千万元	B 轮	
	2014.6	恒大足球	文化娱乐	12 亿元	战略投资	50% 股份
	2014.6	21 世纪传媒	文化娱乐	5 亿元	战略投资	
	2014.5	卡行天下	电子商务	数亿元	B 轮	
	2014.5	美团网	消费生活	3 亿美元	C 轮	泛太平洋资本、红杉资本
	2014.4	V 电影	文化娱乐	数千万元	A 轮	
	2014.4	优酷土豆	文化娱乐	12.2 亿美元	IPO 及以后	云峰基金
	2014.4	华数传媒	文化娱乐	65.36 亿元	IPO 及以后	云溪投资
	2014.4	快的打车	汽车交通	数千万美元	B 轮	经纬中国
	2014.3	百程旅行网	旅游	2000 万美元	B 轮	宽带资本
	2014.3	银泰商业	消费生活	53.7 亿港币	IPO 及以后	
	2014.2	茵曼	电子商务	数千万美元	A 轮	IDG
	2014.2	VIPABC	教育	1 亿美元	B 轮	淡马锡、启明、CA 创投等

续表

	时间	公司	领域	融资金额	领域	其他投资方
国内收购	2014.6	UC 优视	移动互联网	43.5 亿美元	收购	
	2014.5	阿斯兰商旅	旅游	N/A	收购	
	2014.4	恒生电子	金融	32.99 亿港币	收购	
	2014.3	一达通	电子商务	N/A	收购	
	2014.3	文化中国	文化娱乐	62.44 亿港币	收购	
	2014.2	高德	移动互联网	10.45 亿美元	收购	云锋基金
	2014.1	中信 21 世纪	医疗健康	1.7 亿美元	收购	
国外投资	2013.11	V－Key	金融	1200 亿美元	B 轮	IPV Capital
	2014.1	Peel	硬件	5000 亿美元	D 轮	
	2014.8	kabam	游戏	1.2 亿美元	战略投资	
	2014.5	新加坡邮政	电子商务	2.49 亿美元	战略投资	
	2014.4	Lyft	汽车交通	2.5 亿美元	D 轮	Andressen Horowitz 等
	2014.3	Tango	SNS 社交	2.8 亿美元	D 轮	高通、DFJ
	2014.1	1stdibs	电子商务	1500 万美元	C 轮	
云峰基金	2014.12	小米	硬件	11 亿美元	E 轮	GIC、PST、厚朴基金等
	2014.5	全峰快递	电子商务	数亿元	C 轮	

（数据来源：itjuzi.com。下同）

从数据来看，2014 年阿里巴巴先后进行了 40 多起的投资，而且一半以上的投资都超过了上亿元人民币，粗略计算阿里巴巴 2014 年的投资总金额超过 170 亿美元。

从投资数量来看，阿里巴巴投资次数最多的 TOP5 领域相继是：文化娱乐 10 起投资，电子商务 6 起投资，移动互联网、消费生活 O2O、SNS 社交各有 3 起投资；从投资金额分布看，阿里巴巴投资金额最多的前五个领域是：移动互联网 54 亿美元、文化娱乐和消费生活 30 亿美元、金融 25 亿美元、房产酒店 17 亿美元。

从国内外分布来看，阿里巴巴在 2014 年参与了国外 7 家公司的投资，涉及金额 15.34 亿美元，行业覆盖电商、金融、硬件、汽车交通、游戏等。

具体来看阿里巴巴各个细分领域的分布：

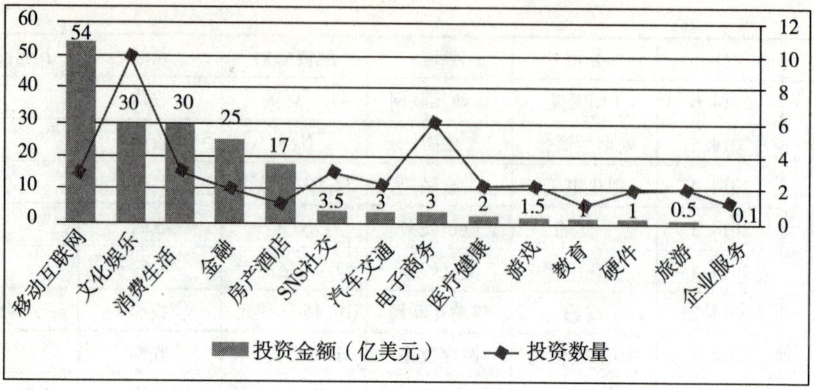

图 8－1：2014 年阿里巴巴投资与收购分布

（数据来源：itjuzi. com，截止时间：2014 年 12 月 31 日。下同）

移动互联网领域，2014 年阿里巴巴先后以 43. 5 亿美元收购 UC 优视，10. 45 亿美元收购高德，两个大额收购让阿里巴巴在该领域的花费达到近 54 亿美元，成为阿里巴巴 2014 年投资主要的方向。

文化娱乐领域，2014 年阿里巴巴发生了 10 起投资和并购，总金额接近 30 亿美元，具体包括：62. 44 亿港币收购文化中国 60% 股权并在后面将其升级为“阿里影业”，65. 36 亿元入股华数传媒，12. 2 亿美元战略投资优酷土豆集团，12 亿元投资广州恒大足球俱乐部，与腾讯、平安一起斥资 36 亿元入股华谊兄弟，5 亿元投资 21 世纪传媒等，此外还有投资魔漫相机、V 电影、芭乐网、虎嗅网等。

消费生活 O2O 服务是阿里巴巴目前的战略重点业务，同样也进行了大手笔投资，包括 53. 7 亿港币投资银泰商业，参与美团新一轮 5 亿美元的融资，此外还投资了垂直方向上的遛遛宠物，整体金额也接近 30 亿美元。

金融领域，投资行为包括 32. 99 亿元入股恒生电子、1200 万美元投资移动安全支付公司 V－Key。

电子商务领域，阿里巴巴在 2014 年的投资数量虽多但金额不太大，而且大多数投资是在物流行业。物流方面包括新加坡邮政、全峰快递、卡行天下；此外还有外贸电商服务商“一达通”、美国奢侈品电商 1stdibs 等。

在互联网改造升级传统行业的领域，阿里巴巴则在汽车交通、房产酒店、教育、旅游、医疗健康多个方向也有投资。交通出行领域包括领投美国拼车公司 Lyft 的 2. 5 亿美元 D 轮融资、数千万美元参与快的打车的投资等；酒店领域则是 28. 1 亿元投资石基信息获得 15% 的股份；教育领域 1 亿美元领投语言学习网站

VIPABC；旅游方向上，和宽带资本 2000 万美元投资出境游服务商“百程旅行网”、收购了商旅服务商“阿斯兰”；医疗健康领域，1.7 亿美元联手云锋基金投资中信 21 世纪并在后面更名为“阿里健康”，还有数千万美元投资移动医疗及挂号服务商“华康全景”。

社交领域的投资上，2014 年阿里巴巴最成功的当属对于陌陌的投资，实现了高额的财务回报。此外阿里巴巴也非常关注对于新生代群体的覆盖，比如投资了瞄向学生群体的“超级课程表”、国外则大手笔投资了移动社交应用 Tango。

智能硬件上，阿里巴巴也有所涉足，包括参与 Peel 的 5000 万美元 D 轮融资，此外其关联基金云锋基金参与小米科技新一轮 11 亿美元的融资。

2. 阿里巴巴的互联网业务版图

图 8－2：阿里巴巴 2014 年业务版图

（数据来源：itjuzi. com《2014 年度中国互联网创业投资盘点》。下同）

（二）腾讯

2014年，腾讯一方面是继续提升自营业务，一方面继续大力布局新业务、投资并购其他业务模块公司。除了传统领先的社交、游戏、文化娱乐等领域外，2014年腾讯大力投入包括消费生活O2O、金融、医疗健康、汽车交通等诸多领域。在游戏领域，腾讯依旧保持领先优势，同时，很多腾讯参与投资入股的公司被A股上市企业收购实现了优质财务回报。

1. 腾讯2014年度投资盘点：70亿美元

表8-2：2014年腾讯投资/收购盘点

	时间	公司	领域	融资金额	领域	其他投资方
国内投资	2014.12	WiWide迈外迪	移动互联网	3亿元	C轮	大众点评
	2014.12	滴滴打车	汽车交通	7亿美元	D轮	淡马锡、DST
	2014.12	面包旅行	旅游	5000万美元	C轮	宽带、富达亚洲
	2014.11	人人快递	电子商务	1500万美元	A轮	高榕资本
	2014.11	华谊兄弟	文化娱乐	36亿元	IPO及以后	阿里巴巴、平安
	2014.10	Blink快看	SNS社交	2000万美元	A轮	红杉资本、创新工场、Hcapital、真格基金等
	2014.10	挂号网	医疗健康	1.07亿美元	C轮	复星昆仲、晨兴创投、启明创投
	2014.10	华彩控股	文化娱乐	数亿元	IPO及以后	
	2014.10	口袋购物	电子商务	3.5亿美元	C轮	HCapital、老虎基金、VyCapital和DST等
	2014.10	58同城	消费生活	8.6亿美元	IPO及以后	累计投资金额
	2014.9	丁香园	医疗健康	7000万美元	C轮	
	2014.9	e家洁	消费生活	400万美元	A轮	盛大资本
	2014.9	我趣旅行	旅游	2000万美元	B轮	晨兴创投
	2014.9	华南城	消费生活	15亿港币	战略投资	
	2014.9	红点直播	文化娱乐	300万美元	A轮	
	2014.8	跨考教育	教育	3000万美元	B轮	
	2014.7	荣昌e袋洗	消费生活	2000万美元	天使投资	

续表

	时间	公司	领域	融资金额	领域	其他投资方
国内投资	2014.7	优客	教育	3000万美元	A轮	
	2014.6	PICOOC	医疗健康	2100万美元	B轮	京东商城
	2014.5	擎天柱	游戏	1.5亿元	B轮	
	2014.3	京东商城	电子商务	2.14亿美元	战略投资	
	2014.3	买卖宝	电子商务	1亿美元	战略投资	红杉资本
	2014.3	乐居	房产酒店	1.8亿美元	IPO及以后	
	2014.2	刷机大师	移动互联网	数千万元	B轮	
	2014.2	同程网	旅游	5亿元	C轮	元禾控股
	2014.2	大众点评网	消费生活	上亿美元	E轮	
	2014.1	滴滴打车	汽车交通	1亿美元	C轮	中信产业基金
	2014.1	人人贷	金融	1.3亿美元	A轮	挚信资本
	2014.1	艺动娱乐	游戏	数千万元	B轮	
	2014.1	富途证券	金融	数千万元	A轮	
	2014.1	华南城	消费生活	15亿港币	战略投资	
国内收购	2014.5	四维图新	移动互联网	11.73亿元	收购	
	2014.1	科菱航睿	移动互联网	6000万元	收购	
国外投资	2014.12	Kamcord	游戏	1500万美元	B轮	
	2014.12	Aiming	游戏	N/A	C轮	
	2014.12	Playdots	游戏	1000万美元	A轮	Greycroft Partners 等
	2014.11	4：33Creative Lab	游戏	1.1亿美元	战略投资	Line 等
	2014.11	Heirloom	SNS社交	100万美元	天使投资	
	2014.10	Tile	硬件	1300万美元	A轮	纪源资本
	2014.9	AltspaceVR	硬件	520万美元	A轮	Google 等
	2014.9	PATI Games	游戏	2000万美元	战略投资	Line 等
	2014.7	Scaled Inference	硬件	N/A	天使投资	Felicis Ventures 等
	2014.6	TapZen	游戏	800万美元	A轮	
	2014.4	Weebly	企业服务	3500万美元	C轮	红杉海外
	2014.3	Whisper	SNS社交	3000万美元	C轮	Shasta Ventures、thrive capital 等
	2014.3	CJGames	游戏	5亿美元	战略投资	

IT 桔子数据库中，2014 年腾讯所投资或收购的公司超过 46 起，根据公开金额的投资粗略估算达到 70 亿美元。

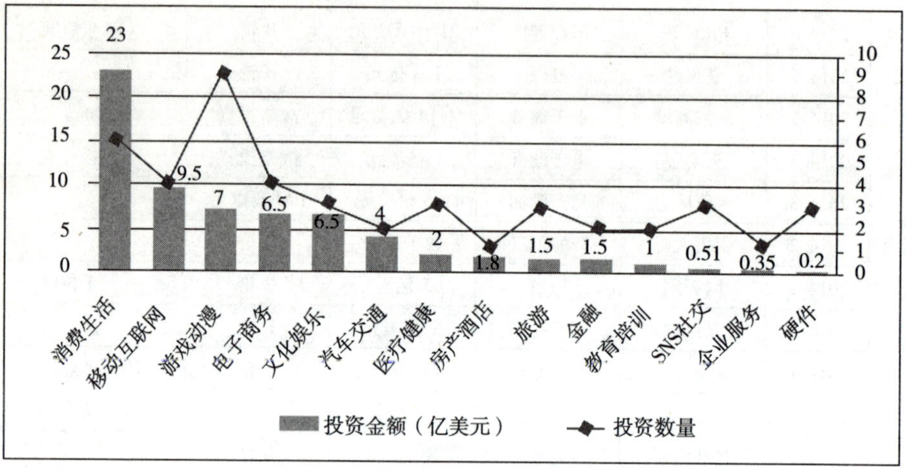

图 8－3：2014 年腾讯投资分布

2014 年腾讯投资所覆盖的行业集中在游戏、消费生活 O2O、电子商务、移动互联网、文化娱乐等五个细分行业；从投资金额的大小分布来看，依次是消费生活 O2O、移动互联网、游戏、电子商务、文化娱乐，除金额大小差异之外，腾讯与阿里巴巴投资分布行业基本一致。

消费生活领域是腾讯 2014 年的投资重点，最大手笔的投入是 58 同城，其上市前后共进行了 3 轮投资，总金额达到 8.6 亿美元，腾讯持股比例也达到了 24%；另外一个大手笔当属大众点评网，虽然未透露具体金额，但腾讯持股比例达到 20%。相比大众点评接近 10 亿美元的估值，也是一笔非常大的投资。此外投资还包括华南城、e 家洁、e 袋洗等。

游戏领域作为腾讯的主营业务收入，也是腾讯 2014 年投资数量最多的领域，和往年不一样的是，在腾讯所投资的 9 家游戏公司中，仅仅 2 家是国内的，其他 7 家都来自国外，而且国外投资同样金额不小，累计金额超过 6.6 亿美元。

电子商务领域，腾讯投资了 4 家公司，金额达到 6.5 亿美元，战略级的投资当属 2.14 亿美元投资京东商城，并把拍拍网等一些电商业务引流到京东之中，围绕电商、微信商城展开深度合作；移动电商也是腾讯重点关注的，这个领域投资了口袋购物、继续追投了买卖宝，此外围绕电商的配送快递环节，投资了共享经济模式的人人快递。

移动互联网领域，2014 年腾讯继续投资，但这些投资基本没在应用层面，还是在一些底层或者基础服务板块，包括做导航的四维图新、科菱航睿，还有商用 Wi－Fi 解决方案、连接商家移动端服务的 WiWide 迈外迪，另外一个是在渠道和刷机领域的刷机大师。

文化娱乐也是 2014 年腾讯重点关注的方向，在这个领域的投资包括与阿里巴巴、平安集团一起斥资 36 亿元入股华谊兄弟、数亿元战略入股华彩控股，300 万美元投资视频服务提供商红点直播等。

在 SNS 社交领域，腾讯投资了包括国内的 Blink 快看；国外则有匿名社交网络 Whisper、熟人社交网络 Heirloom。

智能硬件方向，腾讯投资除开 PICOOC 外，其他所投资的公司基本都来自国外，包括 Tile、AltspaceVR、Scaled Inference 等，投资金额大致三四千万美元。

在互联网与传统行业结合、消费升级的领域，腾讯在汽车交通、医疗健康、教育、旅游、金融、房产酒店等领域也进行了比较多的投资和布局。交通出行上，腾讯继续大手笔投资滴滴打车；医疗健康上，腾讯首次开始布局，覆盖软硬件、移动及 PC，包括 1 亿美元投资挂号网、7000 万美元投资丁香园、2100 万美元联合京东投资 PICOOC；教育领域则先后投资了跨考教育、优答等；金融上投资了人人贷、富途证券；旅游领域投资了同程网、面包旅行、我趣旅行；房产酒店则是 1.8 亿美元投资乐居。

对于国外投资，腾讯在 2014 年动作比较大，13 起国外投资，涉及金额近 13 亿美元；其中 8 起是与游戏相关的投资。

2. 腾讯的互联网业务版图

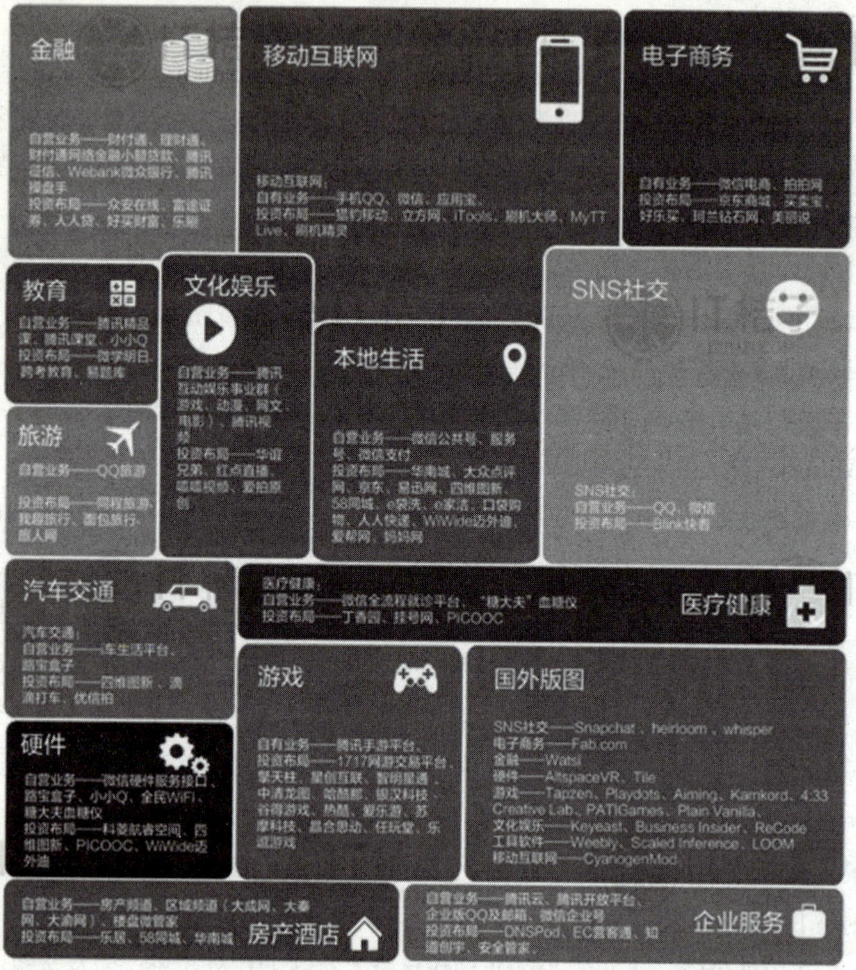

图 8-4：腾讯 2014 年业务版图

（三）百度

2014 年，百度整体的投资相对保守，在自有业务方面，百度同样节奏放缓，更多是在做一个技术积累的过程，新产品和新服务的布局也不太多，但对于教育、硬件领域，百度动作快速。相比阿里巴巴、腾讯不一样的是，百度加大了对前沿科技的探索力度，引进了一些世界级的科学家。

1. 百度2013年投资盘点：15亿美元

表8－3：2014年百度投资/收购盘点

	时间	公司	领域	融资金额	领域	其他投资方
国内投资	2014.11	爱奇艺	文化娱乐	3亿美元	B轮	小米、顺为基金
	2014.11	oTMS百川快线	汽车交通	600万美元	A轮	经纬、紫辉投资
	2014.9	智课网	教育	1060万美元	A轮	
	2014.9	上海汉枫	硬件	数千万元	A轮	
	2014.7	万学教育	教育	数千万美元	C轮	浩然教育、DCM
	2014.5	蓝港在线	游戏	2000万美元	D轮	
	2014.4	猎豹移动	移动互联网	5000万美元	IPO及以后	小米、金山
	2014.4	沪江网	教育	8000万美元	C轮	
国内收购	2014.7	传课网	教育	N/A	收购	
	2014.1	乐彩	文化娱乐	N/A	收购	
	2014.1	糯米网	消费生活	N/A	收购	
国外	2014.12	Pixellot	文化娱乐	300万美元	天使投资	
	2014.12	Uber	汽车交通	6亿美元	E轮	
	2014.10	Indoor Atlas	移动互联网	1000万美元	A轮	
	2014.10	Peixe Urbano	电子商务	N/A	收购	

IT桔子的数据库显示，2014年百度的投资和收购仅有15起，是BAT巨头中投资最为谨慎的一家，而且投资的方向也不太多，主要集中在企业、文化娱乐、教育等领域，电子商务、游戏、硬件都在探索的阶段。投资金额上也不多，粗略估算有近15亿美元，而且其中有6亿美元投向了Uber，大多数投资都是比较小的数量级，更倾向于内部探索。

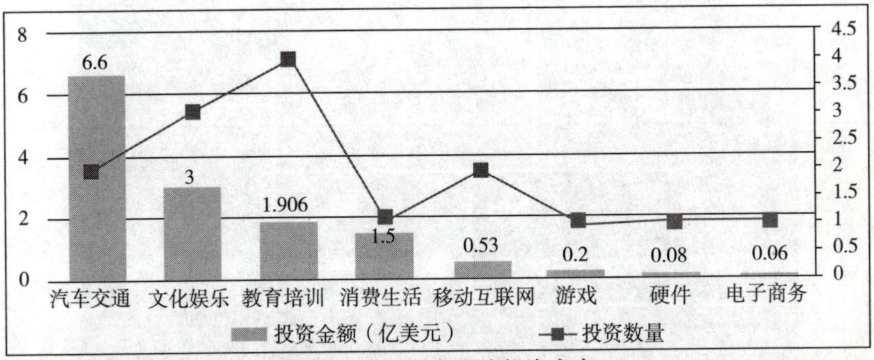

图8－5：2014年百度投资盘点

从投资数量来看，百度2014年投资最活跃的当属教育领域，有4起投资，包括1起收购，这些公司有教育平台服务的“传课网”、语言学习服务商“沪江网”、出国留学服务商“智课网”、大学生教育和考试考研服务“万学教育”等，基本上也是在线教育创业的火热方向。

文化娱乐领域，百度继续跟投爱奇艺进行的 3 亿美元新一轮融资；其次投资彩票领域现金流好的乐彩及国外做视频技术服务有核心技术的服务商 Pixellot 等。消费生活领域，百度全资收购了糯米网剩余股份，并将其业务拓宽至二、三线城市。其他几个领域包括硬件、游戏、电子商务则都是小幅度投资。

国际市场上，2014 年百度在亚洲、北美洲、欧洲和南美洲都进行了布局，成为中国投资跨度最大的公司，2014 年李彦宏随国家主席习近平出访巴西，随即便收购了巴西的电子商务公司 Peixe Urbano，布局南美。

值得一提的是，2014 年百度还有一个重要的投资领域就是人才及技术方面的投资。百度在 2014 年度特别投入了相当大的技术研发资源，全面涉足人工智能、人机交互、深度学习、图像识别、无人汽车、车联网等前沿领域，并成立硅谷研究院，从技术角度着眼未来的发展。

2. 百度的互联网业务版图

图 8 -6：百度 2014 年业务版图

（四）奇虎 360

2014 年奇虎 360 发展的整体步调放缓，投资布局活动较 2013 年相对低调。

1. 奇虎 360 在 2014 年投资布局：7 亿美元

表 8－4：2014 年奇虎 360 投资/收购盘点

	时间	公司	领域	融资金额	领域	其他投资方
国内投资	2014. 12	酷派	硬件	4. 09 亿美元	战略投资	
	2014. 9	快按钮	硬件	N/A	A 轮	
	2014. 9	界面网络	文化娱乐	上亿元	A 轮	小米科技、海通证券、国泰君安、联想弘毅、卓尔传媒等
	2014. 9	多听网络	文化娱乐	1000 万美元	B 轮	常春藤资本
	2014. 8	悦跑网	SNS 社交	数百万元	天使投资	
	2014. 7	迪信通	硬件	4875 万美元	IPO 及以后	联想、联通、TCL 通讯
	2014. 6	创投圈	金融	400 万美元	A 轮	和玉基金
	2014. 6	生日管家	SNS 社交	1000 万元	A 轮	东方华盖
	2014. 6	彩生活	消费生活	1000 万美元	IPO 及以后	
	2014. 6	9158 聚乐	娱乐文化	数千万美元	IPO 及以后	
	2014. 5	聚胜万合	广告营销	N/A	战略投资	
	2014. 5	Broadlink	硬件	1000 万美元	B 轮	京东
	2014. 4	途牛	旅游	2000 万美元	IPO 及以后	携程
	2014. 4	趣游	游戏	N/A	战略投资	
	2014. 4	蓝信	企业服务	数百万元	A 轮	
	2014. 4	美咖相机	娱乐文化	数千万元	A 轮	
	2014. 3	书生电子	硬件	数千万元	A 轮	
	2014. 2	云安世纪	企业服务	数百万元	A 轮	
	2014. 1	恋爱笔记	SNS 社交	数百万元	天使投资	
	2014. 1	大连捷诺科技	移动互联网	N/A	A 轮	
	2014. 1	萌我爱游戏	游戏	数百万元	天使投资	
	2014. 1	京华良子	消费生活	数千万元	A 轮	
国外	2014. 7	EyeVerify	移动互联网	600 万美元	A 轮	三星
	2014. 7	Spire	企业服务	2500 万美元	A 轮	RRE Vertures

IT 桔子的数据库显示，2014 年奇虎 360 的投资和收购有 24 起，从所披露的投资金额估算年度投资额近 7 亿美元，主要集中在企业安全、硬件、文化娱乐、移动互联网等方向，资金分布上也基本上一致。和其他几家公司不一样的

是，奇虎 360 在 2014 年的投资案例中有 4 起是作为公司 IPO 前的基石投资者来入股的。

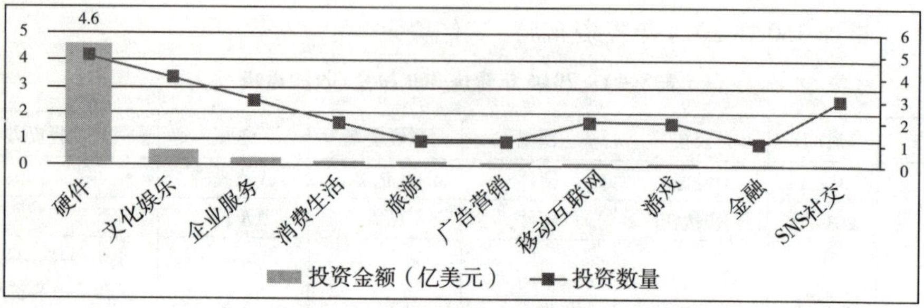

图 8－7：奇虎 2014 年投资布局

智能硬件领域是奇虎 360 在 2014 年的投资中，数量最多、金额最大的。此前 360 主要是自己推新品、快速迭代，2014 年则调整了策略，更注重合作与布局，最大手笔的投资当属 4.09 亿美元投资酷派大神手机、成立合资公司，此外参与了数码分发渠道迪信通上市的基石投资。其他都在单品策略上，包括 Broad-Link、快按钮等。文化娱乐领域，奇虎 360 有 4 起投资，包括多听网络、界面、美咖相机等，此外依然是作为基石投资者持股而进。其他领域奇虎 360 投资策略比较分散，而且金额也都较少，但覆盖范围比较广，而且奇虎 360 在这些领域的投资偏早期和天使阶段为主。

2. 奇虎 360 的互联网业务版图

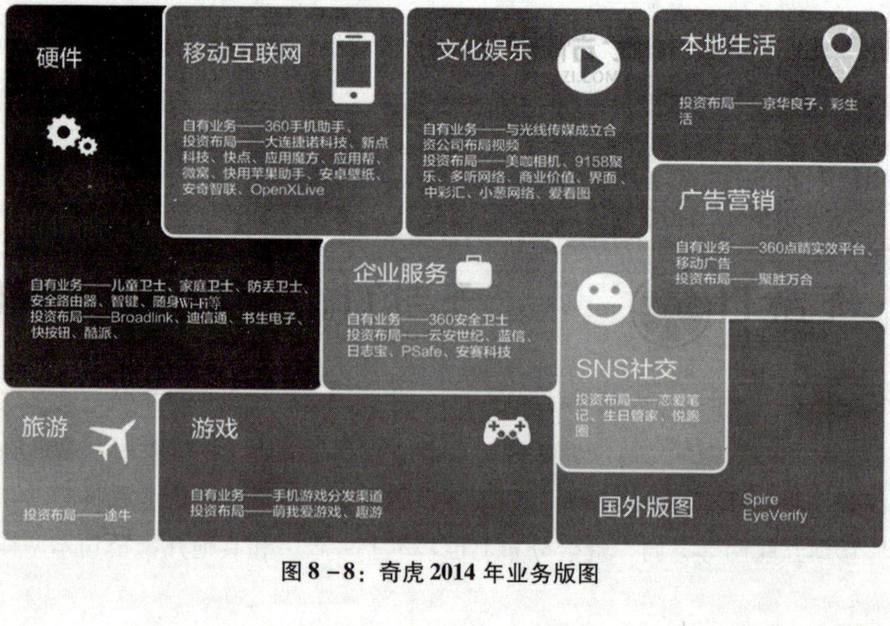

图 8－8：奇虎 2014 年业务版图

（五）小米（雷军）系

2014年是小米快速发展的一年，迅速成长为全球市值最高的非上市公司，业务上也从此前的手机、数码扩展到智能家居、医疗健康等多个领域，对于创始人雷军而言，更重要的是生态系统的建设，围绕小米、金山、顺为、猎豹移动等构建了一个庞大的生态链，无论是在自有业务还是投资上都实现了跨越式发展。

1. 小米（雷军）系在2014年的投资：32亿美元

表8-5：2014年雷军/小米系投资盘点

	时间	公司	领域	融资金额	领域	其他投资方
国内投资	2014.12	世纪互联	企业服务	2.92亿美元	IPO及以后	金山、淡马锡
	2014.12	美的集团	硬件	12.66亿元	战略投资	
	2014.11	优酷土豆	文化娱乐	1000万美元	IPO及以后	
	2014.11	爱奇艺	文化娱乐	3亿美元	战略投资	顺为、百度
	2014.11	全民奇迹	游戏	数千万元	B轮	
	2014.11	凯立德	移动互联网	8400万美元	战略投资	
	2014.10	电话邦	移动互联网	数千万美元	A轮	晨兴、龙腾资本、DST、纪源资本
	2014.10	云柚科技	硬件	数百万美元	A轮	
	2014.10	LBE安全大师	企业服务	数千万美元	B轮	
	2014.9	积木盒子	金融	3719万美元	B轮	顺为、经纬、祥峰投资、银泰资本、和玉基金
	2014.9	iHealth	医疗健康	2500万美元	A轮	
	2014.9	界面网络	文化娱乐	数亿元	A轮	小米科技、海通证券、国泰君安、联想弘毅、卓尔传媒等
	2014.8	金山云	企业服务	数亿元	战略投资	
	2014.4	迅雷	文化娱乐	3.1亿美元	战略投资	晨兴、IDG、金山
	2014.4	猎豹移动	移动互联网	5000万美元	IPO及以后	百度、金山
	2014.2	西山居	游戏	2500万美元	战略投资	金山
	2014.1	和创科技	企业服务	数千万元	B轮	复星昆仲
	2014.1	华米科技	硬件	数千万元	A轮	顺为基金

续表

	时间	公司	领域	融资金额	领域	其他投资方
国内收购	2014.11	RIGO Design	企业服务	N/A	收购	
	2014.1	瓦力网络	移动互联网	N/A	收购	
国外投资	2013.12	Misfit	硬件	4000万美元	C轮	纪源、顺为、京东等
雷军	2014.2	凡客诚品	电子商务	1亿美元	战略投资	IDG、联创策源、赛富、启明、淡马锡等
顺为基金投资	2014.12	华米科技	硬件	3500万美元	B轮	高榕、红杉、晨兴
	2014.12	人人车	汽车交通	2000万美元	B轮	联创策源、红点
	2014.12	爱空间	房产酒店	6000万元	A轮	
	2014.11	Egret Engine	游戏	1000万美元	A轮	
	2014.10	阿姨帮	消费生活	数千万美元	B轮	祥峰投资、联创策源
	2014.10	51Talk	教育	5500万美元	C轮	红杉、DCM
	2014.9	我有外卖	消费生活	8000万元	A轮	深创投
	2014.9	丽维家	消费生活	数千万元	A轮	
	2014.9	闺蜜圈	SNS社交	1000万美元	B轮	光速
	2014.9	YOU+国际青年公寓	房产酒店	1亿元	A轮	
	2014.9	星空琴行	教育	数千万美元	B轮	蓝驰创投
	2014.9	维立克教育	教育	数百万美元	A轮	天使谷
	2014.7	一起作业网	教育	2000万美元	C轮	老虎基金、H Capital
	2014.7	发现旅行网	旅游	数百万美元	A轮	
	2014.4	人脉通	SNS社交	1000万美元	B轮	红点投资
金山软件	2014.9	珠海乐趣科技	游戏	5000万元	A轮	
	2014.3	好外教网	教育	数百万元	天使投资	联想之星
猎豹移动	2014.8	魔秀科技	移动互联网	5500万元	收购	
	2014.6	品众互动	广告营销	3000万美元	收购	
	2014.4	奖多多	文化娱乐	5400万元	收购	

据 IT 桔子的数据库显示，包括小米、金山、顺为、猎豹在内的各个雷军系生态链投资和并购的公司有 42 起，金额近 32 亿美元。

2014 年小米投资覆盖的行业较多，重要投资包括两个方向，一个是硬件，一个是文化娱乐。在硬件上，小米 12.66 亿元战略投资美的集团，对其智能家居业务做了重要的铺垫，其他的投资则包括华米科技、Misfit、云柚科技、iHealth 等；文化娱乐则是重点在补充内容的短板，包括爱奇艺、优酷土豆、迅雷、界面网络等，重点围绕视频内容进行布局。

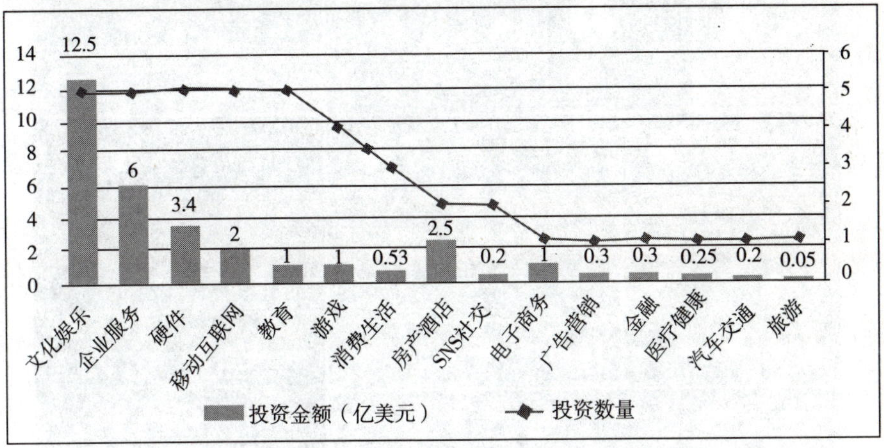

图 8－9：小米（雷军）系 2014 年投资布局

顺为基金在 2014 年投资中最关注的是教育领域，投资了 4 家公司，其中包括 K12 阶段的一起作业、语言学习方向的 51Ttalk、兴趣教育的星空琴行、出国留学方向的维立克教育等。此外，顺为在消费生活 O2O 的各个方向也进行了布局，包括主打本地生活的阿姨帮、我有外卖；还有在房产领域的 YOU + 青年公寓、爱空间等。猎豹移动上市后，主要围绕变现进行部署，包括收购品众互动及奖多多等。其次小米系在围绕企业端或者开发者也进行了一些部署，包括 LBE 安全大师、IDC 服务商、世纪互联等。国际化战略上，小米系更注重自身业务在海外市场的扩展，例如主要投资了硬件方向上的可穿戴设备公司 Misfit。

2. 小米（雷军）系的互联网业务版图

图 8－10：小米（雷军）系 2014 年投资布局

三、2014 年中国互联网产业并购分析

2014 年互联网资本市场上，除投资非常活跃之外，收购也呈现出一片如火如荼的景象。受到股市新政、IPO 开闸及传统行业与互联网行业大融合等因素影响，整个 2014 年的国内收购不断。据 IT 桔子数据库显示，2014 年国内共发生 220 起并购事件，相比 2013 年的 92 起收购增幅达到 139%，其中 143 起收购披露了详细金额，合计达到 1181.04 亿元，2014 年整个互联网的收购盘子可能达到了 1500 亿元。

（一）收购所发生的细分领域及金额分布

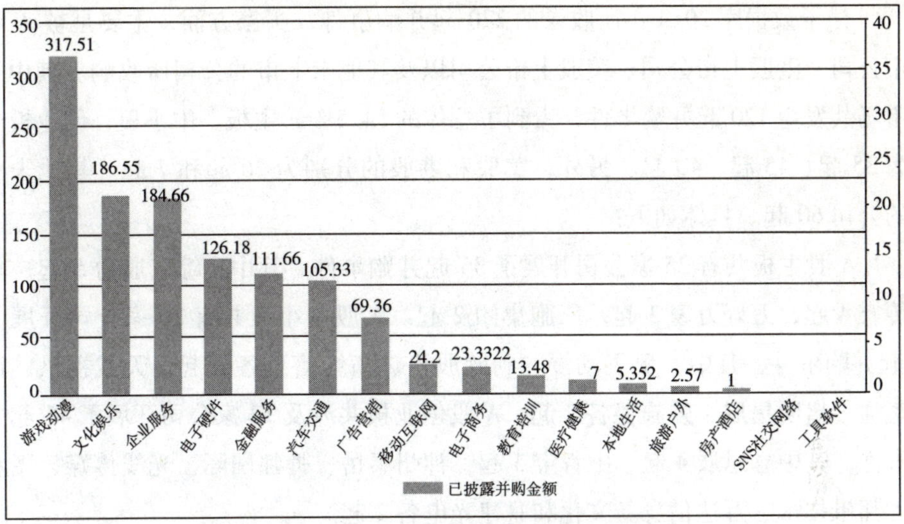

图 8-11：2014 年国内并购事件领域分布情况

具体到细分领域，220 起收购事件共覆盖了 16 个领域，其中最受欢迎的题材依旧是游戏动漫、企业服务、教育培训、文化娱乐。上述 4 个领域共计贡献了 125 起，占到总体的 56.8%。其中，游戏动漫 41 起，占到了总体的 18.6%；企业服务 37 起，占比 16.8%；教育培训 24 起，占比 10.9%；文化娱乐 23 起，占比 10.5%。

并购中游戏动漫、企业服务、文化娱乐三大领域合计占比 59%，占据了半壁江山。①

此外，汽车交通、金融服务和电子硬件尽管所涉事件较少，但金额较大，如阿里巴巴 15 亿美元并购高德地图，大智慧 90 亿元收购湘财证券，清华紫光 9.07 亿美元收购纳斯达克上市公司锐迪科。

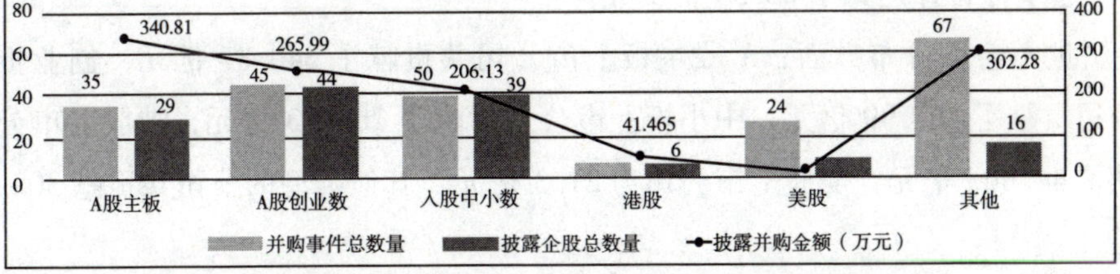

图 8-12：2014 年国内并购事件并购方身份属性情况

① IT 桔子. 细数 2014 融资并购：总金额或达 1500 亿元［EB/OL］. http://tech.sina.com.cn/i/2015-02-25/doc-icczmvun6266451.shtml，2015-02-25.

（二）收购买家分析

IT 桔子数据库 2014 年所收录的 220 起并购事件，买家方面，主要是被 A 股上市公司、港股上市公司、美股上市公司以及其他未上市的公司所收购。其中 A 股市场共发生 120 起并购事件，占到了总体的 54.5%，主板、中小板、创业板分别为 35 起、45 起、40 起。另外，美股和港股的分别为 26 起和 7 起。其他未上市的公司 60 起。具体如下：

1. A 股主板共有 25 家公司开展了 35 起并购事件。其中，综艺股份 5 起，华闻传媒 4 起，万好万家 3 起，三胞集团 2 起。A 股中小板共有 30 家公司开展了 40 起并购事件，其中，奥飞动漫、利欧股份、拓维信息各 3 起，天威视讯、世纪华通、启明星辰、爱施德各 2 起。A 股创业板共涉及 32 家公司开展了 45 起并购事件，其中立思辰 4 起、中青宝 3 起，神州泰岳、腾邦国际、光线传媒、飞利信、邦讯技术、万达信息新文化和联建光电各 2 起。

2. 美股市场上，纽交所 4 家中国概念股公司开展了 6 起并购事件。其中，猎豹移动 3 起，智联招聘 2 起，58 同城 1 起。纳斯达克 13 家中概股公司共贡献了 20 起，其中，百度 3 起，欢聚时代、新东方、搜狐、网秦、世纪互联各 2 起，新浪、WPP 集团、迅雷、爱康国宾、人人公司、唯品会、携程分别为 1 起。

3. 港股市场上，6 家上市公司开展了 7 起并购事件。其中腾讯 2 起，分别为 11.73 亿元收购四维图新、收购科菱航瑞。

4. 其余 60 起并购事件主要由未上市公司（包括公司正式上市前）完成。其中阿里巴巴在未上市前的 6 起收购最惹人注目，包括高德（15 亿美元）、文化中国（62.44 亿港币）、恒生电子（32.99 亿元）、UC 浏览器、酷飞在线和阿斯兰，前 3 起收购即达到 176.87 亿元，而对 UC 34% 股权的收购，价值在 40 亿美元左右，4 起事件合计达到了 68.34 亿美元。

并购总金额分布方面，A 股主板上市公司共贡献了 340.87 亿元，创业板上市公司贡献了 265.99 亿元，中小板上市公司贡献了 206.13 亿元，港股上市公司贡献了 44.465 亿元，美股上市公司为 21.3 亿元，其他类型的公司共贡献 302.28 亿元。

（三）被收购公司背后的 VC

2014 年 IT 桔子数据库所收录的 220 起事件中的 72 起有明确的投资方信息。从并购作为投资机构的退出渠道来看，其中，经纬中国曾投资的公司通过收购退出最多，有 5 起退出，红杉、IDG、德同、深创投分别有 4 起，顺为、创新工场、金沙江分别有 3 起。

2014 年主要投资机构的并购退出情况，具体见下图。

VC/投资方	并购退出数量	相关公司
经纬中国	5	传漾科技、艾格拉斯科技、卖座网、瓦力网络、海豚浏览器
红杉	4	新娱兄弟、亿程信息、乐峰网、海豚浏览器
IDG资本	4	5173游戏网\亿美软通\Jing,fm\39健康网
深创投	4	蓝色火焰、九合天下、东蓝数码、环环易购
德同资本	4	乐淘网、梦巴莎、掌上明珠、育翰
顺为基金	3	UC浏览器、美桌软件设计、乐淘网
创新工场	3	智明星递、同步推、途客网
金沙江投资	3	梦巴莎、拉手网、点点互动
软银中国	2	天品网、亿程信息
联创策源	2	UC浏览器、乐淘器
纪源资本	2	聚胜万合、UC浏览器
青松基金	2	啪啪三国、Jing.com
德迅投资	2	深圳道熙科技、瑞高
阿米巴资本	2	传谋网、中科奥科技
海纳亚洲	2	传递科技、艾格拉斯科技
北极光创投	2	骏梦网络、星创互联
上海永宣投资	2	天游软件、强视传媒
蔡文胜	2	网步推、欣欣旅游
人人公司	2	56网、糯米网
宽带资本	2	乐蜂网、掌上明珠
腾讯	2	智明星通、星创互联
华映资本	2	品众互动、艾德思奇
光速创投	1	聚姓万合
晨兴创投	1	UC浏览器
诺基亚成长基金	1	UC浏览器
兰馨亚洲	1	点点互动
贝塔斯曼	1	传课网
中国文化产业投资基金	1	骏梦网络
上海文化产业投资基金	1	智翔科技
老虎基金	1	梦芭莎
极客帮	1	星创互联
华创资本	1	捉米
启明创投	1	瓦力网络
同创伟业	1	智翔科技
达晨创投	1	蓝色火焰
君联资本	1	问我
五岳天下	1	三国战神
真格基金	1	时差网
华平资本	1	郁金香传媒
银泰资本	1	新娱兄弟
蓝驰创投	1	天品网
DCM	1	快钱支付
祥峰投资	1	传漾科技
清科创投	1	梦芭莎
戴晖创投	1	广州三乐
360投资	1	游久时代
高通	1	海豚浏览器

图 8－13：2014 年主要投资机构的并购退出情况

（四）2104 年收购的其他特点：终止收购、上市公司也被收购

1. 2014 年国内并购事件中出现 7 起终止收购案例。这些基本都发生在游戏领域，出现的原因包括游戏公司业绩出现巨幅变化、团队震荡，还有上市公司自身在资本上的挑战等。其中，上市公司通过公告宣布终止或者暂停收购的事件包括：键桥通讯终止收购北京精麦通无线；德力股份终止收购武神世纪；天润控股终止收购旭游网络；新国都终止收购范特西；中青宝暂停收购小奥游戏、美峰数码、名通科技等。

2. 被收购的公司标的本身就是上市公司。这样的案例也有 8 起，包括：紫光集团有限公司收购纳斯达克上市公司锐迪科纳斯达克；稼轩集团收购港股公司中国星文化产业；阿里巴巴收购港股公司文化中国、高德、恒生电子；腾讯收购中小板四维图新；iSpeak（许旭东）收购酷 6 网；三胞集团收购麦考林公司。

附录：2014 年互联网并购事件大盘点

2014 年互联网并购投资潮可谓风起云涌，据 DoNews 对 2014 年国内互联网行业并购案例梳理分析可知：2014 年互联网投资并购案无论是从投资并购数量，抑或是从投资并购金额上都进入井喷态势。据 DoNews 梳理分析指出，BAT 巨头中，阿里巴巴、腾讯在今年的投资并购中相对活跃，百度却相对保守，而以雷军掌舵的小米成为 2014 年投资领域新的黑马。以下重点盘点 2014 年互联网并购重大事件。

1. 阿里巴巴并购 UC

2014 年 6 月 11 日，阿里巴巴集团与 UC 优视联合宣布，UC 优视全资融入阿里巴巴集团，并组建阿里 UC 移动事业群。UC 优视董事长兼 CEO 俞永福将担任 UC 移动事业群总裁，进入阿里集团最高决策团队——阿里集团战略决策委员会。对于此次并购，俞永福称，整个交易对 UC 的估值远远超过了之前“中国互联网最大并购交易”的百度对 91 的收购，而在完成交易后，赴美 IPO 的阿里集团也为其上市补上了移动互联环节最重要的一笔。

阿里巴巴对 UC 的渗透由来已久，这也是继 2009 年、2013 年阿里集团三次对 UC 优视投资后，双方实现的全面融合。早在 2009 年，UC 优视曾获阿里巴巴集团、晨兴投资、联创策源共三家机构的战略投资，双方初步结缘；2013 年 3

月，阿里巴巴花费 5.06 亿美元增持 UC 优视，两者关系再进一步；2013 年 12 月，阿里巴巴进一步增持 UC，支付现金 1.8 亿美元，此时，阿里巴巴将最终入主 UC 的迹象就已经逐渐明朗了起来。也正是因为如此众多的布局在先，UC 正式融入阿里巴巴，也就显得水到渠成。[①]

此次收购一方面将给阿里巴巴提供稳定、持续的大入口，弥补移动端大流量入口短板，大幅缓解阿里巴巴的“移动端入口焦虑症”；另一方面阿里巴巴可借助俞永福和 UC 对旗下的移动电商业务进行整合。而对 UC 来讲，也可通过阿里巴巴实现曲线上市。

2. 腾讯入股京东

腾讯和京东“联姻”，可谓 2014 年开年以来，影响电商布局最重要的一枚棋子。2014 年 3 月 10 日，腾讯控股发布公告，腾讯与京东建立战略合作伙伴关系，腾讯以约 2.15 亿美元入股京东，拿到京东 15% 左右的股权，并可在后者上市时追加认购 5% 的股权。京东则将收购腾讯旗下 B2C 平台 QQ 网购和 C2C 平台拍拍网的 100% 权益、物流人员和资产，以及易迅网的少数股权和购买易迅网剩余股权的权利。腾讯总裁刘炽平将进入京东董事会。双方还将签署战略合作协议，腾讯向京东提供微信和手机 QQ 客户端的一级入口位置及其他主要平台的支持，以助力京东在实物电商领域的发展；双方还将在在线支付服务方面进行合作，以提升顾客的网购体验。

腾讯在京东上市后再度斥资 13.25 亿美元收购股份。据腾讯测算，其付出的代价约为 169.59 亿元人民币，持有京东股权合计 17.43%。

总之，为了圆自己的电商梦想，腾讯在自营多年毫无建树的情况下，最终决定花钱购买下京东。而与腾讯的联合，不仅帮助京东在 IPO 前夕加足了筹码，也让京东大幅度拉近了和天猫的距离。

3. 阿里 12.2 亿美元入股优酷土豆

2014 年 4 月 28 日，优酷土豆与阿里集团宣布建立战略投资与合作伙伴关系，阿里巴巴和云锋基金以 12.2 亿美元购得优酷土豆 A 股普通股 721,120,860 股（每 18 股优酷土豆 A 类普通股相当于一股 ADS），阿里巴巴持股比例为 16.5%，云锋基金持股比例为 2%。此外，阿里集团将委派其 CEO 陆兆禧加入优酷土豆董

---

① 向密．盘点：2014 互联网投资并购［EB/OL］．http://b2b.toocle.com/detail--6221100.html，2014-12-29.

事会。

阿里巴巴集团董事局主席马云表示，这是一次重要战略举措，该举措将进一步扩大阿里巴巴生态系统，同时为阿里巴巴的客户带来新的产品和服务。

4. 阿里巴巴收购高德剩余股权

2014 年 4 月，高德控股有限公司对外宣布，已经与阿里巴巴达成了确定性收购协议，阿里巴巴将以每股普通股 5.25 美元或每股美国存托股份（ADS）21.00 美元的收购对价收购高德其余 72% 的股份，收购完成后，高德将退市。①

5. 腾讯 7.36 亿美元入股 58 同城

2014 年 6 月 28 日，58 同城联合腾讯控股公司发布公告，腾讯将以 7.36 亿美元投资 58 同城。交易完成后，腾讯将拥有 58 同城全面摊薄后 19.9% 的股份和 15.2% 的投票权，成为 58 同城第一大机构股东。根据投资协议，腾讯将以 20 美元/股的价格认购 58 同城 3680.5 万股 A 类及 B 类普通股。

其后，腾讯又再度增持 58 同城两次。2014 年 9 月 22 日至 25 日，腾讯通过 THL E Limited 总共买入 58 同城 5，477，992 股普通股，交易总规模约为 1 亿美元，这让腾讯对 58 同城的投资总额增加至 8.36 亿美元；10 月 3 日，腾讯全资子公司 THL E Limited 斥资约 2300 万美元，购入 58 同城 616，621 股 ADS（美国存托凭证），持股比例上升至 25.3%。

对于已经将本地生活服务提升到重要战略位置的腾讯而言，如何实现本地化 O2O 一直是腾讯面临的难题。58 同城作为国内领先的本地信息服务平台，天然具备了 O2O 的基因，可以帮助腾讯实现大量用户的本地信息服务。另外，与入股大众点评、京东一样，入股 58 同城，可以让腾讯拥有更为专业的服务商实现其移动流量的转化，让流量更具价值。不过，腾讯虽然坐拥庞大的移动流量，但转化率如何仍然值得商榷。

6. 阿里巴巴玩转跨界，53.7 亿港币投资银泰商业

2014 年 3 月 30 日，阿里巴巴集团与银泰商业集团共同宣布，阿里集团将以 53.7 亿港币对银泰商业进行战略投资。双方将打通线上线下的未来商业基础设施体系，并将组建合资公司。在本次合作中，阿里集团将以认购银泰商业新股及可转换债券的方式进行投资，总投资额 53.7 亿港币。交易完成后，阿里集团将

---

① 向密．盘点：2014 互联网投资并购［EB/OL］．http：//b2b. toocle. com/detail－－6221100. html，2014－12－29.

持有银泰商业9.9%的股份及总额约37.1亿港币的可转换债券。双方约定在未来三年内，在相关法律法规许可的前提下，阿里集团可将可转换债券转换为银泰商业的普通股股份，从而使得阿里集团最终在银泰商业的持股比例不低于25%。

阿里巴巴战略投资银泰商业，是阿里全面加速O2O领域布局、推进线上连接线下的重要信号。对于缺乏线上入口的阿里巴巴而言，投资线下实体品牌，更多的是为了线上觅入口、线下寻出口。

7. 腾讯4亿美元入股大众点评，重点布局O2O

2014年2月19日，腾讯控股和大众点评网宣布，腾讯以认购新股的方式，成为大众点评网占股约20%的股东，并保留未来认购大众点评网额外股份的权利。大众点评将保持独立运营。同时，大众点评入口已经出现在腾讯微信平台上。

通过此次战略合作，大众点评的商户信息、消费点评、团购、餐厅在线预订等本地生活服务，将与QQ、微信等腾讯产品合作，用户可以通过多平台获取优质的本地生活内容，同时也为商户提供移动互联网O2O解决方案，增强双方平台的黏性和价值。

在先后收获阿里、百度等巨头抛出的橄榄枝后，大众点评最终选择了腾讯，这也意味着BAT在O2O市场上的竞争将更加激烈。两者的联合，不仅给了微信支付一个绝佳的应用场景，也让大众点评获得了微信的基础平台和支付支持。但双方是否能够真正实现一加一大于二的结果，目前还不得而知。

8. 腾讯14.97亿港币入股华南城

2014年1月15日，主营批发市场、仓储物流的地产开发商华南城发布公告，称以2.2港币/股的价格向腾讯的一家全资附属公司发行6.803亿股新股，完成交易后，腾讯将持有华南城9.9%的股权。交易规模约为14.97亿港币。此外，华南城还表示，向腾讯售出购股权，对方可以以3.5港币（可调整）的价格进一步认购2.448亿股新股份。按这一价格，这一部分的规模将达到8.568亿港币。完成这一交易后，腾讯持有华南城的股权比例将达到13.0%。

9. 阿里巴巴12亿元入股恒大足球

2014年6月5日，阿里巴巴集团宣布与恒大足球达成战略合作协议，将与其在恒大足球俱乐部层面展开合作。阿里巴巴将向恒大方面支付12亿元，以此购买恒大足球俱乐部50%的股权。阿里巴巴集团董事局主席马云表示，希望通过与恒大的平等合作，共同促进中国足球的发展。

此次进军足球，是阿里巴巴在为未来的文化娱乐与健康产业布局。2014 年 1 月，阿里巴巴集团宣布收购中信 21 世纪，为医疗产业布局。2014 年 3 月以来，阿里巴巴集团更是先后收购和入股了文化中国、优酷土豆集团等，还与华数传媒达成战略合作。马云控制的云溪投资则以 65.36 亿元的价格入股华数传媒。

入股广州恒大之时，阿里集团正在赴美上市，入股一事为阿里巴巴赴美上市提振士气。从业务层面来看，未来社区电商将是最重要的业务领域之一，一个是中国最成功的房地产商之一，一个是中国最大的电商公司，两者合力或许能在社区电商有所建树。

10. 百度全资收购糯米网

2014 年 1 月，百度和人人公司联合宣布签署协议，百度收购人人所持的全部糯米网股份，百度成为糯米网的单一全资大股东。业内人士表示，百度在对糯米网战略投资后进一步全资收购，表明糯米团购业务和百度核心业务产生了明显的协同效应。全资收购后糯米团购业务将和百度包括搜索、地图等明星产品以及线下的销售渠道进行更深度的整合。

11. 小米投资优酷土豆

2014 年 11 月 12 日，优酷土豆集团在上海宣布与小米公司达成资本和业务方面战略合作，双方将在互联网视频领域开展内容和技术的深度合作，共同研发视频移动端播放等技术，小米公司将在优酷土豆的自制内容、联合出品、发行和影视类节目制作上展开合作。

投资优酷土豆，是小米首次在视频领域展开动作。如果与优酷土豆的合作成功，那么小米科技将与其他更多内容提供商合作，这些内容提供商可能是视频内容，也可能是其他形式的内容。对于优酷土豆而言，受困于广电政策的限制，优酷内容未来或许可以在小米电视、电视盒子上播放，也可以与小米路由器进行深度整合。

12. 小米投资爱奇艺

2014 年 11 月 19 日，小米和顺为资本联合宣布，小米和顺为资本以 18 亿元人民币（3 亿美元）入股爱奇艺，百度也同时追加了对爱奇艺的投资。此轮投资完成后，爱奇艺将与战略股东百度和小米在内容、技术产品创新，尤其是移动互联网领域展开深度合作。这次投资是小米自创办以来最大单笔投资。

百度公司董事长兼首席执行官李彦宏表示："百度对打造互联网产业的良性生态始终持开放的态度，将一如既往地支持爱奇艺的发展，并欢迎小米的加入。"

而作为投资人，将公司成立以来最大单笔投资额投资给爱奇艺的小米公司创始人、董事长兼 CEO 雷军看来，小米非常重视视频在未来互联网生活中的重要地位，投资爱奇艺也是看好爱奇艺团队和发展前景。

对于一直积极寻找终端合作伙伴的爱奇艺而言，小米 8500 万的 MIUI 用户和全球第三大手机厂商的影响力，对于爱奇艺而言是再合适不过的合作对象。小米能帮助爱奇艺进一步扩大在移动视频领域的市场份额和优势，也将为爱奇艺未来 IPO 添加重要砝码。另外，小米与优酷土豆、爱奇艺的结盟，也是在与二者背后的巨头阿里巴巴以及百度建立盟友关系。

13. 小米入股美的

2014 年 12 月 14 日，小米公司与美的集团同时发布公告，宣布小米科技将与美的集团达成战略合作，小米科技斥资 12.66 亿元入股美的集团，美的集团将以每股 23.01 元价格向小米科技定向增发 5500 万股，募资不超过 12.66 亿元。此次交易完成后，小米科技将持有美的集团股份 1.29%，并可提名一名核心高管为美的集团董事。

公告显示，双方将在智能家居及其生态链、移动互联网业务领域进行多种模式深度的战略合作，并对接双方在智能家居、电商和战略投资等领域的合作团队。

从小米近期的投资动向来看，目前该公司正努力完善智能家居生态链。然而以小米一家之力也很难直接进入家电行业，与美的联合可以帮助其快速补足产能短板。业内人士多认为，小米和美的的交易将对家电行业格局产生巨大影响，同时也将对传统家电行业走向智能家居产生推动作用。①

张永年（厦门理工学院数字创意学院讲师）

---

① 向密．盘点：2014 互联网投资并购［EB/OL］．http：//b2b. toocle. com/detail－－6221100. html，2014－12－29.

第九章　资本运作与企业上市：产业整合与超级企业

互联网具有赢者通吃和行业边界拓展成本低的特点，而且，很多具体领域其实具有很强的关联性，这也正是文化产业产业链的关联性和互联网无边界的特性，整个互联网文化产业的业态正在呈现整合的趋势。而在这个整合的趋势下，依据生活方式、科技进步、文化消费习惯的微变所带来的项目创新，是未来整个互联网文化产业生态下发展与上市的重要抓手与途径。

我们可以依托互联网文化产业领域内的重点公司进行梳理与分析，把握互联网文化企业的资本运作，把握内容企业与平台企业的上市热点及趋势。

一、互联网文化企业的资本运作

对于已上市的重点互联网文化企业的资本运作着手进行分析，可以基本把握互联网文化产业的资本运作动态。我们可以从四大方面着手：BAT 的资本运作；成立并购基金进行投资；业务互联网化的并购与投资；新三板上市融资。

（一）BAT 的资本运作

研究互联网文化企业的资本运作，首先便是研究以 BAT 为代表的互联网文化企业的资本运作特点。根据分析，阿里巴巴市值约等于除腾讯和百度之外，所有上市文化企业市值之和，也约等于腾讯和百度的市值之和。[①]

2014 年，互联网巨头生态布局趋于完善，开始走向实质性的垂直化发展竞争，众多互联网文化产业热点领域加速竞合，市场格局已经比较明显。总体来

① 陈少峰. 2015 中国文化企业报告［M］. 清华大学出版社，2015.

看，BAT 布局互联网文化产业主要集中在游戏、视频、网络文学、影视以及相关平台方面。详见表 9－1。

表 9－1：2014 年 BAT 的互联网文化产业布局

BAT	月份	标的公司	金额	所属行业及业务
百度	5 月	蓝港互动	2000 万美元	移动游戏开发商
	11 月	爱奇艺	3 亿美元	在线视频网站
阿里	3 月	文化中国传播集团	8.04 亿美元	影视传媒
		百程旅行网	2000 万美元	境外旅游服务商
	4 月	华数传媒	10.5 亿美元	数字电视服务商
		优酷土豆	12.2 亿美元	在线视频
		V 电影	千万级人民币	影视社交平台
	5 月	恒大足球	1.92 亿美元	职业足球俱乐部
	6 月	21 世纪传媒	5 亿元人民币	报业传媒
	7 月	Kabam	1.2 亿美元	美国游戏开发公司
	8 月	芭乐网	1 亿元人民币	原创影视内容发行和运营平台
	9 月	华谊兄弟	5.81 亿美元	影视制作公司
	11 月	陌陌	6000 万美元	陌生人社交应用
		KTPlay	百万级人民币	移动游戏平台
腾讯	1 月	星创互联	千万级人民币	手机游戏开发商
	2 月	同程旅游网	5 亿元人民币	旅游预订网站
	3 月	CJ Games	5 亿美元	韩国手游公司
	5 月	擎天柱	1.5 亿元人民币	游戏开发商
		Whisper	3600 万美元	美国匿名社交应用
	6 月	TapZen	800 万美元	美国移动游戏公司
	9 月	Altspace VR	400 万美元	美国虚拟现实研发商
		我趣	2000 万美元	出境游线路服务网站
	10 月	快看	2000 万美元	移动社交应用
	11 月	Heirloom	100 万美元	美国图片分享应用
		华谊兄弟	5.81 亿美元	影视制作公司
		4：33 Creative Lab	1.1 亿美元	韩国游戏工作室
	12 月	Kamcord	1500 万美元	美国移动游戏视频录制工具
		Aiming	－－	日本游戏工作室
		Play Dots	1000 万美元	美国手游开发商

BAT 布局互联网文化产业主要目的就是要优先布局并整合产业链，产业链的布局要远远高于利润的实现。从 BAT 的整体布局来看，根据逐鹿网的不完全统计，2014 年总计有 94 家公司与 BAT 发生资本关系，涉及资金达到 150 亿美元到 180 亿美元之间，其中，百度动用了 20 亿美元到 30 亿美元，收购或投资了 15 家公司，阿里动用了 60 亿美元到 70 亿美元，投资或收购了 36 家公司，腾讯动用了 70 亿美元到 80 亿美元，投资或收购了 44 家公司。在最受 BAT 青睐的领域排行里，O2O（14 家公司）名列榜首，游戏（11 家公司）位居次席，文化娱乐（10 家）和技术服务（10 家）并列第三。看上去，BAT 既有兴趣参与流行文化和内容消费，也不忘持续强化自己身为科技企业的立足之本，这种充满居安思危色彩的布局，正是 BAT 难被轻易颠覆的护城河战略。①

（二）成立并购基金进行投资

纵观全年，上市文化企业与 PE、券商等机构合作成立并购基金或者投资公司，进行并购重组方面的“长线合作”和“布局未来”是互联网上市文化企业发展的一个普遍现象。具体模式为：成立并购基金或者投资公司，对目标收购对象进行控股型收购，待业务成熟后，选择将该资产出售给上市公司，或选择现金退出，或参与换股收购退出。这种方式可以为上市公司储备更多的并购标的，提供过桥资金，也可以服务于上市文化企业的全业务发展。在很大程度上也加快了产业整合和公司结构升级。详见表 9－2。

表 9－2：2014 年互联网上市企业成立投资公司情况表

时间	上市文化企业	出资额	基金/公司名称	关注方向
2014 年 4 月	掌趣科技	2000 万元	上海冠润创业投资合伙企业	智能手机及手机游戏
2014 年 4 月	百视通	首期 4 亿元	百视通投资公司	新媒体
2014 年 4 月	乐视网	1000 万元	领势投并基金	乐视生态产业链上下游资源
2014 年 4 月	天舟文化	4000 万元	移动互联网产业基金	移动互联网
2014 年 6 月	中青宝	1000 万元	移动互联网投资基金	除游戏领域之外的移动互联网
2014 年 6 月	山水文化	首期 0.2 亿－0.5 亿元	文化产业投资并购基金	文化产业
2014 年 6 月	当代东方	－－	华安当代文化产业基金	文化产业
2014 年 6 月	凤凰传媒	2500 万元	游戏产业创投基金	互动娱乐游戏

① 逐鹿网. 2014 年度 BAT 投资并购图谱［EB/OL］. http：//www. huxiu. com/article/105702/1. html, 2015－01－08.

续表

时间	上市文化企业	出资额	基金/公司名称	关注方向
2014 年 7 月	新华传媒	1.5 亿元	苏州八二五新媒体产业基金	新媒体及信息科技
2014 年 7 月	齐心集团	8000 万元	齐心和君产业股权投资基金合伙企业	文化用品上下游
2014 年 7 月	新文化	2.55 亿元	上海赛领新文化股权投资基金	文化产业
2014 年 11 月	华数传媒	10 亿元	浙江华数文化传媒产业投资合伙企业	新媒体

（三）业务互联网化的并购与投资

2014 年上市文化企业互联网化拓展主要表现在两个方面，一是与互联网化相关的业务并购，二是开展与互联网化相关的业务合作。详见表 9－3。

表 9－3：上市文化企业互联网化并购表

时间	上市文化企业	出资额	交易后股权比例	标的公司	核心价值
2014 年 5 月	华闻传媒	7.2 亿元	100%	邦富软件	互联网舆情管理
2014 年 6 月	数码视讯	5270 万元	51%	博汇科技	IPTV 和 OTT 全网监测监控
2014 年 10 月	省广股份	2.52 亿元	85%	上海恺达	移动互联网广告平台 AdTOUCH
2014 年 11 月	皖新传媒	1.57 亿元	45%	蓝狮子	数字出版
2014 年 12 月	蓝色光标	2437.5 万美元	11.69%	精硕科技	数据挖掘、分析和管理
2014 年 12 月	蓝色光标	2500 万美元	14.29%	晶赞科技	大数据处理与应用
2014 年 12 月	凤凰传媒	3.465 亿元	66%	传漾广告	互联网广告

除了以上直接并购之外，在互联网化业务合作拓展方面详见表 9－4。

表 9－4：上市文化企业业务互联网化拓展表

时间	上市文化企业	合作公司	合作内容
2014 年 3 月	浙报传媒	华数传媒	互联网电视终端业务
2014 年 4 月	当代东方	中兴九城	OTT 互联网电视视频内容
2014 年 4 月	数码视讯	广西广播电视	OTT 业务
2014 年 4 月	数码视讯	湖南有线集团	OTT 业务
2014 年 4 月	华数传媒	阿里巴巴	资本/云计算/大数据
2014 年 4 月	歌华有线	永新视博	高清交互数字电视平台及应用服务
2014 年 5 月	金亚科技	500 彩票网	OTT 终端产品

续表

时间	上市文化企业	合作公司	合作内容
2014年5月	时代出版	天源迪科	数字出版/新媒体/大数据
2014年5月	金亚科技	彩虹世纪	互联网电视音乐
2014年5月	吉视传媒	阅视无限	社交电视应用系统
2014年6月	当代东方	国广东方	OTT TV
2014年9月	省广股份	百度	大数据业务，精准的营销决策

（四）新三板上市融资

2014年IPO在停摆14个月后终于开闸，注册制改革得到推进、创业板首发、修订融资机制、新三板转板加速等一系列政策组合拳，推动了中国多层次资本市场的建设。

特别值得说的是新三板。2014年1月24日，被誉为“中国版纳斯达克”的新三板迎来一次史无前例的大扩容，266家公司集中挂牌，开启了资本盛宴的序幕。在此之前，新三板共有355家公司挂牌交易。根据股转系统统计数据显示，截至2014年12月31日，新三板挂牌公司已经达到1572家，而到2015年1月12日更是暴增至1633家。不到一年时间，新三板仅挂牌公司数量就增长了近4倍。总股本从扩容前的97.17亿股，增至2014年底的658.35亿股；总市值更是从553.06亿元增加至4591.42亿元，增长了7.3倍。

新三板融资小额、快速、灵活，投资者范围广泛，券商业务加码等因素均有利于新三板定增的发展。当然，2014年也有大批文化企业在新三板挂牌上市。

表9-5：2014新三板上市文化企业

公司名称	所属行业	上市时间
金天地	影视制作及发行	2014/1/24
欧迅体育	其他	2014/1/24
视威科技	终端设备及技术服务	2014/1/24
页游科技	网络游戏	2014/1/24
中视文化	其他	2014/1/24
舜网传媒	其他	2014/2/14
三多堂传媒	影视制作及发行	2014/3/20
尚思传媒	广告创意/代理	2014/5/6

续表

公司名称	所属行业	上市时间
盈富通	动漫	2014/6/6
中外名人	影视制作及发行	2014/6/13
约伴传媒	网络旅游	2014/6/20
荆楚网	资讯门户	2014/7/11
金诺科技	其他	2014/7/14
世纪工场	广告创意/代理	2014/7/30
华人天地	影视制作及发行	2014/8/1
银橙传媒	广告代理商及网络营销服务	2014/8/13
小白龙	其他	2014/8/14
春秋鸿	影视制作及发行	2014/8/21
兴致科技	手机游戏	2014/8/22
光影侠	娱乐与休闲	2014/9/12
聚宝网络	楼宇电视	2014/10/24
博润通	其他	2014/10/31
云南文化	文化传播	2014/11/3
北教传媒	出版业	2014/11/6
飞扬天下	网络游戏	2014/11/6
时空客	户外平面广告	2014/11/13
超级玩家	网络游戏	2014/11/17

二、互联网文化内容企业上市热点及趋势

2014 年度，影视与视频内容企业、网络文学与 IP 经营、网络游戏这三个方面成为上市热点，涉及影视、视频内容、互联网企业、网络文学、网络游戏等具体领域。

（一）影视与视频内容企业

影视与视频内容企业互联网化可以从制作、发行、放映三个角度来考察。制作角度的互联网化正在被互联网众筹所影响，如今的发行与营销则主要在互联网渠道上进行，放映角度可以分为线下影院放映和视频网站的线上放映，而线下影院放映的票务渠道则有被互联网化颠覆的趋势。

1. 传统影视企业互联网化

传统影视企业互联化从企业发展阶段来考察，诸如华谊、光线、华策等传统影视领军企业，企业发展到一定的阶段，与互联网巨头联姻（股权层面的合作），进行互联网化转型，是影视行业大型企业战略发展的必然。例如：阿里巴巴 24 亿元入股光线传媒，占股 8.8%，成为其第二大股东；华谊兄弟引入“三马”进行互联网化转型等，均是如此。可以预计，未来，传统影视企业如能独立上市，自然是更好，如不能独立上市，则有被互联网巨头或者文化产业相关领域的大型传媒集团并购的趋势。当然，在如今的行业发展的大形势下，即使传统影视企业独立上市，在互联网化转型方面，也少不了在股权层面引入互联网巨头。未来，在已经上市的影视公司股权层面，互联网巨头恐怕会有全面的渗透。

2014 年传统影视企业互联网化，值得说的案例是华谊兄弟引入“三马”的再融资，这次融资也被看作是迄今为止创业板规模最大的融资。在业务上，华谊未来如何在“游戏和电影”IP 中互相打通，这肯定少不了腾讯的帮助。此外，华谊兄弟新媒体还与腾讯 QQ 达成战略合作平台“星影联盟”，这款基于移动端的粉丝互动平台对华谊而言还有更深层次的战略布局，比如未来衍生品的开发，游戏定制开发等。除此之外，今后腾讯所拥有的网络游戏、文学作品在改编成影视剧作品时，华谊享有优先合作权，同时，腾讯庞大的用户量可以成为华谊互联网产品的潜在用户。马云可以算是华谊互联网化转型的领路人。华谊未来三年内将会有 10 部电影登录娱乐宝平台，从而得到融资、宣传推广。华谊电影作品在票务层面与淘宝的合作，则可以让其围绕自己的影视作品推出更多的周边产品。

2. BAT 进军影视行业上下游

如互联网业务的加速竞合一样，互联网对电影行业的改造也在加速。有钱、有资源、有渠道，BAT 向影视产业的快速渗透已不只是让国内影业大佬们开口闭口 BAT，2014 年的上海电影节上，博纳影业董事长于冬曾一语惊人，“未来，电影业都将为 BAT 打工”，现在看来，这并不是危言耸听。未来的电影产业会形成“寡头”垄断，强者恒强，小公司的生存机会更小，恐怕真的是趋势。正如王中军所说：“这和好莱坞很像。经过一百多年的发展，美国电影市场的格局已经非常稳定，好莱坞六大电影制片发行公司占据了市场 80% 的份额。未来中国电影市场也会朝这个方向发展。”

百度方面。百度旗下的爱奇艺在 2014 年 7 月 17 日成立爱奇艺影业公司，并与中信信托、中影集团合作推出了影视文化金融众筹平台“百发有戏”。此外，8月，百度旗下爱奇艺与电视剧行业领军企业华策影视联姻，成立华策爱奇艺影视公司，制作电视剧、电影、综艺等互联网影视内容。

阿里巴巴方面。2014年3月，阿里巴巴以62.44亿港币收购文化中国传媒近60%的股份，后成立阿里巴巴影业集团，进入影视内容制作领域。4月，马云和史玉柱一道以65亿元入股华数传媒。阿里携手云峰基金以12.2亿美元投资优酷土豆。马云在持有华谊兄弟4.03%股权的基础上，通过其控股的阿里创投参与华谊最新的定增计划，定增完成后，持有公司8.08%的股权。2015年3月，阿里24亿元投资光线传媒，占股8.8%。此外还有利用其在电商平台上积累的流量，上线“娱乐宝”项目。“今后阿里在大文化上的发展思路大体是以阿里影业为核心，依托华谊、华数、优酷土豆等公司在制片、播控、视频上的资源，利用原有电商零售优势开发相关衍生品。”

腾讯方面。腾讯的娱乐+社交基因是其进军电影行业的最好的基础。2014年9月，腾讯旗下腾讯互动娱乐宣布成立影视业务平台“腾讯电影+”，这是继腾讯游戏、腾讯动漫、腾讯文学之后，腾讯互娱宣布推出的第四个实体业务平台，也标志着腾讯互娱正式布局电影业务。此外，作为华谊的第一大机构投资者，腾讯QQ还与华谊兄弟联合推出娱乐社交产品“星影联盟”，“星影联盟”被定位为粉丝和明星互动的娱乐社交平台，深挖粉丝经济的心思可见一斑。

3. 泛视频企业的互联网化

泛视频包括电影、电视、动漫、电视节目、网络长短视频等。随着宽带技术的进步以及互联网渠道的完善与丰富，泛视频作为互联网的重要内容形态在互联网领域将会越来越被重视。因此也为视频制作企业提供了巨大的成长空间。

泛视频领域的企业核心在于IP运营，因为视频的呈现形态可以在不同的渠道进行改进与创新。如《爸爸去哪儿》电视综艺节目火爆之后，进行相关院线电影的制作；又如网络动漫视频《十万个冷笑话》火爆之后，进行相关的院线电影制作，创造动漫票房佳话等。可以预见未来一些院线电影制作公司会出现很多，也是文化企业资本运作与上市的热点之一。

当然，泛视频的发展也受到互联网社交的影响，以用户之间的交互为创作主体，聚合互联网的长尾用户的视频是有市场成长空间的。这类视频以互联网短视频为主，如壹读、飞碟说等。这种具有持续制作优质视频能力的公司也将是未来发展比较好的公司。

另外值得提到的是，随着自媒体的发展，自媒体的自制视频传播能力也会被越来越多呈现。自媒体自制团队就是一个传统电视节目制作公司，再加上互联网社群经济的悉心经营，未来可以承载一个上市公司是可以想象的。与此同时，视频网站也在加大这种自制节目的投入，未来依托视频网站，单独分拆出来视频节目制作公司，也是未尝不可的。

（二）网络文学与IP经营

1. 网络文学从“三国”杀到两强相争

根据媒体报道，国内目前有44.4%网民阅读网络文学，存在2.74亿网络文学用户。从网络文学内容的角度来看，非常符合二八原理，目前存在大致5%的优质内容资源挣了95%的利润。

从网络文学的平台角度来看，市场呈现出盛大文学、腾讯文学、百度文学三巨头争霸的态势。盛大文学的雏形，是从2004年盛大以200万美元的价格买下“起点中文网”开始建立的。从《裸婚时代》、《搜索》到《甄嬛传》、《步步惊心》，这些过去几年的热门电视剧其实都是改编自盛大文学旗下各网站的原载作品。目前，盛大文学的用户量约为1.5亿，占全国6.18亿网民的24.3%。盛大文学虽是网络文学市场三强，且在内容端仍是最强，但从移动端发展趋势、读者作者流失情况、IPO前景来看，面临腾讯等强大冲击的盛大文学，其价值正在逐步下跌。

2015年1月26日，腾讯文学和盛大文学宣布，将联合对方成立新公司“阅文集团”，对于原本属于盛大文学和腾讯文学旗下起点中文网、创世中文网等众多网文品牌进行统一管理和运营。网络文学市场将由盛大文学、腾讯文学、百度文学三巨头争霸的态势，变成腾讯和百度的两强相争。这次整合也被视为腾讯抓紧IP（知识产权）的一个有力措施，网络文学与游戏、动漫、影视等文化产业业务息息相关。

2. 以网络文学为原点的优质IP经营

国际版权界把延长产业链带来的收入称为二次、三次以至于n次授权带来的收入。增加授权次数的收入很重要，因为二次授权以后的利润是企业的主要利润增长点。基于此原理，网络文学作为整个文化产业链条中最为上游的原创部分，具有极大的价值爆发潜力。

如前所述的影视化类企业华谊兄弟、华策影视、华录百纳、光线传媒等开始纷纷围绕同一 IP 开发影视 + 游戏 + 文学 + 动漫等作品。它们通过引入经典 IP 或培育原创 IP 进行相关业务布局，在 2014 年的资本市场，我们可以看到很多投资与并购的案例。究其原因，优质 IP 是故事、品牌、用户，三者良好的结合，可以牢牢抓住用户，进行长期价值开发与变现。围绕一个热门文学作品 IP 向产业链下游纵深，形成贯穿影视、游戏、出版物、电商、动漫、App 等多种产品的新生态。也正如湖南广播电视台台长吕焕斌所说："广电媒体的核心资产是 IP，内容越强大，IP 就越强大，可开发的价值就越高。"

我们可以看到，《盗墓笔记》、《鬼吹灯》、《三体》等拥有大量拥趸的图书作品将陆续以电影、电视剧、游戏等形式面世，这些作品早已吸引了线上线下无数关注的目光。未来，如何着眼内容，打造品牌价值，通过网络文学优质 IP 经营，打通与影视、动漫、游戏等领域的充分跨界融合，进行多样化的商业模式创新，将成为文化企业发展重要课题。在这个基础上，假如游族影业对《三体》优质 IP 的打造符合预期的话，恐怕一个优质 IP 也足以支撑起一个影视上市公司了。

（三）网络游戏

游戏产业的企业大致可以分为：研发商、发行商、运营商、渠道商。盈利模式依靠互联网聚集大量的用户，刺激其中 5% 的核心玩家付费，完成变现。其实，好的游戏也是 IP 产业链拓展的原点。未来，不排除一款很好的 IP 游戏内容，像触控科技的"捕鱼达人"那样，依靠核心产品上市。

从网络游戏的平台角度来看，游戏的内容制作、用户获取、分发渠道，均已经实现互联网化。如豌豆荚、UC、91、微信平台等。但是平台在几个互联网巨头手中，未来很难通过平台来上市了。

如果把游戏公司看成游戏内容产品生产商来看，从 2013 年开始，游戏公司便是上市文化企业竞相追逐的标的企业。这一点在 2013 年和 2014 年的《中国文化企业报告》之"文化企业上市"一章中均有相关分析。不出意外，游戏类上市企业也是未来几年的上市热点领域。

2014 年游戏化是上市文化企业重点拓展的领域。详见表 9-6。

表 9－6：2014 年上市文化企业并购游戏企业一览表

时间	上市文化企业	出资额	交易后股权比例	标的公司
2014 年 1 月	掌趣科技	2200 万元	35%	筑巢新游
2014 年 4 月	奥飞动漫	9800 万元	40%	Waystar 公司
2014 年 4 月	奥飞动漫	2000 万元	40%	三乐信息
2014 年 4 月	中青宝	5.65 亿元	100%	名通信息
2014 年 4 月	中青宝	7.4 亿元	100%	中科奥
2014 年 4 月	中青宝	4.4 亿元	100%	美峰数码
2014 年 4 月	光线传媒	2.3 亿元	20%	仙海科技
2014 年 6 月	中文传媒	26.6 亿元	100%	智明星通
2014 年 6 月	光线传媒	1.76 亿元	51%	热锋网络
2014 年 6 月	光线传媒	1.6 亿元	26.67%	妙趣横生
2014 年 10 月	天舟文化	120 万美元	25%	KEYROUTE CO. LTD
2014 年 12 月	山水文化	3.6 亿元	100%	掌沃无限

其中值得一说的是，2015 年 1 月 29 日，国务院发布了《国务院关于推广中国（上海）自由贸易试验区可复制改革试点经验的通知》，其中提到“允许内外资企业从事游戏游艺设备生产和销售等”，这是继 2014 年 1 月在上海自贸区试点解除长达 14 年的游戏机禁令后，中国将允许在全国范围内生产和销售游戏机，相信会有相关游戏企业会因此受益而登陆国内资本市场。

2014 年拥有内容创新的小型游戏团队或者是游戏工作室越来越受文化产业资本的偏爱，跨界并购现象在游戏行业中依然特别明显且并购规模较大，这个变化的背后，探究原因，实际上是生活方式的变化。表现在随着智能手机的普及，日常生活每个人已经离不开手机，在手机上玩游戏已经成为重要的生活方式。有了基础设施，自然就需要有内容支撑了。游戏作为智能手机里面的重要娱乐内容，其盈利能力也可见一斑了。

表 9－7：上市非文化企业跨界并购游戏公司

时间	上市企业	原主营业务	出资额	交易后股权比例	标的公司
2014 年 1 月	科冕木业	实木复合地板	24.5 亿元	100%	天神互动
2014 年 4 月	爱使股份	煤炭销售	11.8 亿元	100%	游久时代
2014 年 5 月	巨龙管业	混凝土输水管道的研发、生产和销售	30 亿元	100%	艾格拉斯科技
2014 年 7 月	大东南	塑料包装	5.63 亿元	100%	游唐网络
2014 年 8 月	松辽汽车	汽车车身零部件制造；建筑材料贸易	14.28 亿元	100%	都玩网络
2014 年 9 月	天沃科技（张化机）	石油化工、煤化工、造纸、氧化铝等领域的非标压力容器的设计、制造	15 亿元	100%	5173 游戏网
2014 年 12 月	顺荣股份	汽车零部件制造、销售	19.2 亿元	60%	三七玩网络

据不完全统计，目前国内从事手游开发的团队和公司超过 1 万家，每个月有数百款新游戏推向市场，但真正成功的屈指可数。根据 UC 九游平台透露的数据显示，国内手游成功几率为 4% 左右。大部分游戏生产出来，缺乏赚钱的渠道，甚至没有到达用户手机里。虽然游戏创业门槛较低，两三个人就可做一款产品，但手游的研发成本、运营成本、推广成本，都比以前大幅增加。以渠道为例，行业也较为混乱，内部很多潜规则，不跟渠道搞好关系，即便是好的产品，也得不到重点推荐，这就意味着，大部分手游产品根本没有出头的可能。再加之手游产品生命周期短，过了新鲜劲，产品的付费率及留存率都会出现跳崖式的下降。

三、互联网文化平台企业上市热点及趋势

当前中国互联网文化产业仍然是平台为王时代。主要是新旧媒体融合平台、视频平台与家庭娱乐中心、社交与智能硬件平台、文化娱乐消费 O2O 这四个方面，涉及出版传媒、广电传媒、视频网站、电视台、互联网电视、社交软件、智能设备、在线旅游、在线票务等具体领域。

（一）媒体融合平台

2014 年 8 月 18 日，中央全面深化改革领导小组第四次会议审议通过了《关

于推动传统媒体和新兴媒体融合发展的指导意见》，习近平强调，要着力打造一批形态多样、手段先进、具有竞争力的新型主流媒体，建成几家拥有强大实力和传播力、公信力、影响力的新型媒体集团。媒体融合成为国家层面的改革共识。

1. 新型媒体集团的探索

未来有可能成为新型媒体集团的主要有：人民日报社、新华社、中央电视台、中国国际广播电台、中央人民广播电台、光明日报报业集团、经济日报报业集团等这些中央级媒体。此外，上海报业集团、上海文广、南方报业、浙报传媒、粤传媒、中视传媒、华闻传媒成为新型媒体集团的概率也较高。

从新型媒体集团来源的行业来看，报业、出版、广电三类媒体的转型主要承载着新型传媒集团的探索。传统报业，如浙报传媒、人民网、粤传媒、博瑞传播、新华传媒等；广电行业，如歌华有线、电广传媒、华数传媒、百视通、华闻传媒等；出版发行行业，如中文传媒、中南传媒、时代出版、皖新传媒、凤凰传媒等。

其中值得一提的是 2014 年 11 月 21 日，百视通和东方明珠双双发布公告，宣布将通过百视通吸收合并东方明珠的方式，实现两家上市公司合并，成为上海文广集团统一的产业平台和资本平台。随着文化体制改革的深入，未来新型传媒集团的探索与形成中，是否有强强联合传媒集团合并上市，可以拭目以待，这些企业就出现在各地方的广电集团和新闻出版集团当中。

2. 媒体转型的业务探索

从报业、出版、广电三类上市文化企业业务拓展与转型来看，媒体业务早已不是各地传媒集团的主要营业收入。正如上海交通大学媒体与设计学院媒介转型研究室主任魏武挥所分析：“积极地通过切入游戏、影视、彩票等行业获取多元化发展机会，但其背后的转型路径实则是通过自身新闻品牌在当地的影响力等资源和覆盖的用户数，深耕本土市场，涉及电商、养老、相亲、就业、医疗等各个行业，从而开辟媒体经营新增长点。”① 如今，媒体的主营业务收入早不在新闻这一块了，这不禁要问，大家都去做跨界去了，谁还愿意专心地去做新闻呢？新型媒体集团的转型是要做“不务正业”的转型么？

说到新型媒体的形态，根据目前行业大势发展，可以做出如下判断：

---

① 颜沁．媒体融合：谁会是新媒体“国家队”［N］．中国文化报，2014－12－26.

（1）媒体即社交、社交即媒体。微信是目前最大的媒体平台。信息内容天然就具有分享的属性，未来的媒体形态一定是与社交紧紧相关的。其形态可以是跨界的社交的软件与应用。例如：租车＋社交媒体、图书＋社交媒体、金融＋社交媒体、医疗健康＋社交媒体、交通导航＋社交媒体、购物＋社交媒体、娱乐＋社交媒体、教育＋社交媒体、游戏＋社交媒体、企业＋社交媒体、智能硬件＋社交媒体、旅游＋社交媒体、O2O＋社交媒体。

现在媒体内容来源大致有 UGC（用户生产内容）、PGC（专业生产内容）、AAC（算法推送内容）三种。在 UGC 方面，就是社区化的媒体内容形态，如知乎社区。PGC 方面，就是各种自媒体形态。AAC 方面，就比如今日头条和一点资讯。这些形态再进一步演化，就是各种垂直化的细分，在这些细分领域，会不会创造出某些明星新媒体企业呢，是完全可以想象的。

（2）媒体即流量，流量即媒体。站在一切的传播都将互联化的角度，互联网的入口产品具有巨大流量，有流量就有注意力，也便有了媒体存在的基础。所以说，能集聚用户的都是媒体，没准以后媒体就在智能硬件上面。媒体从工具型应用向流量分发平台发展。未来但凡是个流量分发型的平台，是不是有成为媒体的可能呢？而在移动互联网流量分发平台上面会不会产生出某个新型传媒集团呢？

（二）视频平台与家庭娱乐中心

1. 视频网站竞争进入深水区

视频网站这两年正在经历从春秋战国到寡头竞争的关键时期。据了解，优酷土豆、爱奇艺、腾讯视频、乐视网、搜狐视频占据了 70% 以上的市场份额，行业格局正在形成。几大视频网站，无论是对核心资源的争夺，大手笔的资金投向，还是对战略合作伙伴的结盟，合作方式的选择等，宗旨就是围绕着“内容制胜”展开。从优质内容的稀缺性的角度来讲，好的内容可以形成全网用户通吃的影响力特征。优质内容制胜无非就三种方式，一种是购买版权，一种是 UGC、PGC，另一种就是自制。随着版权成本的逐步看涨，自制内容制胜成为了目前视频网站竞争的重要筹码，视频网站之间的竞争也因此进入了深水区。

深水区的竞争具体来说，就是由传统的视频播放平台逐渐向集内容生产、营销、推广、播放于一体的综合性平台发展。其应用支持 PC、手机、平板电脑、电视等多个终端，兼具 UGC、PGC、版权、自制、电影五大内容形态，贯通视频内容制作、播出、发行三大环节的文化娱乐生态系统。

从目前趋势来看，下一年各大视频网站的自制投入将进一步加大。2015 年优酷土豆媒体推介会的关键词便是“大自制”。土豆的自制团队配备到位：四个工作室，每个工作室 20 到 30 人，一个独立团队可以同时推进多个节目，内部甚至引入了好项目 PK 机制。爱奇艺 2014 年全面启动了“工作室战略”，成立了刘春工作室、高晓松工作室、马东工作室，希望借助传统电视人的力量在自制上突破。2015 年搜狐视频将继续打造一批自制作品，开创定制周播剧场，达到 200 集规模。

2. 家庭娱乐中心的蓝海市场

如今，网络视频因其非线性、交互性、易分享、广传播等特性正在渗透和颠覆传统电视所建立起来的“客厅文化”，这一领域也因此成为互联网巨头和传统电视厂商鏖战的最新战场。从宏观角度来说，家庭娱乐中心大致包括两个部分，一个是硬件载体部分，以乐视超级电视和小米智能电视为代表。另一个就是软件的内容部分。这部分基本上是以视频网站为代表的企业，视频网站某种程度上已成为“客厅战略”差异化竞争的重要筹码，也是未来视频泛在传播的重要内容平台，更是对于未来用户使用互联网一个具有至关重要意义的战略入口。

所以，无论是苹果、Google 还是微软，都已经瞄准客厅的数字化，但是，它们的路径都做了调整，苹果推后了新产品的面世时间，Google 走向了 Nest 等物联网，而微软似乎更加围绕着 Xbox 做文章了。至于国内，小米也好，乐视也好，它们确实可能改变电视行业的营销，通过性价比获得市场，但是，距离颠覆还有较长的距离。

未来，谁将承载以电视为核心的家庭娱乐中心的软硬件平台，恐怕不仅仅是互联网简单竞争那么简单，这牵涉到广电、电信、传媒、视频网站、智能硬件、游戏、教育等产业链众多环节。

（三）文化娱乐消费 O2O

未来文化企业转型的核心方向之一就是跟生活方式息息相关的产业或业务，这些在互联网平台上面的文化内容消费，就为文化娱乐消费 O2O 提供了可能。因此，电影、演出、旅游、体育、展览，都是文化娱乐消费 O2O 的重要领域。

1. 在线旅游

2014 年 12 月 11 日，中国旅游研究院与中国旅游协会联合发布了 2014 年中国旅游集团20强排行榜，排前三的分别是携程旅游集团、中国港中旅集团公司、华侨城集团公司以及锦江国际（集团）有限公司。值得一提的是在2014年的榜单上，北京趣拿软件科技有限公司（去哪儿）由2013年的第七位，上升到2014年的第四名，上升速度较快。从这个排名名单可以看到，互联网对旅游行业的改造程度可见一斑。

在线旅游，是全球互联网和电商化程度最高的领域之一。未来，中国绝大部分车票、机票、酒店、旅行社等生态系统上的企业，都不得不在在线旅游平台上面进行业务往来。对于去往陌生地的旅游来说，原来是件信息不对称的事情，通过在线旅游平台可以让旅游消费更加透明化，达到预知性。而这种票证性质的在线旅游本身就是虚拟化的商品，也是最适合电商平台的。因此，在线旅游平台的标准化产品配置为旅游行业的O2O消费提供了可能基础。

纵观2014年在线旅游行业的纵横捭阖，形成了携程、去哪儿、途牛之间的亦敌亦友局面。携程核心竞争力是电话呼叫系统，去哪儿核心竞争力是垂直搜索技术，途牛核心竞争力是专业旅游顾问。除此之外，在线旅游社区、在线旅游攻略、在线旅游预订、移动旅游工具等各种垂直化的在线旅游产品也相续占领市场，在线旅游呈现一片红海。

表9-8：2014年在线旅游企业并购一览表

时间	事件
2月17日	同程网获腾讯等5亿元追投
4月28日	携程2亿美元入股同程
5月5日	携程1500万美元入股途牛
5月9日	途牛在纳斯达克上市
8月7日	国旅与悠哉达成战略合作
8月7日	priceline5亿美元入股携程
8月13日	携程旗下主题旅游爱玩成立
9月2日	中青旅3亿元投资遨游
10月15日	高铁管家与艺龙旅行达成战略合作
10月27日	腾邦国际收购厦门欣欣
10月28日	阿里巴巴“去啊”成立
12月2日	驴妈妈和途牛旅游网达成战略合作
12月4日	众信旅游入股上海悠哉
12月4日	携程投资华远国旅
12月20日	同程旅游与北京万达旅业达成战略合作

未来在线旅游领域的机会主要变现在细分与垂直领域。如周边游、私人定制游、社交旅游等。如专注于单身男女交友的旅行服务商妙途旅行，主要为消费者提供包括以交友为主题的旅行服务。这种跨界的创新有可能在在线旅游平台的巨头夹缝中觅得一席之地。

值得一说的是，关于在线社区与旅游攻略平台，在短期内还不是一个特别发力的模式。因为版权保护的丧失，让任何文字、图片、视频的攻略变得没有平台化的价值。另外，从旅游用户黏度来说，旅游的社区具有低频低黏度特色，旅游不属于兴趣，无法有效地高黏度地聚集起用户。

2. 在线票务

在线票务颠覆的是传统电影、演出、体育、展览、音乐等线下体验的票务渠道。除了在线旅游要转换体验的地域之外，移动化、社交化、本地化是在线票务发展的三个着力点，基于本地化的在线票务平台，行业格局也基本上是互联网巨头的天下了。如百度基于搜索流量建立的“电影知心”搜索结果，在 PC 和移动端提供电影资讯和影评的同时为用户提供相关的在售电影票服务。此外，百度地图可以作为电影票业务的移动端引流入口，糯米团 App 和百度搜索 App 中可以增加附近电影院在线购票业务扩大其在电影票市场的覆盖力度。腾讯方面的杀手锏自然是微信，依托庞大用户和社交功能，微信用户可以基于微信银行卡入口在线购买电影票和订座。阿里凭借淘宝进行本地生活化的电商服务等。

具体到细分垂直领域，电影行业具有代表性。目前市场上较活跃的有猫眼电影、大众点评、格瓦拉电影、时光网以及万达电影等。2015 年的春节档超高的票房离不开它们的功劳，由大众点评联合发行的《澳门风云 2》与由美团猫眼联合发行的《天将雄师》占据贺岁档整体票房约 50%。根据知情人士透露，仅仅大众点评此次在电影业务上投入的补贴预算就达 2 亿元左右。而美团也不遑多让，《天将雄师》全场 15 元，其他片子 19. 9 元起。据了解，其春节档的投入补贴同样在 2 亿元上下。超大力度的补贴带来的是一个个炫目的数字，仅大年初一当天，大众点评宣布销售 70 万张电影票，其在线销售市场份额已超过全国票房总量的 10%。而美团猫眼则也在稍后宣布，大年初一创下单日销售票房突破 1 亿元的纪录。

此外，这些在线票务平台，各大售票网站不仅推出低价售票模式，还经常举办按时抢购、专场定制、提前预售电影票等一系列活动。未来主要的商业模式是电影衍生品电商平台。这种电商平台的近亲就是团购，自从“百团大战”后，美团网的崛起可以看成是从互联网巨头夹缝中成长起来的一个成功案例。

美团从团购开始起家，以三、四线城市为立足点，最终从“千团大战”当中突围而出。2014 年 12 月，美团完成高达 7 亿美元的 D 轮融资，领投方为红杉资本，融资后估值近 50 亿美元。至此，美团开始从各个细分的垂直维度开始做文章，将各个细分维度单点打透，并联会师是美团如今所制定的大战略，在此基础上电影、酒店等都在实行该策略。据了解，美团接入电影业，包括 2014 年热映的《智取威虎山 3D》以及 2015 年春节期间的《天将雄师》，美团都是联合发行方之一，而 2014 年大获成功的《心花怒放》，美团也是联合出品方。

朱嘉（中国文化企业研究中心助理研究员）

第十章　互联网文化产业发展趋势与前景：跨界、变革与融合

随着互联网的快速发展，“互联网思维”已渗透至各行各业。原有的行业规则逐渐被打破和颠覆，各行业都在努力探索新的商业模式，开辟新的市场空间。其中，互联网对文化产业的改造和升级起着关键作用，很多传统文化企业正在或已经与互联网结合。随着影片众筹、弹幕观影、网上售票等新的业态发展，互联网已从图书出版、影视、游戏娱乐等领域渗入文化行业，悄然改变着传统文化产业。互联网正在逐步主导文化产业的资源整合和发展，互联网文化产业有着广阔的市场前景。

一、互联网文化产业发展背景

（一）互联网与移动互联网的发展

英国小说家狄更斯曾说：“这是一个最好的时代，也是一个最坏的时代；这是智慧的时代，也是愚蠢的时代；这是信任的时代，也是怀疑的时代……我们一起奔向天堂，我们全都走向另一个方向。”这对当前互联网时代的描述再合适不过。

互联网真正让世界变成了地球村，全球联系日益密切。在过去的 20 多年中，中国的互联网产业取得了飞速发展，全球十大互联网公司有 4 家来自中国。文化企业与互联网结合而生成的互联网文化产业，在创新文化内容和文化走出去模式，努力打造我国文化出口竞争优势方面将发挥重要作用。

互联网崇尚开放、创新、自由、平等、共享的精神。互联网经济的本质是一种“离散眼球经济”，通过对消费个体进行非连续的、间歇的、零散的时间段和空间段注意力与关注度的吸引来获得经济活动中品牌价值的最大化。互联网带来包括文化产业在内的诸多产业格局与商业模式正在发生着巨大的变革；互联网的

开放性要求与之相结合的文化产业也必须积极与相关产业不断融合；移动互联网发展迅猛，未来的互联网文化产业发展必须积极借助移动互联网。

根据《第35次中国互联网络发展状况统计报告》显示，截至2014年12月，中国网民规模达6.49亿，互联网普及率为47.9%，网民的人均周上网时长达26.1小时，较2013年底增加了1.1个小时，网民对互联网应用使用广度和深度逐步提升。互联网一方面改变了我们的生活和工作环境，拓展了我们时空的观念，改变了我们的思维方式，成为经济发展的新的增长点；另一方面，互联网已经成为影响我国经济社会发展、改变人民生活形态的关键行业。

移动互联网已经成为推动信息产业发展乃至整个国民经济发展的新的增长点，在促进行业发展、推动信息化建设、丰富人民群众文化娱乐生活等方面发挥了重要作用。截至2014年12月，中国手机网民规模达5.57亿，较2013年底增加5672万人，网民中使用手机上网人群占比由2013年的81.0%提升至85.8%，提高4.8个百分点；中国网民通过台式电脑和笔记本电脑接入互联网的比例分别为70.8%和43.2%；平板电脑上网使用率达到34.8%；电视上网使用率为15.6%。随着3G、4G的快速发展以及智能终端的普及，如今人们正进入移动互联网时代。传统互联网时代正在向移动互联网时代迈进，移动互联网是一个快速增长的领域，是一片巨大的“蓝海”。如，随着网络环境的不断升级，加之在移动端看视频能填补用户碎片时间优势，移动视频用户飞速增长。用户在PC端收看网络视频节目的比例在持续下降，移动端的比例则在持续上升，在互联网络接入设备中，手机超越PC，成为收看网络视频节目的第一终端。毫无疑问，互联网对文化的传播起着巨大的作用，而移动互联网在文化产业的发展中也将发挥越来越大的作用。

任何进入移动互联网的企业只有适应移动互联网市场环境的变化，持续创新，转变发展方式，才能在移动互联网市场竞争中站稳脚跟。当前进入移动互联网的文化企业，一方面面临着巨大的市场机遇，另一方面又面临着竞争、产业格局的变化。文化企业要在移动互联网时代脱颖而出，必须明确自身的战略定位，重视用户的体验；不断推进文化产品创新，积极抢占移动互联网入口，构建良好的产业生态系统；探索多元化的盈利模式，持续不断进行创新，才能在移动互联网时代获得更好、更快的发展，文化企业竞争力才能不断增加。①

（二）产业的融合发展

习近平总书记致首届世界互联网大会贺词中说："当今时代，以信息技术为核心的新一轮科技革命正在孕育兴起，互联网日益成为创新驱动发展的先导力量，深刻改变着人们的生产生活，有力推动着社会发展。互联网真正让世界变成了地球村，让国际社会越来越成为你中有我、我中有你的命运共同体。"在过去的20多年中，中国的互联网产业取得了飞速发展，全球十大互联网公司有4家是来自中国。

2014年国务院《关于推进文化创意和设计服务与相关产业融合发展的若干意见》明确了将相关产业跨界融合发展作为转方式、调结构、实现由"中国制造"向"中国创造"的重大举措，体现了中央对文化产业战略地位的重视，给文化产业带来了重要的发展机遇。2014年3月《关于深入推进文化金融合作的意见》结合当前金融改革和文化产业发展的新趋势，从认识推进文化金融合作重要意义、创新文化金融体制机制、创新文化金融产品及服务、加强组织实施与配套保障这四个方面提出了深入推进文化金融合作的15条具体要求。8月，中央全面深化改革领导小组第四次会议审议通过了《关于推动传统媒体和新兴媒体融合发展的指导意见》，推动传统媒体与新媒体融合的工作正式提上社会经济发展日程，推动互联网成为新型主流媒体、打造现代传播体系。

二、互联网文化产业发展整体趋势

（一）互联网+文化产业融合加速

从总体看，互联网文化产业包括两大部分：一部分是互联网本身的文化产业，另一部分是传统文化产业搬到互联网上，如电影票、艺术品、工艺品等的网上售卖等。由于互联网企业主导的文化产业并购与资源整合加速，互联网文化产业发展速度超乎人们的想象。互联网企业上市后，资本运作将会实现线上占领线下的局面。据我们初步预估，2015年上半年移动互联网的收入将超过PC互联网，到2015年底，互联网文化产业（含网上为主并购整合线下的部分以及卖票

---

① 胡世良，钮钢，谷海颖．移动互联网：赢在下一个十年的起点［M］．北京：人民邮电出版社，2011.

网站、观众网站等）占到文化产业整体市场价值的70%，移动互联网占到互联网文化产业市场价值的70%。据工信部公布的相关数据，截至2014年7月，中国的移动互联网用户数已经达到8.72亿，这一数字中手机网民5.27亿，而这种强劲的发展态势2015年将继续延续。预计到2017年，强劲的增长态势将继续保持，移动互联网市场规模有望扩大至6000亿元。①

文化产业是一个多种要素融合形成的产业形式，自己能够创造直接价值的同时，还能够通过为相关产业提供创意赋予其他产业、产品文化内涵而创造间接价值。近年来，互联网文化产业跨界融合不断发展，良好的产业生态系统正在形成。文化产业与设计、旅游、餐饮、制造、建筑等相关领域的结合日益密切，未来，互联网文化产业的调整、重组和与科技、资本、周边产业等的融合将不断加深。

1. 与科技融合

文化产业是科技应用最广泛、科技创新最活跃的领域之一。文化部与相关部门积极推动互联网与文化产业关键技术研发、推广和应用，不断加强文化科技创新体系建设和人才培养等。互联网文化产业在新的技术变革下，需寻求商业模式的创新和转型，也需要加深认识科技创新驱动对产业生产力释放的全部作用机制，谋求推动产业链基础上的产品内容创新、传播技术创新和商业模式创新。

2. 与资本融合

文化产业高附加值的特征吸引了众多投资者的目光，大量的资本和人力资源进入该领域。文化部、中国人民银行、财政部发布《关于深入推进文化金融合作的意见》，鼓励文化和金融的有效结合，提升文化产业向着规模化、专业化、集约化发展。随着文化产业规模越来越大，文化金融也越来越受重视，政府将为小微文化企业融资提供支持，其他领域的金融活动逐渐适用于文化产业，包括股票融资、发行企业债、担保、抵押贷款和并购等。

互联网可以集合金融的整体力量选择包括文化企业在内的服务对象，能解决文化产业一部分的融资问题。未来的互联网文化金融业务将有很大的成长空间，政府和相关部门应创新文化金融服务组织形式，鼓励金融机构建立专门服务文化产业的专营机构、特色支行和文化金融专业服务团队，并在财务资源、人力资源

---

① 孟芳. 2015年移动互联网行业十大趋势［EB/OL］. http://www.wtoutiao.com/a/788002.html, 2014-11-25.

等方面给予适当倾斜；建立完善文化金融中介服务体系，支持有条件的地区建设文化金融服务中心；探索创建文化金融合作试验区，为探索金融资源与文化资源对接的新机制，引导和促进各类资本参与文化金融创新，建立文化金融合作发展的长效机制。

3. 与实体产业融合

中国移动通信联合会移动应用平台工委会理事长王鸿冀在第一届“中国互联网文化产业论坛”上指出：应用文化内容本身就是互联网的创新，是互联网与文化的技术复合创新。以电子商务为例，最初大家是在网上商店点击买服装，后来发展到个人订制，再发展到看到明星穿的衣服自己喜欢，扫描二维码下单购买，再发展到商家按照消费者要求进行个性化推荐，消费者选择后购买，电商消费正在向时尚文化的方向发展。

2014 年初，国务院发布《关于推动文化创意和设计服务与相关产业融合发展的若干意见》，重点促进创意设计与装备制造业、消费品工业、建筑业、旅游业、信息业、体育产业、特色农业的融合发展，制定了一系列优惠政策，积极推动文化创意在优化产业结构、提升产品附加值、提高人们生活品质、增强文化软实力等方面发挥更加重要的作用。创意产业和互联网文化产业之间的联系越来越紧密，以内容为核心的互联网文化产业的提升和跨越发展越来越离不开创意的支撑。未来，互联网文化企业与创意设计业、制造业、物流业、金融服务业等的融合逐步加强，其潜力有待挖掘，强大的辐射带动能力将会逐步显现。

4. 与新兴媒体融合速度加快

在 2014 年 8 月中央全面深化改革领导小组第四次会议上，习近平总书记提出推动传统媒体和新兴媒体融合发展。新媒体和其他行业的网络企业尝试与传统媒体合作，逐步渗入文化行业；一些电商企业也逐步进入文化产业领域，如阿里巴巴公司的淘宝网除了做网络购物之外，也计划进军网络文化市场。新浪和腾讯借助微博、微信、QQ 空间等方式，公司的经济发展也驶入了更快的车道。

（二）品牌营销与内容合作是大势所趋

北京合润德堂文化传媒股份有限公司总经理王一飞指出，品牌和内容结合在一起传播的模式叫品牌内容营销，包括广告、联合授权、联合宣发、影视剧后产品。比如《变形金刚》被评为 2014 年度最大烂片，却有 20 亿元的高票房。究其原因是因为它有十几个中国客户，这些客户帮它打的广告额度差不多有 5 亿 – 6

亿元。哪怕有些广告没有植入好，这个也是在帮《变形金刚》做宣传。所以，品牌的营销是一个双向互动的过程。这种模式内容也受益，因为它挣广告费，而且可以得到品牌商的二次传播，这些联合在一起传播，省掉很多的广告成本，内容除了硬广告多了一个传播的渠道。

品牌和内容结合在一起，最后可以落在营销上，它不仅仅是广告行为，有了电商以后，价值链可以重新分配。如很多人一边看《舌尖上的中国》，一边买影片中的酱、蜂蜜；《女神的新衣》是专门为互联网而生的一个栏目，是为天猫的店定制，这些设计师和明星共同把产品做出来；原来的文化创作太小的市场不足以支撑文化的产业，但现在“一千个粉丝理论”，只要产品拥有一千个粉丝那这个产业就可以运作。

深圳市点维文化传播有限公司主要业务是帮企业拍宣传片，但是搭上了互联网这条船，跟一个核心游戏挂上了钩，如今在互联网游戏行业里已经有了一定的位置，公司是互联网时代的受益者。这也是众多互联网文化企业发展的一个缩影。

（三）商业模式不断创新

对于文化产业来说，互联网思维的融入，不仅是一次观念上的变革，也意味着文化产业生产的内容、服务、平台和商业模式等的改变。

在思维方面，互联网的平台思维、免费思维、用户思维、产品思维等为文化产业的发展注入了新的血液。其中平台化是互联网文化产业发展的重要趋势。文化企业通过平台搭建和开放接口，开发者和其他企业可以分享用户流量和用户产生的内容，实现内容的创新和用户需求、用户体验的不断提升，增强企业在产业链的话语权，实现产业生态的良性运转和共同成长。

各种商业模式不断出现。首先，O2O 如雨后春笋般在全国各地兴起，近年来，资本市场、互联网巨头与文化企业纷纷加速布局 O2O 领域。其次，互联网众筹模式方兴未艾。“众筹”是指一种向群众募资，以支持发起的个人或组织的行为，具有低门槛、多样性、依靠大众力量、注重创意的特征。众筹方式区别于普通购买有两个特点：一是掏钱的是资助者而非消费者；二是得到的是“回报”而非“产品”——也可以理解为附加值。[①] 2014 年，众筹模式逐步走向大众生

① 徐宁．新人开唱难？粉丝凑份子［EB/OL］．http://news.ifeng.com/a/20140824/41703773_0.shtml，2014-08-24.

活，如，阿里巴巴数字娱乐事业群推出“娱乐宝”，用户出资100元即可投资热门影视作品。对于文化产业来说，众筹的作用并不仅仅局限在提供资金支持，更是为企业提供一个宣传和扩大影响的平台。借助互联网，未来众筹对文化企业的发展将有更大影响，更多的商业模式将会不断涌现。

三、互联网文化产业具体领域的发展走向

2014年10月底，国家主席习近平主持全国文艺工作座谈会，提出“文艺不能当市场的奴隶，不要沾满了铜臭气。优秀的文艺作品，最好是既能在思想上、艺术上取得成功，又能在市场上受到欢迎”等观点，为新形势下特别是市场经济条件下文艺工作指出了发展方向，为我国文化产业的发展定下了基调。未来与互联网结合，特别是在移动互联网背景下，文化产业的具体产业有着各自的发展趋势。

（一）互联网电影产业

2014年的中国电影产业票房收入296.39亿元，较2013年票房增幅为36.15%，在中国经济新常态下，连续第四年保持了30%的高速增长。目前的电影产业整体一派繁荣，但对于电影产业的未来，博纳影业集团董事长于冬在“2014搜狐财经变革力峰会”上表示，未来10年，电影公司将会面临互联网公司强大的资本裹挟、并购、重组，并表示：“未来电影公司将为BAT打工。”

近年来，互联网对电影行业全产业链产生了巨大影响，全面颠覆了电影产业。互联网电影公司如雨后春笋，发展迅速，公司利用自身强大的用户优势、平台优势和资金优势，竞相开发和运营优质IP，对传统电影企业的电影内容题材、制片、市场营销、发行、放映等都带来了巨大的冲击。互联网与电影产业的融合不断加剧，产生了电影发行的互联网化、电影营销的电商化等新的商业模式。

从表10－1可知，互联网企业纷纷强势进军影视。乐视影业率先将自己定位为“互联网电影”公司。2014年其投资电影《老男孩之猛龙过江》被看作是一部典型的“网生电影作品”，票房过2亿元。阿里巴巴2014年高调进军电影产业，成立于2014年6月的阿里影业，投资电影《亲爱的》获得3.42亿元票房；2015年1月11日，阿里影业发布由微博走红的小说作者张嘉佳跨界担当导演、王家卫监制、梁朝伟主演首部电影《摆渡人》。

表 10－1：2014 年互联网企业进军影视产业主要事件

时间	事件
2014 年 6 月	6 月，阿里巴巴成立数字娱乐事业群，收购文化中国 60% 股份，8 月正式更名为阿里影业
2014 年 7 月	爱奇艺宣布成立影业公司，成为乐视之后第二家涉足电影市场的视频网站
2014 年 8 月	优酷土豆成立“合一影业”
2014 年 9 月	腾讯成立互娱内容与版权业务部，创立“腾讯电影＋”，打造电影、游戏、动漫、文学四架马车
2014 年 11 月	马云（阿里）、马化腾（腾讯）、马明哲（中国平安）组成的“三马”以 35 亿元入股华谊兄弟
2014 年 12 月	奇虎 360 与光线传媒签署合资协议，双方将共同成立一家从事互联网视频业务的新公司
2015 年 1 月	百度将成立电影业务部“百度影业”

电影市场的互联网跨界之风越刮越大，互联网与影视产业融合并购成为热潮，为电影业带来了颠覆、变革和机遇、挑战。互联网企业的强势涌入使得“互联网影视企业”将成为未来电影产业的主要力量。

互联网企业与电影产业的融合并购已成为未来电影企业发展的重要趋势。此外，将互联网大数据运用到电影的创作、发行和精确营销定位，使得电影产业的风险性大大降低，有利于其良性发展。从表 10－2 可知，2014 年 BAT 在影视产业不断布局，可以预见，未来几年互联网企业和电影产业的结合将会继续加深。

表 10－2：2014 年 BAT 在影视产业的主要布局

互联网公司	相关影视公司	线上影视布局
百度	爱奇艺影业、百度影业	打造爱奇艺平台和百度糯米
腾讯	腾讯电影＋、投资华谊兄弟星影联盟	腾讯视频、投资大众点评、收购卖座网、利用强大的微信平台销售电影票等
阿里巴巴	成立阿里影业、投资合一影业	投资美团猫眼电影，在淘宝、微博销售电影票等

（二）互联网视频产业

视频产业风起云涌，在资本、监管和新旧势力的碰撞与角力中，行业竞争不断升级。视频网站定位于单纯的内容播放平台已经过时，打造视频行业全产业链生态系统，将成为主流视频网站的核心战略。2015－2016年，视频自制或将迎来真正的爆发，社交平台格局稳定，社交视频时代正在到来。Facebook、Twitter等在2013年就推出了视频分享功能，微信在2014年9月底推出了小视频分享功能的新版本，从分享文字、图片再到文件、视频、声音，通过移动互联网可以让朋友、家人更直观地了解到身边所发生的一切。正是因为移动互联网的存在，社交在某种程度上越来越真实化了。

根据KPCB发布的《2014年全球互联网趋势报告》显示，移动互联网用户在移动设备上分享视频的次数、观看的时间都在呈直线增长态势，将进入微视频时代。各大视频平台的竞争中，社交元素的引入也将成为主流趋势之一。从文字、图片到视频，社交的视频时代正在越来越受到用户热捧。微视频的各种火爆，以及用户在移动端消费视频的时间增长，可以部分印证这一趋势。2015年，传统意义的大片将会式微，迎合90后世代的新电影垄断市场，随着4G的发展，微电影也将更为流行。

10多年来网络视频行业迅速发展并成熟，成为休闲娱乐类的主要应用。随着网络技术和宽带技术的发展，网络视频融传统电视和网络为一身，其共享性、智能性和可控性迎合现代家庭娱乐需求，逐渐成为一种新兴的家庭娱乐模式。根据《第35次中国互联网络发展状况统计报告》显示，截至2014年12月，中国网络视频用户规模达4.33亿，网络视频用户使用率为66.7%。其中，手机视频用户规模为3.13亿，71.9%的视频用户选择用手机收看视频，用户在PC端收看视频节目的比例在持续下降，而手机端的比例则在持续上升。手机成为收看网络视频节目的第一终端，平板电脑、电视的使用率都在23%左右，是网络视频节目的重要收看设备。

2014年，中国视频行业与互联网企业的融合日益加深，合作仍在继续，视频行业、互联网视频企业将逐步在商业模式上寻求新的突破。根据CNNIC的预测，未来视频行业会朝着以下几个方向发展：

第一，互联网电视将成为未来客厅娱乐生态的中心。在移动互联网时代，人们使用PC看视频的比例逐渐下降，对手机、平板电脑等移动端产品的使用比例在上升。众多互联网公司陆续推出自己的互联网电视、盒子产品，加速布局客厅生态。经过互联网模式改造后的客厅，电视这一大屏幕会在其中发挥重要的作用。第二，此前的视频行业中，企业争抢的主要是内容，而未来“平台+内容+终端”的方式会成为视频行业的主流。第三，在自制内容方面，各大视频网站也会从自身资源、运营优势出发进行持续投入。未来，视频网站与互联网结合日益密切，通过“网络自制”的方式获取内容版权，保证内容质量，加强企业的品牌打造。第四，与互联网企业融合不断加深。如阿里入股优酷土豆，搜狐视频收购56网，小米与顺为资本投资爱奇艺和优酷等，通过强强联合，双方都完善了自身的产业链。视频行业将视频和购物场相结合，开始与电商、支付等行业合作，用户在看视频的同时可以同步网上购物，在文化、娱乐、商务和支付方面产生强大的协同效应。

（三）互联网动漫产业

互联网企业进入动漫产业，具有两方面的优势：首先，互联网企业掌握大量用户，这些用户就是它们即将推出动漫作品的潜在粉丝；其次，互联网企业直接促进动漫链条与游戏链条的衔接，网游用户可以快速转换成动漫受众。

基于上述自然优势，互联网企业将“动漫”作为重要板块，纷纷进入动漫领域。腾讯充分利用网络大数据，为自创动漫品牌《尸兄》提供了有助于内容创作的精准信息。土豆网斥资一亿元启动“土豆动漫创投计划”，面向海内外原创动画从业者、优秀动画院校、动漫制作机构以及商业动漫项目开展全面合作，扶持国产动画作品的制作、发行、播出以及衍生品开发销售，寻找属于自己的动漫IP。

动漫企业与互联网企业相结合，充分利用网络大数据将为整个动漫产业的发展带来新机遇。

首先，互联网企业充分利用网络的交互性，将漫画读者信息反馈与创作者创作进行沟通合作，将意见反馈直接用于漫画作品的后续创作之中。这种良性互动不但强化了动漫爱好者的参与感，更提升了受众的黏合度，激发了创作者的创作灵感，推进了网络动漫创作的发展。其次，互联网为动画品牌战略提供了新的工具。围绕微信、微博和客户端等平台，动漫企业可以随时随地推广自己的品牌，实施自己的品牌战略，指导企业有的放矢地调整自己的品牌战略。第三，互联网给更多受众接触动漫产品的机会。通过网络大数据的搜集和利用，动漫企业可以对受众的消费心理和习惯爱好进行深入研究，了解受众特别是低龄受众的真实需求。第四，根据网络大数据的合理投资、创作、发行，可以降低动漫企业的投资风险和经营风险。

（四）互联网游戏产业

在游戏产业中，互联网巨头企业加速布局移动游戏市场。中国互联网除百度和腾讯外，最后一个巨头阿里巴巴于2014年1月8日也开始进军游戏产业，宣布将推出自己的手机游戏平台，并同时公布了其相关产品形态、分成机制和技术支持等规划方案。1月20日，360手机助手上线根据迪士尼同名动画大片改编的手游《冰雪奇缘》，360与迪士尼合作启动仪式也于同期举办。这些动向预示着移动互联网的游戏战火将会更加猛烈。

目前，移动游戏是移动互联网行业中最先具备成熟的商业模式的领域，它的最显著特点是通过短期投入就可以达到高利润乃至于收入峰值，这也是该领域吸引各大互联网巨头纷纷进驻和加速布局的原因之一。除了获得移动游戏的高收益，巨头们的根本目的是共同的，即争夺移动互联网入口。[①] 未来两年内，移动游戏（尤其是手机游戏）用户端口都将成为移动互联网的最重要入口，可以说，抢占了这一用户入口，也就相当于抢占了移动互联网的未来。移动游戏平台不仅涵盖了游戏，而且和动漫、文学、影视等多种业务关联，实现了多平台的版权开发与利用，建立了多个娱乐领域的版权产业链。[②]

随着PC网游用户流失，其增长放缓，PC网游也在不断探索适合于自己的新商业模式，逐渐从原本单纯线上发展到线上游戏与线下比赛，甚至与电视转播相结合，越来越多的商业化竞技游戏比赛开始走入人们的视线。2014年游戏主机的解禁政策使得电视游戏成为新的市场焦点，未来互联网电视/盒子将迅速占领市场。

伴随着4G网络与各种终端的普及，手机游戏份额将进一步扩大，手游未来必将突破以前的固有玩法，发展出更多令玩家可以深度参与的新游戏类型，手游产业未来将有很大的发展空间，未来手机网游的份额将进一步扩大。

在未来两年内移动游戏市场仍将保持爆发式的增长态势。预计2015年中国移动游戏市场规模将有望达到400亿－500亿元。根据业内人士分析，2015年将出现日流水交易过亿元的产品，月流水过两亿元的产品也将很快出现。随着移动游戏市场产业链各环节建设越来越成熟，移动游戏的开发与运营都将从粗放式转

---

① 任晓宁．互联网巨头“蚕食”移动游戏市场［N］．中国新闻出版报，2014－01－30.

② 佚名．“2014移动游戏版权保护倡议暨培训活动”在京举行［J］．互联网天地，2014（7）．

为精细化的方式，越来越多的精品游戏将会出现。而成熟的运营方式也使得移动游戏市场在二、三线城市的市场拓展更易铺开。

（五）互联网广告产业

由于电视的互联网化不断加剧，占据整个市场份额近一半的电视广告也被互联网广告抢去大量市场份额。互联网的普及为网络广告、移动广告等广告传播形式创造条件。据艾瑞咨询发布的《2014 年中国网络广告行业年度检测报告》显示，2014 年中国网络广告市场规模达到 1483 亿元左右，并保持了 30% 以上的增长率。2014 年 BAT 通过不断的投资、并购等方式纷纷涉足广告行业并展开激烈的竞争。2014 年 5 月腾讯发布腾讯移动广告联盟，正式进军移动广告领域；2014 年9 月，百度推出“直达号”，基于移动搜索为广告主服务；2014 年 6 月阿里入股文化中国，涉足手机视频广告，与纸媒合作通过二维码扫描推出“码上淘”等。

未来几年，随着新媒体进入快速发展时期，网络由 PC 端向移动端加速迁移。新闻、阅读、音乐等移动服务和应用与微博、微信、视频等平台结合，逐步构建全媒体业务战略。基于媒体环境的变化，传统媒体广告投放比例额的不断下降与新媒体广告投放额的快速上升形成了鲜明的对比，广告公司开始积极利用互联网新媒体拓展业务。

（六）互联网教育培训产业

移动互联网带来在线教育行业快速发展，MOOC 就是最佳代表。将来，几乎每个人的智能手机里都会装上一两个学习型的 App，通过移动设备下载课程来进行学习的人会越来越多，在线教育的平台类型也会逐渐丰富。根据沪江网提供的数据，移动互联网将在线教育行业发展带入高速时期，沪江网 Web 端用户从 0 到 1000 万数量积累用了 10 年时间，而在移动端实现这个数字仅用了 1 年时间。移动互联网的发展给“教育”这一古老并且决定未来的领域提供了新的发展契机。[①] 移动互联网的高速发展让在线教育迎来了行业发展的爆点。

教育培训企业与互联网企业的联系日益密切。尽管一些企业的创新理念还未被证明行之有效或者有利可图，但是这不影响类似于 BAT 那样的大互联网企业

---

① 中文科技资讯 . 2015 移动互联网行业 11 大趋势［EB/OL］. http：//www. citnews. com. cn/trade/201411/233283. html. ，2014 - 11 - 26.

涌向教育产业，也并未阻挡投资者的投资热情。2014 年它们纷纷将大量资金投往各种专注教育产业的企业，其中对在线教育的投资成为主流。互联网公司相继进入在线教育，拥有明显的平台优势，并且通过收购等资本运作，加紧布局教育在线业务，如：百度拥有在线教育平台，并且投资传课网；阿里布局淘宝同学和 VIPABC；腾讯布局腾讯教育频道和腾讯精品课程等。统计数据显示，2013 年以来，平均每天有 2.6 家在线教育公司诞生。这无疑将填补成人教育、职业教育碎片化、个性化、互动化的需求空白。

移动互联网的高速发展让在线教育迎来了行业发展的爆点。但是目前出现的无论是应用还是网站，在产品服务以及商业模式的建立上都还有很大的上升空间。比如在课程趣味性的增强、课程编排更加合理、提升学生学习的专注度等方面是在线教育企业需要深耕的几个领域。而关于商业模式的建立，在 2015 年仍将会处于摸索阶段。①

（七）互联网音乐产业

在互联网的推动下，音乐产业发展开启了如网络直播、演艺众筹等在内的全新的发展道路，取得了跨越式的发展。未来，大量互联网公司会在音乐领域延伸产业链，互联网音乐企业竞争日益激烈。

身处互联网时代，乐视网深谙借势之道。2014 年 4 月 16 日，由乐视网主办的全球最大音乐节互联网体验平台——乐视音乐节上线发布会举行。这是全球首个囊括全球音乐节资源并覆盖四屏多终端的音乐节体验平台，提供全球音乐节 4K 及高清直播、点播服务，并在乐视 TV 推出 24 小时滚动播出的音乐节轮播频道，同时也给音乐节受众与主办方提供一站式线上线下互动、消费等解决方案，让传统只发生在线下的音乐节每天都在互联网发生。② 此外，4 月 21 日，中国最大综合网络零售商京东携手恒大音乐、索尼音乐、华谊音乐、太合麦田等十几家国内顶尖唱片公司及中国领先的互联网公司奇虎 360 于北京召开“东乐计划”发布会，旨在支持正版音乐，推动音乐产业的良性发展。

在未来的音乐产业发展中，用户体验将被放在更加突出的位置。互联网时代

---

① IT 的那些事 . 2015 年移动互联网行业 11 大趋势 ［EB/OL］. http：//www. alibuybuy. com/posts/86021. html，2014 - 12 - 02.

② 新华网 . 乐视打造全新体验平台 囊括全球音乐节资源 ［EB/OL］. http：//news. xinhuanet. com/ent/2014 - 04/17/c_ 126400864_ 2. htm，2014 - 04 - 17.

更注重“用户体验”，打通线上线下，能更灵活地根据用户需求做出形式和内容上的改变，为行业发展提供更大的空间。此外，以前的音乐行业过于集中挖掘版权等末端价值，而互联网的加入，有助于经营者参与到产业链条和整个音乐生态中，互联网将起到串联产业上下游、创造价值链条的作用。①

刘园香　张立波（中国海洋大学）

① 土垚，赵梦妹．演出“上场”还要“上网”［EB/OL］．http：//www. culturalink. gov. cn/portal/pubinfo/107/20141009/ec380db7f36d451fb69d0ac7dd106d29. html，2014－10－09.